The

教师教育哲学译丛　译丛主编　王占魁

Teacher

教师与世界

and

[美]戴维·T.汉森（David T. Hansen）◎著

the

沈章明◎译

World

华东师范大学出版社
·上海·

图书在版编目(CIP)数据

教师与世界/(美)戴维·汉森著;沈章明译.

上海:华东师范大学出版社,2024.—(教师教育哲学

译丛).—ISBN 978-7-5760-5379-1

Ⅰ.G451

中国国家版本馆 CIP 数据核字第 2024TK2590 号

教师教育哲学译丛

教师与世界

著　者　[美]戴维·T. 汉森(David T. Hansen)
译　者　沈章明
责任编辑　彭呈军
责任校对　王丽平
装帧设计　卢晓红

出版发行　华东师范大学出版社
社　　址　上海市中山北路 3663 号　邮编 200062
网　　址　www. ecnupress. com. cn
电　　话　021 - 60821666　行政传真 021 - 62572105
客服电话　021 - 62865537
门市(邮购)电话 021 - 62869887
地　　址　上海市中山北路 3663 号华东师范大学校内先锋路口
网　　店　http://hdsdcbs. tmall. com

印 刷 者　上海商务联西印刷有限公司
开　　本　787 毫米×1092 毫米　1/16
印　　张　17.75
字　　数　209 千字
版　　次　2025 年 1 月第 1 版
印　　次　2025 年 1 月第 1 次
书　　号　ISBN 978 - 7 - 5760 - 5379 - 1
定　　价　78.00 元

出 版 人　王　焰

（如发现本版图书有印订质量问题,请寄回本社客服中心调换或电话 021 - 62865537 联系）

给我的学生：

"大地喜爱阵雨，天空喜爱……"，宇宙喜爱创造一切事物。我禀报宇宙："我像你一样喜爱。"

——马可·奥勒留

丛书总序

对中国教育界而言,"教师教育"或者"师范教育"是一个并不陌生的概念。作为一项文化事业,它不仅一直是"师范"院校的主要职能,而且近年来也日渐成为"综合性大学"竞相拓展的业务范围。尽管我国自古就有浓厚的"师道"传统,也留下了为数众多的"师说"篇章,但是,近现代以来,我国学者对"教师教育"或"师范教育"的理论思考整体上比较薄弱,鲜有成体系的、具有国际影响力的教师教育理论,同时也缺乏对国外教师教育哲学理论成果的引介。从教育理论建构的意义上讲,"见证好理论"乃是"构建好理论"的前提条件。目前,在国家号召构建"成体系"的人文社会科学理论的背景下,引介国外知名学者有关教师教育的哲学思考,或许正当其时。

2020年5月,在华东师范大学基础教育改革与发展研究所的支持下,依托自己所在的"教育哲学"学科,我申请成立了"办学精神与教学特色研究中心"(以下简称"中心"),以期围绕教育活动中的"办学主体"和"教学主体"两个核心动力系统做些学术研究和社会服务。稍后,在从事有关美国要素主义教育哲学家威廉·巴格莱的教师教育哲学思想研究的过程中,我深切地感受到教师教育哲学对教师培养质量和教师职业生活品质影响深远。但是,无论是与上个时代纵向比较,还是与这个时代其他人文学科横向参照,近些年来国内教育学界有关国外标志性教育理论成果的引介力度都相对式微。从学术共同体建设的长远视野看,对国外教育理论的深入研究和广泛了解的不足,将在很大程度上制约我们自己的学术眼界、思想活力与理论深度。于是,我萌发了以"中心"之名策划一套《教师教育哲学译丛》的想法。

经过近半年的多方考察和华东师范大学出版社的谨慎筛选，我最终选定了西方学界 4 位学者的 7 本著作：第一本是英国教育哲学学会的创立者及首任主席、伦敦大学教育学院院长和教育哲学教授理查德·彼得斯（Richard Stanley Peters）的《教育与教师教育》。该书从"教育的正当性""教育与有教养的人的关系""教育质量的含义""自由教育的歧义与困境""柏拉图的教育观""哲学在教师训练中地位""教育（学科）作为教学的具体准备""教育作为一门学术性学科""大学在教师教育中的职责"九个方面，充分展现了一位分析教育哲学家对"教育"与"教师教育"问题的系统思考。第二本是前美国教育史学会主席、斯坦福大学教育学院兼历史系教授戴维·拉巴里（David F. Labaree）的《教育学院的困扰》，这本书从历史社会学的角度研究美国教育学院的地位问题，系统分析了教育学院在师资培养、教育研究人员训练、教育知识生产等方面所面临的特殊困难。

接下来的四本书，皆出自前美国教育哲学学会和约翰·杜威学会的"双料主席"、哥伦比亚大学教师学院教育史与教育哲学专业的戴维·汉森（David T. Hansen）教授。其一，《教学召唤》通过对不同类型学校教师的日常教学工作进行"深描"，探讨教师应当如何对待学生、如何管理课堂、如何参与学校及社会公共事务等议题，深入挖掘"教师"的职业身份意义与专业精神内核，并就教师如何兼顾"实现自我"与"公共服务"提供了独到见解。其二，作为《教学召唤》的姊妹篇，《重思教学召唤：对教师与教学的见证》借助生动案例，以审美、伦理和反思的方式呈现了敬业教师的存在状态，进而对教师为召唤而教的理论主张作出了全新的描述，并明确将教学界定为一种"伦理实践"，指出教学作为一种了解人性、改变学生心灵状况的使命召唤，远比工作、职业、工种、专业要深刻。其三，《教学的道德心：迈向教师的信条》，从"作为个人的教师意味着什么"问题入手，系统研究了在教学中成长的个体教师形象以及塑造这种教师的环境，进而对教学和传统的关系、理想在教学中的地位等问题进行了深入讨论。其四，面对世界的日益多元化、学校的日趋多样化、学生教育需求与学习能力差异的加剧等诸多现实挑战，《教师与世界》一书引导教师如何在忠诚于本土价值观、利益和承诺的同时，建立对新人、新事物和新思想的理性开放态度，鼓励他们通过不断反思实现二者之间的平衡。

最后，作为"尾声"压轴出场的是前国际知名刊物《戏剧教育研究》的联合主编、英国华威大学戏剧与艺术教育学专业乔·温斯顿（Joe Winston）教授的代表作《美与教育》。这本理论与实践紧密结合的教育美学力作，致力于唤醒教育中的美。它不仅对美的思想史进行了精要的纵向梳理，也对美与教育关系进行深入的横向分析，进而提出了"美即教育经验"重要命题；它不仅对教育与美进行深刻的理论阐释，而且深入到具体学科教学上做了详细的案例研究，对各科教师审美素养的培育都极具实践参考价值。

众所周知，现今高校青年教师肩负的教学、科研和生活压力十分繁重，与科研论文著作相比，校内外各种绩效考核和学术评奖对译著作品重视程度有限；与各级各类课题经费相比，国内译著的稿酬更是十分微薄；与此同时，要从事学术翻译工作，可能需要译者牺牲自己（包括与家人共度）的"休息时间"。由此来看，从事学术翻译的确不是一个"聪明"的选择。但是，这并不意味着学术翻译是一项没有"智慧"就能胜任的工作。这是因为，作为一项兼有"英文阅读"和"中文写作"双重属性的工作，学术翻译的难度远大于两项中的任何一项，甚至大于两项难度之和：译者不仅需要首先理解英文原意，也需要创造性地跨文化转述；既不能只顾英文的陈述逻辑，也不能只顾中文的语言习惯，每一章、每一节乃至每一段都要同时结合两种文化语境重新推敲、反复斟酌。显然，这不仅需要思维能力的支撑，更需要高度的道德自觉、价值态度和直觉才能等精神力量的支撑。正是从这个意义上讲，学术翻译乃是一种饱含"智慧"的付出。倘若不假思索地按照字面"直译""硬译"，就不免会对专业领域通行的一些"术语"误解误读，进而对该领域的初学者造成误导。因此，一部优质学术翻译作品的问世，不仅意味着译者时间投入和智慧付出，也意味着译者对一个专业领域的仔细考究和深入钻研。

本译丛自筹划到出版，前后历时整四年。特别感谢六位"八〇后"中青年学友能够接受我的这份译事邀约，他们分别是北京师范大学教育基本理论研究院的林可博士、华东师范大学国际与比较教育研究所的沈章明博士、华南师范大学教育科学学院的刘磊明博士、江苏师范大学教育科学学院的张建国博士、清华大学教育研究院的吕佳慧博士和广州大学教育学院的李育球博士。他们结合自身的研究兴趣和专业所长，各自独立承担了一本书的翻译工作！我相信，诸位译者和我一样深知，我们在竭力解读、领悟、澄清和贴近前辈学人话语方式和理论逻辑的过程中，也在履行我们这一代学人所肩负的学科赓续和学脉承传的历史使命。这不仅体现了我们对学术事业共有的真挚热爱，也体现了这一代中青年教育学者不辞辛劳、不畏艰难、勇担"拾薪"与"传薪"重任的精神品格。更为重要的是，这种领域兴趣原则与独立自主原则相结合的分工机制，将为这套译丛的质量提供不可或缺的动力基础和专业保障。

值此"办学精神与教学特色研究中心"成立四周年之际推出这套译丛，希望能够为中国教师的实践工作和中国教师教育事业提供一些"窗口"，同时也为中国教师教育的学术研究增添一些"砖瓦"。由于个人能力有限，恐错漏之处在所难免，不当之处，敬请各界方家及广大教育同仁批评指教。

王占魁

2024 年 4 月 8 日

目　次

译者前言

《教师与世界》是一本耐人寻味的书，这本书的作者同样耐人寻味。戴维·汉森(David T. Hansen)，美国哥伦比亚大学师范学院教授，专攻教育哲学，思考的是形而上学领域的各种问题，写出来的却是洋溢着诗情画意的文字，经常把关于教育哲学问题的严肃探讨变成深入浅出的娓娓讲述。

戴维·汉森早年毕业于芝加哥大学，获得的是思想史专业的学士学位。后来，进入斯坦福大学，攻读政治经济学专业的硕士学位课程。再后来，折返芝加哥大学攻读博士学位，成为哲学博士。2001年，汉森赴哥伦比亚大学任教。在此之前，他做过中学教师，也曾在伊利诺伊大学芝加哥分校工作过一段时间。复杂的求学与工作经历给他带来积极影响，他的知识面比较宽广，视野也很宏阔，热衷于在哲理思辨的同时进行田野调查。

汉森的主要学术成果有《教学召唤》《教学的道德心：迈向教师的信条》《教师与世界》《重思教学召唤：对教师与教学的见证》等，重点探讨教学的哲学基础和实践原则、探究的本质以及当代教育价值观问题。这些著作具有非同一般的理论深度，经常征引哲学、文学、艺术典籍，又特别关注教学实践，善于讲述来自一线的典型故事。在说事和论理之时，还经常采用哲学人类学分析方法，有条不紊，既直面复杂的现实，又没有陷落在现实的泥淖中，与中小学教师一起从容探寻生存与发展之道。他自己相信，同时也能让读者相信，教师是一个活力四射的角色，可以为人的学习带来无限的可能性。

《教师与世界》体现了汉森著作的典型特色：从不危言耸听或故作高深，经常举重若轻，一边从传统中寻找资源和智慧，一边关注学界新动向和实践的新发展,能够巧妙地把其他学科或领域的价值观、方法论引入教育研究,特别是教师教育研究,融盐入水,不露痕迹。读他的著作,人们往往会在不知不觉中敞开心扉,调动个人的能动性和想象力,跟随他一起行动,在当下建构教育的未来。

一、 轻柔背后的沉重: 教师教育面临的时代挑战

戴维·汉森反对乌托邦理想主义,不太相信人类可以在这个世界上"平静地感恩地生活"。[1] 他的写作风格却正好相反,极具理想主义色彩。他偏爱隐喻,矢志追求"有意义的交流",[2] 以及润物无声的言说效果,刻意远离他本人极为厌烦的枯燥乏味的生活。他的语气平静而低调,没有装腔作势或郑重其事,[3] 不会"大声断言别人必须遵守自己尊崇的这些价值观"。[4]

正因为如此,他的学术著作没有同类书籍常见的刻板与呆滞,字里行间常常饱含轻柔的诗意。比如,在谈及人类无法阻止自己的改变和转变时,他不赞成"人们应该把手举到空中,只是蹲下来保护自己",主张"把自己的头从沙堆中抽出来,用自己可以支配的所有资源来应对天马行空的事实",呼吁大家一起重建对世界的感知能力以及在这个世界上的行动力。[5] 再比如,谈到互联网所提供的脱离实体的交流方式时,他说"世界主义把手伸向四面

1　Hansen, David T. The Teacher and the World: A Study of Cosmopolitanism as Education [M]. New York: Routledge, 2011:5.

2　Hansen, David T. The Teacher and the World: A Study of Cosmopolitanism as Education [M]. New York: Routledge, 2011:17.

3　Hansen, David T. The Teacher and the World: A Study of Cosmopolitanism as Education [M]. New York: Routledge, 2011:4.

4　Hansen, David T. The Teacher and the World: A Study of Cosmopolitanism as Education [M]. New York: Routledge, 2011:5.

5　Hansen, David T. The Teacher and the World: A Study of Cosmopolitanism as Education [M]. New York: Routledge, 2011:17.

八方,结果发现,或者说看起来,只是抓到了空气"。[1] 这样的表述生动形象,寓庄于谐,常常能够引发读者的会心一笑。

语言幽默风趣,见解深刻犀利,典型现象被剖析得清清楚楚,观点立场被阐释得明明白白,这样的著作很难不受读者的喜爱。《教学召唤》在出版之后的第二年,也就是 1996 年,就荣获美国教育研究学会(American Educational Studies Association)颁发的"评论家选择奖"(Critics' Choice)。《教学的道德心:迈向教师的信条》也是如此。这本书出版于 2001 年,次年便收获美国教育研究协会(American Educational Research Association)课程研究分会颁发的优秀成果奖(Outstanding Book Award)。《教师与世界》获奖稍微迟一点,2011 年出版,2013 年荣获美国教育研究学会的评论家选择奖。[2]

在这些备受读者喜爱的著作中,《教学召唤》出版时间最早,隐喻手法的运用也最明显。不用打开这本书,单从题目中就可以找到作者偏爱的隐喻,感受到浓烈的诗意以及相关议题的神圣属性。这本书的表述相对冷静与轻柔,记录并且分析了四位受访教师的相关言行,在此基础上探讨教学价值和美德等问题,发出了"理想的召唤"。[3]

读者大概率会被这种轻柔的召唤声所打动,译者却要提醒大家留意这轻柔背后的沉重:汉森为此付出了辛苦的努力,他所关注的教师的困境也已经到了非常严重的地步。

1　Hansen, David T. The Teacher and the World: A Study of Cosmopolitanism as Education [M]. New York: Routledge, 2011:75.
2　大卫·韩森. 重新诠释杜威《民主与教育》的时代意义[M]. 单文经,译注. 新北:心理出版社, 2016:76—77.
3　大卫·韩森. 重新诠释杜威《民主与教育》的时代意义[M]. 单文经,译注. 新北:心理出版社, 2016:76.

《教学召唤》讨论的本是非常严肃的话题,作者的学术使命感又十分强烈,这样的学术著作一般很难做到举重若轻。可是,汉森却成功了。这与他的艰苦付出不无关系。他花了将近三年时间,观察纽约大都会三所学校的教师的日常工作情况,与她们进行了多轮次访谈。积累了大量的第一手材料之后,方才开展研究,从内在性或内在特征的角度剖析现象,感知教学,理解教学,揭示其无限可能性。

汉森的研究结论表明,教学不只是普通的差事(job)、岗位(occupation)、专业(profession),更是具有丰富意味的事业;教师只有在遵循规则与讲求艺术之间求取平衡,才能获取属于课堂的比乍看上去更加有意义的自由度。[1]

"自由度"一词的出现,应该引起读者的注意。作者试图提醒我们,教师真正拥有的使命感和自由度已经非常有限,教育正处于空前的危机之中。

在 2024 年发表的一份笔谈中,汉森介绍了《教学召唤》的写作背景和意图:"从 19 世纪国家教育体系的出现到现在,教师的生活从来都不轻松。奇妙的教学工作所蕴含的价值和美德并不总是与外部力量相协调,这些外部力量会使教学工作沦为实现经济、社会或民族主义目的的手段。"[2]这番话说得很委婉,直白地讲,汉森认为外部力量已经控制了学校,学校早就成了达成政治、经济等目标的手段。在美国,政府和社会都只关注办学绩效,特别是学生的学业成绩,不太关心其他方面,更不太在意教学中蕴含的种种美德。教学工作的神圣性消失殆尽,教师的职业倦怠感与日俱增,教育事业危

1　De Marzio, Darryl M. & Hansen, David T. The call to teach in contemporary educational thought and practice [J]. Educational Philosophy and Theory, 2024, 56(1):87.

2　De Marzio, Darryl M. & Hansen, David T. The call to teach in contemporary educational thought and practice [J]. Educational Philosophy and Theory, 2024, 56(1):87.

机四伏。[1]

教育成为工具和手段，失去了应有的尊严，不再被人尊重。这是当代教师面临的困境，也是人类遭遇的深重危机。教师被困在绩效考核的牢笼里，理想不再高远和圣洁。人类沉迷于眼前的利益和当下的愉悦，节制便不再是美德。于是，地球上出现了越来越严重的生存与生态危机。

为了走出教学困境，解除人类的生存与生态危机，汉森做出了自己的努力。他没有从制度改革层面提出建议，也没有着眼于社会公众的唤醒，而是将主要精力放在教师教育之上，重点关注教学和教师职业使命感。

这是对杜威理念的继承与发扬。作为杜威研究学会的前主席，他和杜威一样，把教与学视作道德活动。不同的是，后出转精，他将杜威的哲学引向了更广阔的天地，鼓励教师直面教学的潜力、抱负和意义，以便于增进对教学的更内在的理解。[2] 他特别重视教师的职业使命感，认为"召唤和教学作为一项道德实践，从未像现在这样重要，它值得我们去保持、重新阐述，并与同事和公众反复分享。确实，当下正是教师们应当抓住的最佳时机。大家应该在环境允许的情况下，尽可能频繁地合作，以坚守他们的教育承诺"。[3] 汉森希望激发教师的使命感，以之对抗外在压力和消解力，提升教育教学工作的品质，使之"成为人类最有尊严和最重要的社会事业之一"。[4]

为此，汉森还效法杜威，模仿《我的教育信条》，出版了《教学的道德心：

1　Hansen, David T. The Teacher and the World: A Study of Cosmopolitanism as Education [M]. New York: Routledge, 2011:12.

2　Baldacchino, John. 'The Power To Develop Dispositions': Revisiting John Dewey's Democratic Claims For Education [J]. Journal of Philosophy of Education, 2008, 42(1):157.

3　De Marzio, Darryl M. & Hansen, David T. Hansen. The call to teach in contemporary educational thought and practice [J]. Educational Philosophy and Theory, 2024, 56(1):87.

4　Hansen, David T. The Teacher and the World: A Study of Cosmopolitanism as Education [M]. New York: Routledge, 2011:4.

迈向教师的信条》，从道德理念、形象建构、学术传承和教学方法方面着手，提出新的教育信条。[1]

关注教学的核心道德问题，与关注教学的使命一样，都是对现实问题的真切回应。汉森注意到，"自 1995 年以来，教师的压力确实加剧了"，[2]"近几十年来，教育格局出现许多变化"。[3] 曾经与汉森一起进行笔谈的达里尔·德·马尔齐奥(Darryl M. De Marzio)指出，教学标准化、评估和问责制的增加以及技术的作用越来越大是主要因素。[4] 汉森认同这种说法。他在《教师与世界》中写道：当下的教学条件受制于"左右他们工作的无休无止的自上而下的操控、影响到师生生活的经济快速转型和支持性资源的不均衡、分散了教育焦点的媒体刺激的洪流，以及人口的增长与变化"。[5]

跳出国家层面看问题，汉森还发现，全球化的影响不容忽视。"全球化本身是一个长期的过程，最近几个世纪，它通过贸易、艺术与科学交流、移民和通信技术等机制，加快了进程，并且变得势不可挡。"[6]随着全球化的加速，"世界越变越小，人类渐渐认识到，要想屏蔽外部影响，越来越困难"。[7] 教师如果不能回应外界的变化，仍然为了"教条主义、灌输或其他片面的结果"而教学，那么，教育就不可能适应时代和社会的需求，也不可能满足个人的生

1　大卫·韩森. 重新诠释杜威《民主与教育》的时代意义[M]. 单文经, 译注. 新北：心理出版社, 2016：76.

2　De Marzio, Darryl M. & Hansen, David T. The call to teach in contemporary educational thought and practice [J]. Educational Philosophy and Theory, 2024, 56(1)：87.

3　De Marzio, Darryl M. & Hansen, David T. The call to teach in contemporary educational thought and practice [J]. Educational Philosophy and Theory, 2024, 56(1)：86.

4　De Marzio, Darryl M. & Hansen, David T. The call to teach in contemporary educational thought and practice [J]. Educational Philosophy and Theory, 2024, 56(1)：87.

5　Hansen, David T. The Teacher and the World: A Study of Cosmopolitanism as Education [M]. New York: Routledge, 2011: xiv.

6　Hansen, David T. The Teacher and the World: A Study of Cosmopolitanism as Education [M]. New York: Routledge, 2011: xiii.

7　Hansen, David T. The Teacher and the World: A Study of Cosmopolitanism as Education [M]. New York: Routledge, 2011：4.

存与发展需要。

《教师与世界》讨论全球化进程中的教师专业发展和个人成长的问题。在这部著作中，戴维·汉森仍然关注内在性，继续阐述人的"学习和转变的可能性"，[1] 主张教育应该成为一种手段，以学习、审慎开放和忠诚的方式推动我们作为个体和社会存在而向前发展。[2] 他试图以世界主义取向拓宽教师的审美、伦理、道德和知识视野，提升其道德使命感和主动性，加强他们与世界以及未来的联系，"将双脚牢牢地踩在他们与学生共享的土地上，并且与学生一起分享"，[3] 能够"创造性地、有意义地应对当代的、自上而下的问责压力"。[4]

他在做宏观思考的同时，并未停止从一开始就热衷的相对微观的调查研究。2021 年，《重思教学召唤：对教师和教学的见证》正式出版。为了完成这部著作，他针对 16 名教师进行了为期两年的跟踪调查和研究，并由此入手，探讨承担着教师职责的个体的意义问题。

这些研究的对象和内容不尽相同，试图解决的问题却前后相仍。汉森一直关注教师，从不同角度探讨教师专业发展之路，以切实的案例和深刻的哲思鼓励教师，引导他们"在追求成为好人和好老师的过程中继续前进"，[5] 保持对教育的未来的信心。不过，他既没有自欺，也没有欺人，在为教师制造希望、树立信心的同时，也很冷静地承认，当代教育存在的很多困境目前

1　Hansen, David T. The Teacher and the World: A Study of Cosmopolitanism as Education [M]. New York: Routledge, 2011: xiv.

2　Hansen, David T. The Teacher and the World: A Study of Cosmopolitanism as Education [M]. New York: Routledge, 2011: x.

3　Hansen, David T. The Teacher and the World: A Study of Cosmopolitanism as Education [M]. New York: Routledge, 2011: 1.

4　De Marzio, Darryl M. & Hansen, David T. The call to teach in contemporary educational thought and practice [J]. Educational Philosophy and Theory, 2024, 56(1): 86.

5　Hansen, David T. Exploring the moral heart of teaching: toward a teachers creed [M]. New York: Teachers College Press, 2001: 191.

还找不到有效的解决办法,"没有公式、蓝图或魔杖可以消除它们"。[1]

教育困境究竟有哪些? 汉森在不同的著述中做过一些描述,提及其中的一种或几种,却没有做进一步的梳理。于今观之,汉森眼中的当代教育困境大致可以从四个层面进行归纳。

从社会文化层面看,随着全球化的发展,地球变得越来越小,人与人之间的接触和交往变得越来越频繁,对自然环境的破坏也愈发严重。相应地,人类的心态和心境也受到影响。更加严重的是,如同地球上的自然环境一样,人类的价值观受到了很大程度的损害,甚至出现了退化。[2] 如何应对这些情况,如何重建应对这些情况的方法,成为教育首先需要考虑的问题。[3]

从国家制度层面看,教师不是受薪官员,不应该被视作政府官员或雇员,有些教师对自上而下的过度监管也非常抗拒,[4]但是,在美国等一些国家和地区,教师就像受薪官员或雇员那样,受到无休无止的操控。比如,教学标准化、评估和问责制等令人应接不暇。面对压力,有些教师开始变得教条主义或思想封闭,甚至完全放弃了教育工作。[5] 如何应对这些外来操控,成为当下比较棘手的问题。

从经济技术层面看,当代经济生活中的无休无止的需求、人口增长和流动的压力、不断扩大的信息过载、侵入式娱乐模式的传播等现象破坏了人类

1　De Marzio, Darryl M. & Hansen, David T. The call to teach in contemporary educational thought and practice [J]. Educational Philosophy and Theory, 2024, 56(1):87.

2　Hansen, David T. Exploring the moral heart of teaching: toward a teachers creed [M]. New York: Teachers College Press, 2001:47.

3　Hansen, David T. Exploring the moral heart of teaching: toward a teachers creed [M]. New York: Teachers College Press, 2001:4.

4　Hansen, David T. Exploring the moral heart of teaching: toward a teachers creed [M]. New York: Teachers College Press, 2001:118.

5　Hansen, David T. Exploring the moral heart of teaching: toward a teachers creed [M]. New York: Teachers College Press, 2001:33.

交往的稳定形式,以及与之相关的控制感和方向感,分散了人们的注意力,使之无法沉思、反省和质疑,无法领会与认同一种既有益于富有成效的独处又利于持续与他人接触的价值观。[1] 传统的师生关系、教学范式等受到越来越严重的冲击,难以发挥曾经的作用,需要进行重建或转型。

从个体层面看,教师对教学工作的态度不端正,认知不正确或者不全面。有的教师把教书育人视作一种谋生的差事或岗位,[2] 甘心做"受薪官员"或雇员。"自上而下的学校考试制度、教师教育的机械的标准、将教育降格为纯粹经济手段的持续压力等"本来就已经贬低或削弱了教师的自主权和权威,[3] 教师再甘于受雇,其身份就与仓库保管员没有了区别。[4] 后者根据订单信息分发包裹,前者只传递信息、知识或技术,把"文本记忆看作呆板的、死记硬背行为,而不是一种普遍的、历史悠久的充实自我的方式"。[5] 这样的教师不可能具备教学的道德心,也不可能具有神圣的使命感。

有的教师虽然没有放弃理想,但是在得到教职或教师资格证之后,便消退了激情,减少了追求,降低了目标。甚至只在乎工作"姿态上的壮观"和"目标上的获取",而不去做开放意义上的参与。[6] 还有的教师虽然始终坚持自己的理想和追求,却"被推向一种无休止的忙碌模式,独处和交谈的时间

---

1 Hansen, David T. Exploring the moral heart of teaching: toward a teachers creed [M]. New York: Teachers College Press, 2001:47.

2 Hansen, David T. Exploring the moral heart of teaching: toward a teachers creed [M]. New York: Teachers College Press, 2001:4.

3 Hansen, David T. The Teacher and the World: A Study of Cosmopolitanism as Education [M]. New York: Routledge, 2011: 33.

4 Hansen, David T. Exploring the moral heart of teaching: toward a teachers creed [M]. New York: Teachers College Press, 2001:1.

5 Hansen, David T. Exploring the moral heart of teaching: toward a teachers creed [M]. New York: Teachers College Press, 2001:42.

6 Hansen, David T. Exploring the moral heart of teaching: toward a teachers creed [M]. New York: Teachers College Press, 2001:91.

越来越少",无法开展深思熟虑的学习和反思。[1] 这样不仅不利于学生,而且不利于自身发展,使得"教学本身可能会成为一种无情的、吞噬一切的野兽"。[2]

驯服这种野兽,走出教育困境,是很多人的共同追求。汉森虽然没有对教育困境做过梳理与分类,但是一直在探寻解决问题的方案。他公开呼吁,"面对压力,教师不应变得教条主义或思想封闭,也不应该完全放弃教育工作,而是应该通过各种练习,做好准备,应对教育在全球化环境中遇到的挑战、困难和可能性"。[3] 概括地说,就是充实自我,以开放的姿态参与生活,参与世界。

"在全球化的世界中当一名教师意味着什么",被汉森视作亟待解决的根本问题。为了解决这个问题,《教师与世界》应运而生。这本书与他的另外几部著作相比,有着全新的面貌。他改换了研究思路,开辟了新的视角,由"世界主义"入手,重新梳理和描述了这个古老概念,建构出全新的时空观,进而尝试用这种新观念来解决前面提及的一系列旧问题。

这种做法,即便在今天看来,也依然具有极强的前瞻性。它不但可以回应联合国教科文组织于 2021 年发出的打造新的教育契约的呼吁,[4] 而且已经预先做出了自己的贡献。

1　Hansen, David T. John Dewey and our educational prospect: a critical engagement with Dewey's Democracy and education [M]. New York: State University of New York Press, 2006:21.

2　Hansen, David T. Exploring the moral heart of teaching: toward a teachers creed [M]. New York: Teachers College Press, 2001:111.

3　Hansen, David T. The Teacher and the World: A Study of Cosmopolitanism as Education [M]. New York: Routledge, 2011:33.

4　联合国教科文组织. 一起重新构想我们的未来:为教育打造新的社会契约[R]. 北京:教育科学出版社,2022.

二、 在当下创造未来：世界主义取向的历史意义

"世界主义"拥有众多的存在模式。比如，政治的世界主义、经济的世界主义、道德的世界主义、文化的世界主义、地理的世界主义、环境的世界主义等，"每种模式都可以被视为强调而不是孤立一个特定的问题和关注点"。[1]当代世界主义研究更是热闹非凡，根据戴维·汉森的归纳，有概念研究、历史研究、文学研究、田野研究、教育研究等好多类。[2] 归入教育研究这一类自然会讨论世界主义与教育的关系，其他类别的研究中也有不少涉及教育的成果，这些成果都能够增进人们对世界主义与教育之关系的理解。汉森在肯定前人的贡献之时，也表达了自己的不满，直言关于"教育的世界主义"研究并不充分，当下应该将世界主义视为一种特殊取向，[3]认真讨论这种取向的行动原则和教育价值。

取向是人类个体针对具体体验而做出的全部情感反应和理智反应。决定取向的元素众多，包括人类个体的情感、理性、开放性、灵敏性以及直觉能力等等。"教育的世界主义"不是统摄一切的意识形态，而是一种特殊的价值观。这种特殊取向的生成并不是由世界单方面决定的，也不是自我生成的，而是在人类个体与世界互动的过程中形成的。[4] 持有这种取向的人行事从不做预先安排，也没有固定形态，总是因地制宜地观察、思考、表达和行动。[5]

1　Hansen, David T. The Teacher and the World: A Study of Cosmopolitanism as Education [M]. New York: Routledge, 2011:xiv.

2　Hansen, David T. The Teacher and the World: A Study of Cosmopolitanism as Education [M]. New York: Routledge, 2011:125-126.

3　Hansen, David T. The Teacher and the World: A Study of Cosmopolitanism as Education [M]. New York: Routledge, 2011:iv.

4　Hansen, David T. The Teacher and the World: A Study of Cosmopolitanism as Education [M]. New York: Routledge, 2011:99.

5　Hansen, David T. The Teacher and the World: A Study of Cosmopolitanism as Education [M]. New York: Routledge, 2011:66.

汉森慧眼识珠,在历史悠久且品类繁杂的"世界主义"仓库中发现了"世界主义取向",并且建构出独具特色的"教育的世界主义"! 此举开拓了在全球化时代研讨教师教育的独特视角,为教师专业发展找到了新的行动纲领。

此前,人们习惯于找相同点,倾向于追求同质化的普遍主义,推崇在任何时候都应该优先考虑相似性而不是差异性的人文主义。[1] 即便是从事世界主义研究的学者也强调文化的普遍特征,寻找并描述人类生活的共同条件、做法或困境。汉森没有随声附和,但是在进行世界主义研究之前,也只关注教师普遍拥有的职业使命感,关注道德感知力。[2] 这次,他超越了普遍主义和人文主义,专门研究"教育的世界主义",首先"将世界主义设想为一种对根本差异建立更深层次的认识和尊重的方式",[3]强调"世界主义不是普遍主义的同义词";[4]然后,把人们普遍热爱的共同价值和共同特征作为相互理解与合作的基础,重新梳理教师与世界的关系,以此追求新的生活可能性。[5] 他的《教师与世界》关注伦理与道德的融合,[6]提出了全新的教师教育标准,描述了教师应该具备的教学观,展望了与教育教学相关的可能前景,[7]为教育如何面向世界、面向未来提供了新思路和新方案。

1　Hansen, David T. The Teacher and the World: A Study of Cosmopolitanism as Education [M]. New York: Routledge, 2011:54.

2　Hansen, David T. The Teacher and the World: A Study of Cosmopolitanism as Education [M]. New York: Routledge, 2011:90.

3　Hansen, David T. The Teacher and the World: A Study of Cosmopolitanism as Education [M]. New York: Routledge, 2011:74.

4　Hansen, David T. The Teacher and the World: A Study of Cosmopolitanism as Education [M]. New York: Routledge, 2011:xiii.

5　Hansen, David T. The Teacher and the World: A Study of Cosmopolitanism as Education [M]. New York: Routledge, 2011:1.

6　Hansen, David T. The Teacher and the World: A Study of Cosmopolitanism as Education [M]. New York: Routledge, 2011:90.

7　Hansen, David T. The Teacher and the World: A Study of Cosmopolitanism as Education [M]. New York: Routledge, 2011:46.

（一）汉森关注教师的自我修养问题，从审美、伦理、道德和知识维度提出了教师教育的新标准。

在全球化加速的时代，变化无处不在，而且势不可挡。身处其中的人类需要回应变化，更需要学会塑造和管理变化。[1] 从教育的角度看，为了实现这些目的，就要重构教育关系，[2]提出新的教育理念和教育方案。为此，汉森结合历史与哲学研究文献、艺术与民族志方面的学术成果以及日常生活案例，[3]从智力、道德、审美、伦理维度提出了具有世界主义精神的教育方法。[4] 这些方法之所以被称作方法，显然是由命名者的观察角度决定的。换个角度，从教师应该具备的能力这个层面看，这些方法无疑暗示了全球化时代教师教育的新标准。[5]

汉森一直鼓励教师坚持自我完善，希望他们勇敢地进行智力、道德和审美方面的"旅行"。[6] 通过这样的旅行，可以增强世界主义感知力，扩充经验，建构世界主义取向，将更大的世界当作自身经验的一部分。汉森坚信，世界主义取向能够拓宽人类的视野，[7]激发审慎思考能力，引导我们深入思考当下种种变化

1　Reigeluth, C. M., Banathy, B. H., Olson, J. R., Comprehensive Systems Design: A New Educational Technology [M]. Heidelberg: Springer, 1993:22.

2　Hansen, David T. The Teacher and the World: A Study of Cosmopolitanism as Education [M]. New York: Routledge, 2011:4 - 5.

3　Hansen, David T. The Teacher and the World: A Study of Cosmopolitanism as Education [M]. New York: Routledge, 2011:5.

4　Hansen, David T. The Teacher and the World: A Study of Cosmopolitanism as Education [M]. New York: Routledge, 2011:19.

5　Hansen, David T. The Teacher and the World: A Study of Cosmopolitanism as Education [M]. New York: Routledge, 2011:2.

6　Hansen, David T. The Teacher and the World: A Study of Cosmopolitanism as Education [M]. New York: Routledge, 2011:2.

7　Hansen, David T. The Teacher and the World: A Study of Cosmopolitanism as Education [M]. New York: Routledge, 2011:120.

以及引发这些变化的原因,[1]提升辨别力和判断力,增强适度回应变化的能力。[2]

所谓回应,在汉森看来,就是在拥挤的环境中进行创造性的沟通和交换,[3]也就是利用在教育过程中培养出来的这些"知识和技能创造性地塑造生活,而不仅仅被他们无法控制的力量所塑造"。[4] 至于什么是辨别力和判断力,汉森也做了解答,就是既能持有自己的稳定兴趣与不二立场,又可以对别人的想法和外在世界保持开放与好奇的心态;既能尊重不同的观点,又可以对外在世界做出批判性的反思和回应。[5] 一言以蔽之,既要对新事物保持审慎开放的态度,又要对已知事物审慎忠诚。

这是《教师与世界》中经常出现的一句话。汉森多次使用"审慎"这个词汇。为了突出它的多重含义,他还明确交代,"这个词包含认知、逻辑和分析的各层含义,但是远不止此。它还与审美、道德交织在一起。如果没有审美、道德这两方面的含义,'审慎'就会变得干枯,脱离实际的人类事务"。[6]

于此可知,汉森强调教师的自我修养以及专业发展,不只涉及伦理和智力维度的具体目标,还有审美和道德维度的目标;他所提出的"具有世界主义精神的教育方法"中确实隐含着教师教育的标准。具体地说,在智力维度,要具备优质的思维品质和想象力,能够做到即使不脱离具体情境也可以

---

1 Hansen, David T. The Teacher and the World: A Study of Cosmopolitanism as Education [M]. New York: Routledge, 2011:49.

2 Hansen, David T. The Teacher and the World: A Study of Cosmopolitanism as Education [M]. New York: Routledge, 2011:48.

3 Hansen, David T. The Teacher and the World: A Study of Cosmopolitanism as Education [M]. New York: Routledge, 2011:4.

4 Hansen, David T. The Teacher and the World: A Study of Cosmopolitanism as Education [M]. New York: Routledge, 2011:xiii.

5 Hansen, David T. John Dewey and our educational prospect: a critical engagement with Dewey's Democracy and education [M]. New York: State University of New York Press, 2006:8,51.

6 Hansen, David T. The Teacher and the World: A Study of Cosmopolitanism as Education [M]. New York: Routledge, 2011:19.

进行置身事外的思维与想象;在道德维度,要具备看待人类以及世界上其他事物的合理视角,能够在教学中始终奉行体贴、慷慨等道德以及公正、尊重真理等行为准则;在审美维度,要发展出敏锐的知觉力、感知力和反应力;在伦理维度,则要具备终生不变的自我修养能力,能够不断深化审美、道德和反思能力。

教师具备上述四个维度的能力,就有可能运用合乎道德的、巧妙的和创造性的方式对待自己的生活,发展以这些方式成长的能力,同时发展与传统教育目标相关的能力,如社会化、知识获取以及为经济生活做准备等方面的能力,[1] 能够针对各种复杂的甚至是巨大的全球化压力做出有力回应而不只是被动反应。[2]

需要注意的是,这四个维度的能力很难做到泾渭分明的区隔,应该而且必须得到共同提升。唯其如此,才能培养出"审慎开放"和"审慎忠诚"的品质,才能认识到教育工作的历史价值,在实际教学工作中创造更多的意义。

(二)汉森回顾了历史上的世界主义观念与实践,总结出一些优良经验,确立了具体可行的大教学观。

教育的世界主义取向不是新鲜事物,也不是富人和特权阶层的专利。汉森在《教师与世界》的开篇部分就抛出了这个观点,声称"地方上的面包师、门卫、出租车司机、小镇教师、渔夫或市场小贩可能更具有世界主义感知力";[3] "这种取向正在被世界各地的教育工作者加以实践,即便不是以这种

1　Hansen, David T. The Teacher and the World: A Study of Cosmopolitanism as Education [M]. New York: Routledge, 2011:8.

2　Hansen, David T. The Teacher and the World: A Study of Cosmopolitanism as Education [M]. New York: Routledge, 2011:xiii.

3　Hansen, David T. The Teacher and the World: A Study of Cosmopolitanism as Education [M]. New York: Routledge, 2011:2.

名义,也是以这种精神而加以实践"。[1] 为了证明这个观点,他历数了苏格拉底、柏拉图、孔子、第欧根尼、马可·奥勒留、爱比克泰德、蒙田、古尔内、爱默生、泰戈尔、杜威等一些杰出历史人物的作品,也介绍了当代田野研究的具体成果。在此基础上,提出了一种比较新颖而且相对务实的大教学观。

首先,汉森重申了一个常遭忽视的常识:教育并不等于学校教育,它应该"发生在更广泛的范围内,并且更具持续性"。[2] 正是因为坚决捍卫这种泛在教育观,他的《教师与世界》才会大量介绍来自学校以外的富有教育价值的理论和案例。

不过,汉森也承认,"中小学校、大学、课堂和教师继续在全世界年轻人的生活中发挥广泛的作用",而"具有世界主义精神的教育并不需要对小学、中学或大学的教学内容进行彻底改革。这并不意味着取消或淡化艺术、历史、数学、科学或其他学科——实际上恰恰相反。这种教育方式也不依赖于或需要以公民、全球或道德教育为蓝本的正式课程"。[3] 也就是说,教师和教育教学研究者真正需要做的是转变观念,为学校教育"不时增加一些新的课程元素"。[4]

其次,汉森提出了比较新颖且相对务实的课程理念,把课程当作"所有人的潜在的和充满活力的遗产",[5] 而不只是传统意义上的一系列重要事实

1 Hansen, David T. The Teacher and the World: A Study of Cosmopolitanism as Education [M]. New York: Routledge, 2011:xiv.

2 Hansen, David T. The Teacher and the World: A Study of Cosmopolitanism as Education [M]. New York: Routledge, 2011:90.

3 Hansen, David T. The Teacher and the World: A Study of Cosmopolitanism as Education [M]. New York: Routledge, 2011:90.

4 Hansen, David T. The Teacher and the World: A Study of Cosmopolitanism as Education [M]. New York: Routledge, 2011:91.

5 Hansen, David T. The Teacher and the World: A Study of Cosmopolitanism as Education [M]. New York: Routledge, 2011:91.

和理论。

课程这种历史文化遗产是经过检验的人类追求意义的有效方式，[1]也是"问题、价值观、思想、实践、怀疑和渴望的动态混合体"，[2]既反映了"人类反复出现的、历史悠久的理解世界以及在世界上安家的尝试"，[3]又"为思考人类的困境和关切以及构思新的可能性提供了宝贵的资源"。[4]遗憾的是，在学校教育中，这些遗产被大多数学习者当作信息或知识，没有多少人会认真聆听它们的呼唤，能够针对这些呼唤做出回应的更是少之又少。在种种压力和风俗习惯的影响下，教师和学生往往只关心学习在升学和其他晋升中的作用，对那些经过检验的追求人生意义的方式漠不关心，对那些宝贵的探索经验视而不见。长此以往，不但不能理解前人建构意义的经验与价值，反而失去了在此基础上从事意义建构的能力。[5]汉森敏锐地发现了这一点，呼吁我们立即更新课程观。

他以科学课程为例，展示了具有这种新课程理念的学习者参与课程并建构意义的基本方式与方法：当学习者接触到哥白尼和日心说的时候，可能会产生这样的疑问：

> 哥白尼最初是怎么想到这个想法的？是什么让他有了那样的想法？他接受了什么教育？他为什么要关心太阳系呢？他如何用自己的

---

1 Hansen, David T. The Teacher and the World: A Study of Cosmopolitanism as Education [M]. New York: Routledge, 2011:91.

2 Hansen, David T. The Teacher and the World: A Study of Cosmopolitanism as Education [M]. New York: Routledge, 2011:94.

3 Hansen, David T. The Teacher and the World: A Study of Cosmopolitanism as Education [M]. New York: Routledge, 2011:91.

4 Hansen, David T. The Teacher and the World: A Study of Cosmopolitanism as Education [M]. New York: Routledge, 2011:19.

5 Hansen, David T. The Teacher and the World: A Study of Cosmopolitanism as Education [M]. New York: Routledge, 2011:91.

语言描述自己的发现？他当时的情绪是什么，他的想法、问题、猜想是什么？他和谁就这件事进行了沟通？那些人的批评性回应是什么？他对自己采取的方法有什么遗憾吗？他的所作所为如何影响了人们看待地球及其在空间和时间中的位置的方式？它对我看待这些事情的方式产生了怎样的影响？我要不要也成为天文学家？

有了这样的质疑，学习者可以参与哥白尼的相关研究，提升质疑、想象和探究能力；[1]也可以对哥白尼的探究加以科学反思，并且做出自己的回应。这样做，收获的不只是关于哥白尼和"日心说"的相关信息，还可能有学习体验和智慧。

获取哥白尼和"日心说"的相关信息，对于那些只关注考试成绩优劣的学习者而言，是最重要的事情。可是，这样的学习不会参与到相关探究之中，也不会扩充自己的人生体验。只有关注体验的学习者才能在取得理想成绩的同时回应历史文化遗产，并且在回应的过程中建构新的意义。

这种学习体验不可复制，也不需要复制。它是一种开放意义上的参与，[2]是一个从形式到实质都变动不居的过程。参与方式以及效果的好与坏"是由一个人的所见所学形成的，其真正目的不仅仅在于获取信息"，[3]而在于了解跨越时空的不同地方的生活，并加以充分体验，然后考察自己对新事物的审慎开放程度，以及对已知事物的审慎忠诚程度。[4]

1　Hansen, David T. The Teacher and the World: A Study of Cosmopolitanism as Education [M]. New York: Routledge, 2011:94 - 95.

2　Hansen, David T. The Teacher and the World: A Study of Cosmopolitanism as Education [M]. New York: Routledge, 2011:91.

3　Hansen, David T. The Teacher and the World: A Study of Cosmopolitanism as Education [M]. New York: Routledge, 2011:91.

4　Hansen, David T. The Teacher and the World: A Study of Cosmopolitanism as Education [M]. New York: Routledge, 2011:114.

高质量的参与最能体现汉森所提倡的新型课程理念的价值。他呼吁教师将每门学科都变成回到过去的机会,以便于学习者研究起初是什么使这些学科内容成为现在这个样子,又是"什么东西能够让这些作品在未来继续存在"。[1] 经过这样的训练,学习者就有可能会自主地开展思考、想象、探究、沉思、钻研并做出决策;[2] 过去、现在与未来就会发生有机联系,而那些来自过去的遗产就不再只属于过去,转而"变成生动的现在",[3] 即便到了未来,也仍然具备多重可能性和意义。

　　第三,高质量的参与需要言说、倾听、参与、互动能力,汉森特别重视这些能力的培育与发展。[4] 教育的品质"从根本上取决于一个人与他人、与世界以及与自己持续互动的品质"。[5] 教师必须要具备以审慎的方式倾听、言说以及与他人互动的能力,懂得"如何关注他人及其关心的问题、如何倾听他人的意见、如何观察情况以便采取行动"。[6] 这样才可以积极而且有建设性地参与他们身处其中的生活事务,[7] 尤其是教学事务。

　　积极参与或建设性地参与教学事务,主要靠创造性地提问、倾听和回应。这些技艺的习得,需要教师在伦理和道德维度做出努力。伦理维度上,教师要重视内在需求,同时不断加深对相关教学内容的理解;道德维度上,

1　Hansen, David T. The Teacher and the World: A Study of Cosmopolitanism as Education [M]. New York: Routledge, 2011:116.

2　Hansen, David T. The Teacher and the World: A Study of Cosmopolitanism as Education [M]. New York: Routledge, 2011:94.

3　Hansen, David T. The Teacher and the World: A Study of Cosmopolitanism as Education [M]. New York: Routledge, 2011:116.

4　Hansen, David T. The Teacher and the World: A Study of Cosmopolitanism as Education [M]. New York: Routledge, 2011:92.

5　Hansen, David T. The Teacher and the World: A Study of Cosmopolitanism as Education [M]. New York: Routledge, 2011:101.

6　Hansen, David T. The Teacher and the World: A Study of Cosmopolitanism as Education [M]. New York: Routledge, 2011:43.

7　Hansen, David T. The Teacher and the World: A Study of Cosmopolitanism as Education [M]. New York: Routledge, 2011:107.

要充分关注外在,重点观察学生脸上的表情变化,观察那些随时可以在课堂上展开充分讨论的事件,以及一些可能会分散或破坏注意力的事件,能够随时提出问题,激发个人之间的交流。[1]

教师富有技巧的提问与回应,可以帮助学生展开参与式探究,而不只是做短暂的幻想或浮光掠影式的旁观。[2] 师生或学生之间有了对话,就可以"在对话中解决问题,将话语转化成理解",可以"解放思想,并保持其流动性、灵活性和灵敏性"。[3]

世界主义取向鼓励师生相互倾听与交流,更鼓励他们与他人一起倾听。倾听他人,有希望培养出宽容的能力;与他人一起倾听,不仅可以培养出宽容的能力,而且能够超越宽容,进入富有想象力的自我批评和审美训练,从而打开自己的心扉,接受自身遭遇带来的种种影响。[4]

不过,汉森也多次提醒,这样的参与和回应都是随机发生的事件,是"一种令人不安的和未经排练的'冒险'"。[5]"在教育中,回答问题、追求兴趣以及根据好奇心采取行动等方式都是无剧本的,没有预先确定的方案。"[6]这样的冒险与灵活性是教师和学生都需要接受与体验的对象。庸俗地讲,它们都有非常高的价值,会让教师、课程和学生都变得更加成熟起来,更加具备

1　Hansen, David T. The Teacher and the World: A Study of Cosmopolitanism as Education [M]. New York: Routledge, 2011:109.

2　Hansen, David T. The Teacher and the World: A Study of Cosmopolitanism as Education [M]. New York: Routledge, 2011:104.

3　Hansen, David T. The Teacher and the World: A Study of Cosmopolitanism as Education [M]. New York: Routledge, 2011:44.

4　Hansen, David T. The Teacher and the World: A Study of Cosmopolitanism as Education [M]. New York: Routledge, 2011:116.

5　Hansen, David T. The Teacher and the World: A Study of Cosmopolitanism as Education [M]. New York: Routledge, 2011:94.

6　Hansen, David T. The Teacher and the World: A Study of Cosmopolitanism as Education [M]. New York: Routledge, 2011:93.

回应的能力。[1]

第四，在强调对话、参与、互动的时候，汉森也没有忽视基础知识和基本技能，再三强调了手册或经典、背诵、复述对于教学的重要性。手册或经典主要包括行动案例、对相关行为的评论、发人深省的语录等内容，可以帮助教师从嫉妒、恐惧和自私中解脱出来，实现自我修养。[2] 汉森认为，每位教师都要尽早找到自己的手册或经典，随时贴身携带。同时还要继续寻找新的手册或经典，以加强对世界本身的关注。如果这些手册或经典还不能解决问题，就要求助于同伴。同伴之间可以开展互动与合作，分享想法，也可以用团队的身份进行交流。这种练习有助于培养实用的即兴思维模式，以便于教育教学工作的开展。[3]

背诵也是一种基本技能。记住那些体现智慧和洞见的文章片段、诗歌和格言，是"一种普遍的、历史悠久的充实自我的方式"，[4]宛如在头脑和心灵中携带手册，使其"渗透进自我，并且形成自我"。[5] 为了保持记忆，促进自我修养，汉森还主张要多次复述那些看法和观点，确保被重复的内容得到尽可能仔细与恰当的表达。

从世界主义的角度看，阅读、背诵与复述都是一种学习方式，它们的本质就是吸收与消化。记下这些内容，研究它们，消化它们，把它们吸收到身

1　Hansen, David T. The Teacher and the World: A Study of Cosmopolitanism as Education [M]. New York: Routledge, 2011:98.

2　Hansen, David T. The Teacher and the World: A Study of Cosmopolitanism as Education [M]. New York: Routledge, 2011:41.

3　Hansen, David T. The Teacher and the World: A Study of Cosmopolitanism as Education [M]. New York: Routledge, 2011:109.

4　Hansen, David T. The Teacher and the World: A Study of Cosmopolitanism as Education [M]. New York: Routledge, 2011:41 - 42.

5　Hansen, David T. The Teacher and the World: A Study of Cosmopolitanism as Education [M]. New York: Routledge, 2011:42.

体里，"通过新陈代谢，使新鲜事物变成已知事物，使已知事物具有新品质"。[1] 这个过程能够帮助我们形成自己的看法和观点，过自己的生活。[2]

第五，汉森还非常重视对教学经验的记录与反思。《教师与世界》建议教师用精细的、散文般的小品文，仔细而系统地思考一个人在教学中遇到的特定事件、人物和问题。为了达到练习目标，教师可以用一整年的时间关注一位学生或一个班级，也可以从一位学生转移到另一位学生，从一个班级转移到另一个班级。记录下来相关情况和事件之后，还要加以反思和评论。后面这一部分可以与同事展开分享和讨论，也可以和家长、学生一起分享和讨论。

这样做，是记录别人，也是自我修行。记录别人做过的事情，并不是要试着回到过去，"相反，用比喻的话说，这些修行实践作为一种产品则来自未来"。[3] 换个说法，就是通过回忆过去而在当下创造未来。

第六，汉森重视想象力与理解力训练。想象是构思和描绘种种可能性，也是对教学中的特定事件、人物和问题的回想。关于可能性的想象很重要，对教学中的特定事件、人物和问题的回想也很重要。这是因为，"这些可能性深深植根于现实世界的人、物、事件和意义之中"。[4] 所以，汉森主张，要先在脑海中对特定事件、人物和问题做尽可能生动的呈现，再加以细腻感受，以此达成理解和想象。

---

1 Hansen, David T. The Teacher and the World: A Study of Cosmopolitanism as Education [M]. New York: Routledge, 2011:8.

2 Hansen, David T. The Teacher and the World: A Study of Cosmopolitanism as Education [M]. New York: Routledge, 2011:44.

3 Hansen, David T. The Teacher and the World: A Study of Cosmopolitanism as Education [M]. New York: Routledge, 2011:111.

4 Hansen, David T. The Teacher and the World: A Study of Cosmopolitanism as Education [M]. New York: Routledge, 2011:14.

他又指出，"想象和理解他人的真实情况可能是一项艰巨的任务。幻想之网、利己主义的引力、比人更重要的理想的诱惑，以及挥之不去的失望的力量，都会让人对他者的看法变得模糊，甚至失明"。[1] 要想避免看法模糊甚至失明的状况，就要加强练习审慎思考能力。汉森通过援引古人的事例和学说来证明这种练习的有效性："思考本身被理解为一种'内部'对话或与灵魂对话的模式"，[2] 教师需要动用多种感知模式，"试图'超越'自我或者用'更多'的东西来看待自我"，看待其他事物。[3] 当学生具备感知力和思考力的时候，"教师可以将学生和他们自己带入现实与想象交汇的不断生成的空间"，[4] 从而成为卓越的学习者。当学生还不能积极参与的时候，教师要注意倾听和观察，"同时保持沉默，等待时机"。[5]

以上就是戴维·汉森的大教学观的主要内容。这种教学观将背诵能力与复述能力视作基础技能，在此基础上发展想象、思考、言说、倾听、参与、互动能力。这些能力的培养不能完全依靠学校教育，还要秉持泛在教育观。教育过程中，应该高扬课程即遗产的理念，促进伦理与道德的完美融合，[6] 指导人们从街头和边缘地带出发，向中心迈进，[7] 把儿童和年轻人培养成为有责任心而且具有渊博知识的学习者，习得与

1　Hansen, David T. The Teacher and the World: A Study of Cosmopolitanism as Education [M]. New York: Routledge, 2011:103.

2　Hansen, David T. The Teacher and the World: A Study of Cosmopolitanism as Education [M]. New York: Routledge, 2011:44.

3　Hansen, David T. The Teacher and the World: A Study of Cosmopolitanism as Education [M]. New York: Routledge, 2011:43.

4　Hansen, David T. The Teacher and the World: A Study of Cosmopolitanism as Education [M]. New York: Routledge, 2011:14.

5　Hansen, David T. The Teacher and the World: A Study of Cosmopolitanism as Education [M]. New York: Routledge, 2011:110.

6　Hansen, David T. The Teacher and the World: A Study of Cosmopolitanism as Education [M]. New York: Routledge, 2011:33 - 36.

7　Hansen, David T. The Teacher and the World: A Study of Cosmopolitanism as Education [M]. New York: Routledge, 2011:39.

他人进行更巧妙、更人性化、更和平的互动的能力，[1]维持自身的文化完整性和连续性。[2]

（三）汉森从时间和空间维度展望了与教育教学相关的可能前景，积极寻求在当下创造未来的可能性。

戴维·汉森的大教学观体现出独特的世界主义取向。世界主义者原本就心胸开阔，目光远大，能够"将自己视作更大的世界的参与者"，[3]敢于直面一切不确定性。[4] 汉森继承了这种优点，又为其增添了新元素。传统的世界主义取向一般只强调空间维度的能力，重视区分本土意识和世界眼光，强调居家和出行的能力需求差异，等等。汉森的世界主义取向还重视时间维度的能力。

如其所言，我们正身处于全球化加速的时代，人类的生存空间甚至整个宇宙都在快速缩小，[5]时至今日，自我封闭或者狭隘的地方主义已难以生存，一度稳定的人类交往模式以及相关的控制感和方向感已经遭到严重破坏。[6]我们必须接受现实，调整好心态，建构新的交往模式，以及新的"在空间和时间中的栖居模式"，[7]培养出与此前不同的稳定感和平衡能力。

1　Hansen, David T. The Teacher and the World: A Study of Cosmopolitanism as Education [M]. New York: Routledge, 2011:82.

2　Hansen, David T. The Teacher and the World: A Study of Cosmopolitanism as Education [M]. New York: Routledge, 2011:87.

3　Hansen, David T. The Teacher and the World: A Study of Cosmopolitanism as Education [M]. New York: Routledge, 2011:38.

4　Hansen, David T. The Teacher and the World: A Study of Cosmopolitanism as Education [M]. New York: Routledge, 2011:123.

5　Hansen, David T. The Teacher and the World: A Study of Cosmopolitanism as Education [M]. New York: Routledge, 2011:45.

6　Hansen, David T. The Teacher and the World: A Study of Cosmopolitanism as Education [M]. New York: Routledge, 2011:47.

7　Hansen, David T. The Teacher and the World: A Study of Cosmopolitanism as Education [M]. New York: Routledge, 2011:114.

稳定感"是一种倾向或感知力，促使人们去思考变化，包括引发变化的力量，而不只是在面对与常态有别的差异时做出畏缩或撤退的举动"。[1] "尽管这种稳定感很脆弱，而且缺乏保证，但是，它有可能把每时每刻和每一个地方变成一种可能性，而不是一闪而过的虚无。"[2] 在这种稳定感的驱动之下，可以培养一种行为模式或网络（pattern or web of conduct），提升人与世界接触的成效。[3]

把每一个地方变成一种可能性，重塑的主要是空间观念；把每时每刻变成一种可能性，重塑的则是时间观念。

就空间观念而言，具有世界主义取向的人能够接受空间维度的不稳定感与不可预测性。从大的方面看，宇宙中的空间、方位都在不断变化。"永恒的罗马"是不存在的，"乞力马扎罗山注定会在将来发生变动"，而"美国在几个世纪之后可能会有所不同，那时它可能已经成为十几个相关的行政区或更大的构造的一部分"。[4] 从小的方面看，一切具体的个人空间都在发生或明或暗的变化，我们正在失去一些旧有的空间，同时不断进入新的空间，与更大的世界相遇。[5]

"世界主义者假定变革是永恒的"，[6] 能够接受无常的永恒性，不畏惧变化，不画地为牢，可以用健康而积极的心态看待空间的缩小与扩大。当空间

1　Hansen, David T. The Teacher and the World: A Study of Cosmopolitanism as Education
　　[M]. New York: Routledge, 2011:49.
2　Hansen, David T. The Teacher and the World: A Study of Cosmopolitanism as Education
　　[M]. New York: Routledge, 2011:50.
3　Hansen, David T. The Teacher and the World: A Study of Cosmopolitanism as Education
　　[M]. New York: Routledge, 2011:51.
4　Hansen, David T. The Teacher and the World: A Study of Cosmopolitanism as Education
　　[M]. New York: Routledge, 2011:50.
5　Hansen, David T. The Teacher and the World: A Study of Cosmopolitanism as Education
　　[M]. New York: Routledge, 2011:65.
6　Hansen, David T. The Teacher and the World: A Study of Cosmopolitanism as Education
　　[M]. New York: Routledge, 2011:57.

不断缩小或扩大的时候,世界主义者能够一边向内开拓,加强自我修养,一边向外求取,参与更大的世界。"在这种参与中发现了一种更新的、重新焕发活力的、创造性的模式,直接通过协调一致的行动,或者间接地以一种可见的方式,增强当地的完整性(并非固定不变)。"[1]

汉森以"家"为例,阐释这种新型空间观念的特色和意义。在传统观念中,我们每个人拥有的家或者是伊甸园和避风港,只与熟悉的面孔相处,让人轻松自在,不用再保持警惕;或者是像堡垒、城堡和监狱一样的地方,令人感到恐惧与孤独。[2] 不管是哪种类型,"家"的职责都是把世界拒之门外,从不把它邀请进来。如今,"在我们这样一个全球化的世界里,拥有一个丝毫不受更大世界影响的'纯粹'的家似乎只是一个空想",[3]人们需要改变长期存在的"家"的观念。换言之,需要"不纯粹的家",或者说需要"一种生成意义上的家"。[4] 它"可以表示一个不是由地理位置决定的空间,而是一个由思想、精神和想象力决定的空间",[5]有具体空间和边界,却不受其限制而可以被渗透。

教师要拥有多种居家方式,"在几个不同的阵地上体验到同样的在家的感觉"。[6] 既享有通常意义上的家,又享有另外一些家,比如学校或讲台。那里充满昂扬的职业精神和使命感,能够给教师带来在家一般的安全感和成

1　Hansen, David T. The Teacher and the World: A Study of Cosmopolitanism as Education [M]. New York: Routledge, 2011:82-83.

2　Hansen, David T. The Teacher and the World: A Study of Cosmopolitanism as Education [M]. New York: Routledge, 2011:56.

3　Hansen, David T. The Teacher and the World: A Study of Cosmopolitanism as Education [M]. New York: Routledge, 2011:57.

4　Hansen, David T. The Teacher and the World: A Study of Cosmopolitanism as Education [M]. New York: Routledge, 2011:57.

5　Hansen, David T. The Teacher and the World: A Study of Cosmopolitanism as Education [M]. New York: Routledge, 2011:58.

6　Hansen, David T. The Teacher and the World: A Study of Cosmopolitanism as Education [M]. New York: Routledge, 2011:58.

就感。

　　"家"和"世界"融为一体,空间观念就已经发生变化,出现了新的空间图景。[1] 与之对应的,还有时间图景的变化。

　　世界主义取向不只表现于空间维度,还表现于时间维度。"世界主义取向的培育不是线性的或单向的,而是动态的和不断发展的。它取决于背景和经历,取决于期望和期待。"[2] 世界主义者不仅要参与更大的世界,还要参与过去,因为人类取得的所有成就都"深深地植根于人类的过去"。[3]

　　这是一种新的安家模式。汉森注意到,历史上那些具有世界主义精神的思想家"在接受过去以及对现在和未来的看法上都是不合传统的";[4] 世界主义者"通过与人类过去的生动、有机的联系而在这个世界上安家"。[5] 他自己也是如此。除了前文已经介绍过的,把课程视作遗产,重视阅读、背诵和复述,主张记录和反思教学经验,他还借前人之口强调"过去在今天和明天都至关重要",[6] 呼吁人们不要试图从根本上与过去决裂,而要寻找与生俱来的声音。[7] 这些主张都不只是出于对过去的眷恋,而是为了寻求过去与现在、未来的关联,为了让历史经验和智慧变成当下的经验和智慧,让历史站在未来与现在对话。

1　Hansen, David T. The Teacher and the World: A Study of Cosmopolitanism as Education [M]. New York: Routledge, 2011:50.

2　Hansen, David T. The Teacher and the World: A Study of Cosmopolitanism as Education [M]. New York: Routledge, 2011:79.

3　Hansen, David T. The Teacher and the World: A Study of Cosmopolitanism as Education [M]. New York: Routledge, 2011:79.

4　Hansen, David T. The Teacher and the World: A Study of Cosmopolitanism as Education [M]. New York: Routledge, 2011:32.

5　Hansen, David T. The Teacher and the World: A Study of Cosmopolitanism as Education [M]. New York: Routledge, 2011:116.

6　Hansen, David T. The Teacher and the World: A Study of Cosmopolitanism as Education [M]. New York: Routledge, 2011:17.

7　Hansen, David T. The Teacher and the World: A Study of Cosmopolitanism as Education [M]. New York: Routledge, 2011:40.

正因为如此,汉森才会在《教师与世界》的前言中建议,加大力度培养教师"关于过去、当下和未来的意识",让他们"更多地认识到他们所做工作的历史意义"。[1]

《教师与世界》的写作方法也能体现这种观点。在开篇部分,汉森就已经坦承,其所"采用的工作方法也体现了一种信念,即过去在当下继续'说话'","过去常常像来自未来而不是来自过去那样对我们说话"。[2] 他既不盲目崇拜传统,也不一味排斥过去,而是站在过去、现在与未来的连接点上,冷静地使用对话和批判的方法,富有成效地展望人类未来。[3]

汉森所说的"关于过去、当下和未来的意识",想要表达的是,过去不只属于过去,还属于当下和未来;未来并不客观存在,一般难以预测。他在《教师与世界》的注释中对此做过比较详细的解释:

> 世界上所有的知识虽然有助于影响未来变化的方向,但是不能阻止未来的变化。人们所知道的一切不一定能预测未来的轮廓,包括下一刻的轮廓,更不用说保证了。因此,这些轮廓永远是无常的。与此相关的一点是,过去以及对过去的解释并不是同义词。做过的事确实已经完成,但是它的意义并没有结束,人类是凭借意义而生活的生物。[4]

1　Hansen, David T. The Teacher and the World: A Study of Cosmopolitanism as Education [M]. New York: Routledge, 2011: xv.

2　Hansen, David T. The Teacher and the World: A Study of Cosmopolitanism as Education [M]. New York: Routledge, 2011:16.

3　Hansen, David T. The Teacher and the World: A Study of Cosmopolitanism as Education [M]. New York: Routledge, 2011: xiv.

4　Hansen, David T. The Teacher and the World: A Study of Cosmopolitanism as Education [M]. New York: Routledge, 2011:129.

对过去的解释出现在当下和未来；未来不一定是当下的延续，但一定在当下被创造。汉森非常重视人类面向未来的能力，当然也没有忽视过去以及现在的重要作用。这是对杜威教育理念的继承。后者曾经严厉批判了为未来而忽略当下的现象，直言人类如果一味受制于抽象而不确定的未来，那么，当下的任何力量和机会都会受到轻视。[1] 汉森赞同这种观点，声称"所有可以想象到的教育目标，从提高标准化考试的成绩到更坚定地投身于民主，都因为忽视了当下的丰富性，或者消除了或者过于严格地利用了在其他地方已经证明了其优点的各种方法，都很容易使教育工作变得支离破碎"。[2] 为此，他还重申了汉娜·阿伦特的立场，建议教师为了未来而背对未来，把握住当下的意义与丰富性。[3]

为了把握住当下的意义与丰富性，汉森将课程视作历史文化遗产，号召学习者用心倾听这种历史文化遗产的呼唤，与之进行深度对话。前面已经说过，他建议，在学习具体的学科内容时，要深入到过去，探究起初究竟是什么促使它们发展成为现在的这个样子。这样做的目的是建立过去与当下的联系，将具体的学科内容从过去的创造物转化为当下的鲜活存在。然后，引导学生展开想象和思考："这些过去的作品为什么可以在未来与我们对话，又怎样与我们对话"。[4]

经由这样的想象与思考等训练，学习者有可能习得联合国教科文组织

1 Dewey, John. Democracy and Education [M]. Carbondale and Edwardsville: Southern Illinois University Press, 1985:61;另见杜威. 民主主义与教育[M]. 王承绪译，北京:人民教育出版社，2001:66.

2 Hansen, David T. The Teacher and the World: A Study of Cosmopolitanism as Education [M]. New York: Routledge, 2011:14.

3 Hansen, David T. The Teacher and the World: A Study of Cosmopolitanism as Education [M]. New York: Routledge, 2011:50.

4 Dewey, John. Democracy and Education [M]. Carbondale and Edwardsville: Southern Illinois University Press, 1985:116.

提倡的"未来素养"。这种素养的内涵与外延是什么,目前尚无定论。但是,近百年的未来学研究大致勾勒了它的轮廓。汉森在《教师与世界》中并未明确提及未来学研究,他建构的新型时间观念却是未来学研究者或未来学家们推崇的观念。他经常使用的"场景""图景"和"想象力"等也是未来学研究文献中经常出现的术语。不仅如此,他还推崇合乎未来学研究者期待的属于未来素养的能力要素:能够针对过去发生事件进行追问和解释,可以开展关于未来的想象与判断,具备在当下进行自我控制的能力以及其他行动能力。

在不可控制的世界中,只有当下的自我控制能力是最可靠的。[1] 汉森坦言,"尽管要注意到过去的先例和未来的可能性,但是,当下才是人类能够思考、感觉和行动的唯一时间"。[2] 为了充分说明这个观点,他向读者介绍了胡安·瓦德尔的研究发现。后者研究了牙买加金斯敦地区一个街区的居民的生活状况。那里的居民普遍贫困潦倒,许多人需要远赴美国或英国打工赚钱。这些人中的一部分最终会返回故土。他们和那些从未出过远门的人一样,都没有共同的信仰体系或者"共同的意义"。他们并不因循守旧,总是不断地修改属于本地的传统礼仪形式,不断重塑对家和本土的感知能力,因而能够"充满活力地参与到对意义以及对创造意义的持续追求之中,参与到对被倾听以及对倾听他人的持续追求之中","并且通过这种模式巧妙地生活在当下"。[3] 出乎意料的是,这样做居然没有让他们分崩离析。

1　Hansen, David T. The Teacher and the World: A Study of Cosmopolitanism as Education [M]. New York: Routledge, 2011:55.
2　Hansen, David T. The Teacher and the World: A Study of Cosmopolitanism as Education [M]. New York: Routledge, 2011:50.
3　Hansen, David T. The Teacher and the World: A Study of Cosmopolitanism as Education [M]. New York: Routledge, 2011:78.

不过，汉森也一再强调，立足当下并不意味着要忘记过去与未来。恰恰相反，"过去在今天和明天都至关重要"。[1] 那些已经属于过去的事物"在当下继续'说话'"，并且常常像来自未来那样对我们说话。除了前文提及的把课程视作历史文化遗产、重视手册和指南的重要性、提倡背诵与复述等主张之外，汉森还建议，即便是那些在当下看来已经没有意义的旧事物——包括"那些已经被遗弃或从未走过的道路"——也不要立即丢弃，因为随着时间的推移，我们可能会在将来的某个时刻"针对它们做重新设计"。[2]

"重新设计"与前面所说的"追问和解释"或"想象与判断"一样，都是培养新的稳定感与平衡能力的方式。有了这些，就可以在当下开展深思熟虑的行动，解释过去，创造未来。

三、未来其实不遥远：真正的教育改革从不虚幻

创造未来的人始终站在时空交错的十字路口。

他们正是戴维·汉森推崇的世界主义者，十字路口是他们持续不断地创造出来的时空混合体。[3] 这里没有《教师与世界》中多次提及的"自助餐厅"，不提供新鲜有趣的自助餐，也不陈列供人享用的商品。[4] 相反，它所呈现的只是带有世界主义取向的复杂的学习场景。[5] 在这个场景中，有旁观，

1　Hansen, David T. The Teacher and the World: A Study of Cosmopolitanism as Education [M]. New York: Routledge, 2011:17.
2　Hansen, David T. The Teacher and the World: A Study of Cosmopolitanism as Education [M]. New York: Routledge, 2011:35.
3　Hansen, David T. The Teacher and the World: A Study of Cosmopolitanism as Education [M]. New York: Routledge, 2011:115.
4　Hansen, David T. The Teacher and the World: A Study of Cosmopolitanism as Education [M]. New York: Routledge, 2011:2.
5　Hansen, David T. The Teacher and the World: A Study of Cosmopolitanism as Education [M]. New York: Routledge, 2011:99.

有互动,有新发现,也有经常可见的种种混乱状况。[1] 过去、现在与未来在这里相互交织,熟悉与陌生、新事物和旧事物在这里相互碰撞,[2]不同的历史文化遗产也在这里相互渗透。[3] 有的让人迫不及待,有的却给人带来意外惊喜。[4]

　　从时间维度看,站在十字路口的这些创造者们,正背对着未来,与过去进行着面对面的交流;[5]此刻的时间属于现在,也属于过去和未来。从空间维度看,他们在一个又一个十字路口安家,又在这样的十字路口持续远行;他们把通常意义上的家带到了十字路口,[6]又把一个又一个十字路口变成他们的家的一部分。

　　十字路口成为世界主义的典型标志,具有非凡的教育意义。在《教师与世界》中,汉森受到爱默生和杜威等人的直接启发,使用了不少篇幅对十字路口的功能加以论述,或称其有助于人们"考虑如何与他人交谈,如何倾听他人,如何与他人互动,如何尊重与对待他人",[7]或称其能够"拓宽、扩展和深化他们的思维方式与行动方式",[8]建构世界主义生活方式。为了更加明确地提醒读

1　Hansen, David T. The Teacher and the World: A Study of Cosmopolitanism as Education [M]. New York: Routledge, 2011:105.

2　Hansen, David T. The Teacher and the World: A Study of Cosmopolitanism as Education [M]. New York: Routledge, 2011:6.

3　Hansen, David T. The Teacher and the World: A Study of Cosmopolitanism as Education [M]. New York: Routledge, 2011:115.

4　Hansen, David T. The Teacher and the World: A Study of Cosmopolitanism as Education [M]. New York: Routledge, 2011:86.

5　Hansen, David T. The Teacher and the World: A Study of Cosmopolitanism as Education [M]. New York: Routledge, 2011:12.

6　Hansen, David T. The Teacher and the World: A Study of Cosmopolitanism as Education [M]. New York: Routledge, 2011:58-59.

7　Hansen, David T. The Teacher and the World: A Study of Cosmopolitanism as Education [M]. New York: Routledge, 2011:87.

8　Hansen, David T. The Teacher and the World: A Study of Cosmopolitanism as Education [M]. New York: Routledge, 2011:87.

者,汉森还直接引用了并不完全赞同他观点的麦卡蒂的话:"十字路口是针对当代课堂或学校的恰当比喻,不同背景的个人或群体在其中互动。"[1]

有了这样的十字路口,教育的世界主义取向就已经形成,世界主义教育会同步出现。各种相遇和互动都不再是偶然事件,在互动中也不需要参与的任何一方放弃自己的个性和文化的独特性。[2] 学生、教师和其他人一起,从容分享这样的路口,[3]建立起融洽的教育关系,相互学习,共同创造未来。

困难在于,如何建立这样的十字路口。这正是汉森花费大量笔墨去追踪世界主义理论研究和实践案例的主要原因。《教师与世界》竭力引导读者,像世界主义者那样审视自己和世界,重建自己的时间观念和空间观念。有了新型的时空观,就具备了世界主义精神,也就可以创建出作为时空混合体的十字路口。

观念转变最重要。汉森坚持认为,新型时空观或世界主义精神能够点石成金。前面引述的汉森的话已经指明,具有世界主义精神的教育并不需要对大中小学的教学内容进行彻底改革,不需要废除或淡化艺术、历史、数学、科学和其他学科,更不需要新建一门类似公民教育、全球教育或道德教育的学科,只需要将新型时空观念渗透进课程体系中,为传统学科做一些调整,增添一些新的课程元素,就可以推动教育教学的真正变革。

从这个意义上讲,"每个人都'是'世界主义者"。[4] 然而,如此清醒的自觉者少之又少,很少有人能够意识到一切过往都是创造未来的契机。从这

1　Hansen, David T. The Teacher and the World: A Study of Cosmopolitanism as Education [M]. New York: Routledge, 2011:105.

2　Hansen, David T. The Teacher and the World: A Study of Cosmopolitanism as Education [M]. New York: Routledge, 2011:4.

3　Hansen, David T. The Teacher and the World: A Study of Cosmopolitanism as Education [M]. New York: Routledge, 2011:105.

4　Hansen, David T. The Teacher and the World: A Study of Cosmopolitanism as Education [M]. New York: Routledge, 2011:87.

个角度看,汉森又声称,"没有人'是'世界主义者"。[1]

人们经常对汉森描绘的十字路口熟视无睹。偶尔有人提及,也只在意空间维度的十字路口。即便如此,还经常将十字路口视作悲伤的甚至可怕的歧路。日常生活中,我们经常蜗居在地球的某个位置,不愿意跨越雷池半步;稍微发散一点的思维都有可能遭到嘲讽,被讥评为异想天开。这种情况早在古代就已经广泛存在,甚至还引发了苏格拉底和孔子的不满。在前者眼中,人类经常像青蛙环绕着池塘那样,围绕着某块土地或水域生活,[2]眼睛向内,耳朵对外,一边抢夺有限的共有资源,一边警惕外来的危险。在后者看来,这就是所谓的"君子怀德,小人怀土;君子怀刑,小人怀惠",[3]人类总是过分依恋故有的环境,贪恋安逸,不能做到居安思危,转身向外……

为了避免故步自封,苏格拉底和孔子都重视自我修养,主张积极的自我调控。汉森是他们的同道,既重视自我修养,又十分在意与世界和他人互动的方式。[4]与前贤不同的地方是,他建构了教育教学改革的十字路口,指导人们尤其是教师跨越雷池,远离熟悉的青草池塘,转过身来,面向世界,面向未来。他试图"重建一个人对世界的感知能力以及他在这个世界上的行动力",[5]努力培养"穿越远与近、一般与特殊、宇宙和邻里的能力",[6]以应对不断变化和无穷无尽的人类多样性,解决当下的全球化危机,创造美好未来。

1　Hansen, David T. The Teacher and the World: A Study of Cosmopolitanism as Education [M]. New York: Routledge, 2011:87.

2　杨绛.杨绛全集　9　译文卷[M].北京:人民文学出版社,2014:367.

3　朱熹.四书章句集注[M].北京:中华书局,1983:71.

4　Hansen, David T. The Teacher and the World: A Study of Cosmopolitanism as Education [M]. New York: Routledge, 2011:23.

5　Hansen, David T. The Teacher and the World: A Study of Cosmopolitanism as Education [M]. New York: Routledge, 2011:48.

6　Hansen, David T. The Teacher and the World: A Study of Cosmopolitanism as Education [M]. New York: Routledge, 2011:69 - 70.

这样的十字路口隐喻和教育教学改革设想抓住了问题的关键,要言不烦,足以成为教育教学改革的有效指南。然而,诚如上述,人们向来不太重视"十字路口",对其存有太多偏见。汉森和他的《教师与世界》能否振聋发聩,真正解放那些画地为牢的人,效果还有待检验。就中国学者潘光旦和他的"十字路口"的遭遇来看,前景恐怕不太乐观。那些看上去比较容易创建的十字路口其实很难被创建出来,设想起来比较简单易行的世界主义理念并不容易推行。

1926 年,潘光旦开始公开谈"位育",这就是中国版的"十字路口"理论。

在此之前,生物演化理论和社会学理论迅速发展,促使彼时的知识人认识到,世界正在发生剧烈变化,这种变化成为新常态。于是,西方学者在生物演化理论中提倡"organic adjustment",在社会学理论中提倡"social adjustment"。译介这些理论的中国学者和日本学者将"adjustment"或"adaptation"译作"适应"或"顺应"。[1] 潘光旦认为不妥。他指出,这种译法就等于"把一种相互感应的过程看作一种片面感应的过程",而实际上"人与历史的关系,人与环境的关系,都是相互的,即彼此之间都可以发生影响"。[2]于是,他将这个单词改译为"位育",试图表达出英文原词具有的"积极应对变化"的含义。

"位育"是个新词,来源于《中庸》"致中和,天地位焉,万物育焉"。[3] 潘光旦将其中的"位"与"育"合并起来,用以描述一切生命追求的目标,[4] 也就是生命体在时间和空间维度的全面调适能力,[5] 或者可以称作应对新环境、新

---

1 潘光旦. 潘光旦文集(第八卷)[M]. 北京:北京大学出版社,2000:131.
2 潘光旦. 潘光旦文集(第六卷)[M]. 北京:北京大学出版社,2000:138.
3 朱熹. 四书章句集注[M]. 北京:中华书局,1983:18.
4 潘光旦. 潘光旦文集(第六卷)[M]. 北京:北京大学出版社,2000:138.
5 潘光旦. 潘光旦文集(第六卷)[M]. 北京:北京大学出版社,2000:107.

局面的能力。[1] 他从生物遗传学的角度审视这些能力,特别看重其中的选择能力,强调选择主体的历史责任感以及未来视角,主张站在未来看当下,预先作一些安排,使当下选择的结果利多而弊少。[2] 这些观点与西方的未来学家和杜威、汉森不谋而合。

1933年,在一次面向中学师生的公开演讲中,潘光旦描绘了"位育"的十字路口的特点。他声称,这是任何生命都要经过的"十字街头","东西指的是空间,是自然环境或地理环境,南北指的是时间,是往古来今,是历史,而十字街头的交叉点是当时此地和与当时此地发生紧密接触的我"。[3] 他的"位育"规划要求,接受教育的人要想得到全面发展,就必须完成由本及末、由近及远的三个步骤。第一步是了解自己,区分"人与非人"以及"我与非我"的界限,力求做到自我控制。这个阶段的学习涉及生物学、生理学、伦理学等学科。第二步是接受乡土教育,了解各自家族的历史,了解家乡的历史文化传统和山川地理特征,习得与乡土有关的历史、地理知识与技能。到了第三步,才学习现代学校教育常见的各门学科。

三个步骤环环相扣,推动个体发展,有望进入"安所遂生的境界"。个体有进步,国家和民族才能蒸蒸日上,[4] 指向"全人类的位育"才有实现的可能性。[5]

在描绘"位育"蓝图的同时,潘光旦也批评了教育上存在的一些弊端。从个体层面看,他认为,当时的教育过分看重"人"而"忽略了宇宙间其他可

1 潘光旦.潘光旦文集(第八卷)[M].北京:北京大学出版社,2000:131.
2 潘光旦.潘光旦文集(第九卷)[M].北京:北京大学出版社,2000:497.
3 潘光旦.潘光旦文集(第六卷)[M].北京:北京大学出版社,2000:140.
4 潘光旦.潘光旦文集(第八卷)[M].北京:北京大学出版社,2000:435.
5 潘光旦.潘光旦文集(第六卷)[M].北京:北京大学出版社,2000:139.

以措意的事物"；[1] 偏重修身、齐家、诚意、正心，忘却了治国、平天下，忘却了格物、致知，[2] 有的学者"未尝不极言格物致知的重要，但所格所知的事物始终不出'伦常日用'之间，始终不离先圣昔贤的经验的范围"，[3] 导致了"自私自利心的发达、组织能力的薄弱、人情观念之重与法治观念之轻"，[4] 以至于"回顾已往得太多，展望前途得太少"。[5]

从国家层面上看，"大病所在，即是本末倒置，或舍本求末，目前最受关注的是第三步"；至于"第二步，特别是在中国，几于无人问津；中小学的教科书既成国定，标准题材既须全国一致，又怎能容许师生注意到某一个角落的个别情形呢？第一步也是特别受忽略的，尤其是关于个人的部分，关于每一个人的自我了解与自我控制的部分，也就是全部教育中最最基本与主脑的部分"。[6] 当务之急，就是加强自我修养，尽可能地充分认识自己，控制自己；同时，加强乡土教育，重建我们与家乡的关系。

从世界层面看，在潘光旦所处的那个时代，近代工业革命方兴未艾，各种社会运动纷至沓来，使得家庭这个组织类型处于风雨飘摇的境地。与此同时，国家被偶像化，倡导者率领民众舍弃对家庭的爱，将之变成对祖国的爱。更有极端的个人主义者，舍弃家庭之爱，专爱自己。[7] 就这样，在全球化的暴风骤雨中，西洋文化宰制了世界，[8] "国家生活在复杂的国际环境里发生了困难，到处感到捉襟见肘的痛苦"。[9] 具体而言，新式学校教育和学习内容

1　潘光旦.潘光旦文集(第六卷)[M].北京:北京大学出版社,2000:449.
2　潘光旦.潘光旦文集(第六卷)[M].北京:北京大学出版社,2000:447.
3　潘光旦.潘光旦文集(第六卷)[M].北京:北京大学出版社,2000:446.
4　潘光旦.潘光旦文集(第六卷)[M].北京:北京大学出版社,2000:448.
5　潘光旦.潘光旦文集(第六卷)[M].北京:北京大学出版社,2000:450.
6　潘光旦.潘光旦文集(第六卷)[M].北京:北京大学出版社,2000:140.
7　潘光旦.潘光旦文集(第八卷)[M].北京:北京大学出版社,2000:140.
8　潘光旦.潘光旦文集(第九卷)[M].北京:北京大学出版社,2000:48.
9　潘光旦.潘光旦文集(第九卷)[M].北京:北京大学出版社,2000:328.

进入中国,全面取代了旧式教育系统。中国人亦步亦趋了很多年,"更有青出于蓝冰寒于水的趋势",[1]致使很多人"忘却了固有的环境,忘却了民族和固有的环境的绵续性和拖联性,以为对于旧的如可一脚踢开,对于新的,便可一蹴骤几"。[2]

时至今日,距离潘光旦首次提出"位育"理论已经快满一百年了。中国教育历经多次改革,的确已经取得了很伟大的成就,无论是在课程与教学理论更新方面,还是在学校硬件建设、教材编制、课堂转型、教师专业发展等方面,都取得了可喜的成就,但是,毋庸讳言,教育中仍然存在潘光旦所说的本末倒置的情况,他所规划的第一和第二步骤的教育尚未完全落实。可以这么说,那个本来应该是越早建成越好的"位育"的十字路口至今尚在建设之中。

不过,也不用沮丧。一则,这些问题并不容易解决,它们在世界各地普遍存在,其他国家的"十字路口"建设也都不算成功,有志于此的中外人士特别是各位教师同仁有机会共同努力,玉成此事。二则,中国学者潘光旦的理论遗产和教育志向并未就此湮灭,在美国学者汉森那里得到了切实的响应。他们是异代异国的知音,都不约而同地看重自我修养,看重作为时空混合体的"十字路口",看重应对变化的主动性、灵敏性和有效性。当然,因为时代在变,理论也在发展,处于不同时空的两个人之间也存在很多差异,他们的"十字路口"理论并不完全相同,相同或相似之处的表述也存在明显差异。当然,有同有异才有希望,两家的理论可以相互补充,相辅相成。

作为译者和教师,笔者期待与读者诸君一起努力,读懂"十字路口"理论,将之付诸切实的行动。现在,让我们从牢记戴维·汉森的善意与期待开始吧——

1　潘光旦. 潘光旦文集(第十三卷)[M]. 北京:北京大学出版社,2000:5.
2　潘光旦. 潘光旦文集(第八卷)[M]. 北京:北京大学出版社,2000:555.

他的善意是：

  一个研究者可以围绕这个概念转圈，也可以带着这个概念环游世界。在带着这个概念环游世界的整个过程中，研究者不断地澄清这个概念的用途和应用价值，但是从不试图掌握或拥有它。相应地，研究者可以与概念保持一段反思的距离，以避免被概念扭曲出自己的轨道。[1]

他的期待是：

  本书渴望对教师的实际行事产生有力影响。[2]

1　Hansen, David T. The Teacher and the World: A Study of Cosmopolitanism as Education [M]. New York: Routledge, 2011:87.
2　Hansen, David T. The Teacher and the World: A Study of Cosmopolitanism as Education [M]. New York: Routledge, 2011:19.

原书推荐序

《教师与世界》是一本难得的出版物，它公开而明确地致力于为教师提供一剂解药，以应对政府强加的政策改革浪潮中不断加剧的、对许多人来说是令人衰弱的动荡。政府推行的这些改革虽然有承诺，但并不总是能够改善学校和课堂的状况。本书并不提供一系列解决要略、合理规划模式或行动方案，为了改善学校和课堂的状况，作者戴维·汉森反其道而行之，写出了五个紧凑的章节和一个结束语，提供了他所谓的"世界主义取向"。

汉森认为，这种理念为教师提供了资源，可以强化、拓展、深化和维持他们与"学生、同事、家长和社区成员"以及"朋友、家人和其他重要人员"展开良好互动的能力。因此，从这个意义上讲，无论世界多么混乱，世界主义都被视为当今世界的教师的专业生活方式。就他们的职业生涯而言，汉森声称，这个理念将会增强教师的主动性，拓宽他们的审美、伦理、道德和知识视野。世界主义理念将在社会责任伦理中激发教师的道德使命感，使他们所教的儿童和年轻人能够成长为负责任的、知识渊博的学习者。

这种世界主义的视角并不提供解决问题的方案，而是直接关注教师自我意识的培养，提升他们的辨别力和判断力的品质。汉森认为，不管全球化速度的积极和消极影响如何，它已经"冲走了世界各地的许多传统生活模式"。这些生活模式仍将能够发挥"在培养对新事物的审慎开放（reflective openness）和对已知事物的审慎忠诚（reflective loyalty）方面的不可替代的作用"。通过这种途径，教师可以让学生参与一些参与式探究，以合乎道德的、巧妙的和创造性的方式对待他们的生活，以便他们能够发展以这些方式成长的能力，以及与社会化、知识获取和为经济生活做准备等传统教育目标相关的能力。

人们很容易将这种教育立场与那些提倡反思性教学、承认课堂上有"隐性的"或"法定的"课程以及研究教师情绪和身份的人联系起来。事实上，两者也的确有关联。然而，汉森走得更远。他将世界主义与"具有普遍正义这一基本价值观的民主政治承诺"联系起来。他认为，作为民主的世界主义并不首先取决于民主制度的建立。相反，它的基础是受过教育的个体。这些个体的特点是"通过不断重建经验而保持习惯本身的灵敏性、动态性和延展性……"虽然与反思过程相关，但是它不仅仅参与反思过程。汉森认为，教育不应成为促进特定利益的工具，而应成为一种手段，以学习、审慎开放和忠诚的方式推动我们作为个体和社会存在而向前发展。从世界主义的视角看，教育可以教育学生如何"集中注意力，拓展精神，发现能够发挥个人特长的最佳方式"。要实现这个目标，教师需要具备特定的价值观、知识和能力。

与早期著作《教学召唤》(1995)和《教学的道德心：迈向教师的信条》(2001)一样，汉森在这本书中继续强调教师在"让人的学习成为可能"中扮演活力四射的角色。不过，这本书与另外两本相比，视野更加宽广。对他来说，"世界主义"这个术语通过"阐明人类不可化约的独特的价值"而凸显了教育的重要性，并且"通过揭示共同价值观和人类生活的共同特征而扩大了教育的意义"。

这不是一本易读的书。这本书写得很好，组织结构很有说服力，读者要想读懂它，需要全神贯注。不过，那些声称为教师提供"实用"指导的书却没有这本书具备的优点。本书的章节很长，相关标题和内容涵盖了广泛的概念。它们的主题涉及柏拉图、孔子、苏格拉底、米歇尔·德·蒙田、玛丽·德·古尔内和阿兰·洛克等杰出哲学家的作品。这些人都以自己的方式求知,汉森也是如此,寻求挑战那些试图削弱教育者自主权和权威的力量。这是一本不适合胆小鬼的书,它行文坦荡,为那些思想型教师、反思型教师以及那些希望再次讨论和重新审视其基本价值的专业人士而创作,据此澄清和强化教育实践的道德、伦理基础。它也不是一本可以快速浏览的书。它的内容将给读者带来挑战。就像良好的教学和学习一样,它需要持续的参与。当读者——无论是教师教育者、校长还是教师——一旦参与其中之后,就会注意到关于学校和课堂研究的参考资料相对匮乏。然而,与此同时,他们将获得深远而深刻的人性化的见解(humane insights),认识到与学校和课堂中的存在方式和行为(conducting)方式相关的新可能性。这将强化和提升他们作为专业教育工作者的思维和实践品质。

克里斯托弗·戴,诺丁汉大学

安·利伯曼,斯坦福大学

2011 年

致　谢

　　撰写这本书是一趟冒险之旅,其间标记着众多的起点,所有这些都是为了寻求一种可以寄身于其中的教育哲学。一路走来,许多人花费时间对这项工作提出了意见,我对他们始终心存感激。

　　戴维·格兰杰(David Granger)、布莱恩·凯斯(Brian Keith)、伍美莲(M. Mei-lin Ng)和希尔皮·辛哈(Shilpi Sinha)阅读了本书的早期草稿,并提出了尖锐而广泛的批评。尼姆罗德·阿洛尼(Nimrod Aloni)、勒内文森特·阿西拉(RenéVicente Arcilla)、约翰·巴尔达奇诺(John Baldacchino)、尼古拉斯·巴布勒斯(Nicholas Burbules)、威廉·戈代利(William Gaudelli)、德博拉·克尔德曼(Deborah Kerdeman)、路易丝·普赖尔·麦卡蒂(Luise Prior McCarty)、雪利·彭德尔伯里(Shirley Pendlebury)、金生鈜、拉莉莎·瓦苏德万(Lalitha Vasudevan)和伦纳德·瓦克斯(Leonard Waks)都对本书的部分内容提出了有益的批评。我在师范学院的同事梅根·拉弗蒂(Megan Laverty)读过我的许多早期文稿,我在书中分享了她的问题与观点,也得到了她的支持。斯蒂芬妮·伯迪克-谢泼德(Stephanie Burdick-Shepherd)、杰夫·弗兰克(Jeff Frank)、卡拉·弗曼(Cara Furman)、郑京华(Kyung Hwa Jung)、阿维·明茨(Avi Mintz)和特里·威尔逊(Terri Wilson)提供了重要的书目资料,还与我进行了富有启发性的对话。

　　我有幸在以下机构举办的讲座和研讨会上检验了本书中的观点:人文大学(乌得勒支)、曼尼托巴大学、京都大学、圣保罗大学里贝朗分校、隆德里纳州立大学、师范学院（哥伦比亚大学）、教育学院（伦敦大学）、斯特林大学、西贝柳斯学院（赫尔辛基）、奥斯陆大学、鲁汶大学、香港大学、印第安那大学、拉瓦尔大学、厦门大学、厄勒布鲁大学、奥卢大学、赫尔辛基大学、圣城大学、波尔图大学、马德里康普顿斯大学和南京师范大学。非常感谢上述学校教职员工和学生们的热情款待，感谢他们提出的问题和建议；这其中，有许多问题和建议仍然摆在我面前，我希望有一天能解决它们。同时，还要感谢同行与学生对我在下述会议中就相关主题发表的演讲而做出的批评：美国教育研究协会（纽约市，圣地亚哥）、道德教育协会（纽约市）、哲学与教育研究生会议（纽约市）、中国教育哲学学术年会（济南）、英国教育哲学学会（爱丁堡）、教育哲学学会（北美：波士顿、蒙特利尔）、进步主义教育会议（特拉维夫）和法国教育哲学学会（巴黎）。

感谢兰德尔·奥尔苏普（Randall Allsup）、艾琳·鲍尔（Eileen Ball）和卡罗琳·海勒（Caroline Heller）慷慨地提供了一些很棒的暑期工作（summer work）空间；他们还对我的研究项目提出批评，给了我意外收获。感谢我的妻子伊莱恩，她是一位很好的倾听者和健谈的朋友。

本书中的一些观点的早期版本曾经公开发表在以下期刊，感谢这些期刊的出版商允许我在本书中收录相关文章：《无网逐蝶：解读世界主义》，发表于《教育哲学研究》2010 年第 29 期，第 151 页至第 166 页；《世界主义与教育：来自实地的考察》，发表于《师范学院学报》（*Teachers College Record*）2010 年第 112 期，第 1 页至第 30 页，2008 年在线出版，ID 号：15411；《世界主义视角下的教育、价值观与评价》，与斯蒂芬妮·伯迪克-谢泼德、克里斯蒂娜·卡马拉诺（Cristina Cammarano）和冈萨洛·奥贝莱罗（Gonzalo Obelleiro）合著，发表于《课程探究》2009 年第 39 期，第 587 页至第 612 页；《课程与世界主义遗产理念》，发表于《课程研究杂志》2008 年第 40 期，第

289 页至第 312 页。

我有幸教过来自世界各地的学生，每个学生都给我带来他们关于教育的独特视角和感知力（sensibility）。很难想象，如果没有他们的无穷无尽的富有成效的提问，本书会是个什么样子。当然，本书仍然存在很多不足，无论有什么不足之处，都是我的责任；至于书中可能有的任何优点，都反映了这些学生的求知欲与慷慨。我把这本书献给他们。

前　言

　　"教师与世界"是什么意思？教师与课堂、教师与中小学校或大学、教师与社区：这些是描述教师经验领域（realm of experience）的典型方式。它们听起来是对的，因为教师生活在非常特殊的环境中。他们与特定的学生、同事、管理人员、家长和其他人一起工作。他们的注意力必然是向内的，集中在他们负责教育的人身上。无论在哪里工作，无论在教育系统的任何层级工作，教师都需要全身心投入到本地化的、面对面的工作任务之中。

　　然而，在我们这样一个相互关联的世界里，有更好和更糟糕的方式来完成这种脚踏实地的使命。我并不是说要一只脚踏在全球人类事务的舞台上，另一只脚站在教室里。教师需要将双脚牢牢地踩在他们与学生共享的土地上，并且与学生一起分享。我的意思是，我们要意识到，更大的世界为什么始终是教师经验的一部分。

　　特别在当下，教师不可能对经由媒体和人类移动产生的全球影响一无所知。教师可以尝试忽略这些因素，但这种忽略并不意味着它们的影响就会消失。相反，这意味着那些影响将以一种没有经过反思的方式进入课堂和学校。教师有能力帮助学生和他们自己学会回应（respond）世界：利用他们培养的知识和技能创造性地塑造生活，而不仅仅被他们无法控制的力量所塑造。

　　在接下来的章节中，我将通过世界主义的视角描绘教师与世界的关系。世界主义是一个古老的概念，具有永恒而美好的含义。这个术语让人联想到（evokes）世界人民在道德领域团结一致的形象。然而，世界主义并不是普遍主义的同义词。相反,它意味着人类有能力以审慎开放的态度面对更广阔的世界,同时,在反思中对本土的关切、追求和价值观保持审慎的忠诚。这个理念在数千年前伴随着全球化的兴起而产生。全球化本身是一个长期的过程,最近几个世纪,它通过贸易、艺术与科学交流、移民和通信技术等机制,加快了进程,并且变得势不可挡。世界主义是一种取向,通过它,人们可以对复杂的、有时甚至是巨大的全球化压力做出回应,而不仅仅只是做出反应(react)。世界主义视野(cosmopolitan outlook)使人们能够在不可预测的变化中保持自身的完整性(integrity)和连续性(continuity)。

这种取向正在被世界各地的教育工作者加以实践,即使不是以这种名义,也是以这种精神而加以实践。世界各地的教师、校长和教育研究人员都非常重视向其他人和其他文化学习。他们重视地方社区和个人性格的独特性和唯一性。他们是不断成长的女人和男人,他们的教育是持续的,并不因为得到教职、升为管理者或获取学术资格证书而结束。然而,就像世界各地无数的家庭和社区一样,教育工作者正在探索如何平衡开放性和忠诚度的价值。他们关注更广阔的世界,拥有无限的学习和转变的可能性。他们对靠近心灵和头脑的东西有一种同样强烈的依恋。与此同时,教育工作者还在努力应对当下的教学条件:左右他们工作的无休无止的自上而下的操控、影响到师生生活的经济快速转型和支持性资源的不均衡、大量的分散了教育焦点(distract educational focus)的媒体刺激的洪流,以及人口的增长与变化。

世界主义无法为这些当代困境提供解决方案,但是,它确实提供了一种观察、思考和活动(acting)的方式,用这种方式可以针对它们做出更好的而不是更坏的回应。其优点有三:

灵活性(suppleness)。世界主义不是一种党派意识形态,而是一种专注的人生观。它在世界各地的文化中的表达是无法估量的多样化的，也是奇妙的，即兴的（unscripted）。我将援引历史案例和当代的田野研究（field-based research）——研究人员已经在全球各个地区"脚踏实地"地考察了世界主义——来证明这个观点。这些案例将阐明，什么是对新鲜事物的审慎开放，什么是对已知事物的审慎忠诚。我认为，这两点是我们这个时代教育工作的核心价值观。

持久性（longevity）。世界主义不是一个时髦的想法，不是"最新事物"的又一例证。与之相反，作为一种对人类前景的富有成效的展望（generative outlook），它已经受到了几千年的历史考验。当然，考验的方式比较粗糙和随意（ready）。如前所述，它对变化的回应（response）是深思熟虑的结果，不是盲目的反应（reaction）。前面的章节广泛涵盖了关于世界主义的灵敏性（responsiveness）和想象力的历史与哲学。在某种程度上，它们的目的是让教育工作者对这种取向的现实性和有效性充满信心。

期待性（hopefulness）。当下，世界各地的教育工作都面临巨大的压力，要为纯粹的短期战略利益服务。很多人担心教育正在成为另一种可以购买的商品———一张通往下一站的车票——而不是一种邀请人类过上具有审美、伦理、智力和社会意义的生活的体验。世界主义取向可以帮助教育者在忠于自己的创造性使命（creative vocation）的同时，对当代精神做出回应。这项具有挑战性的任务需要成熟的、充满期望的约束感和可能性，与盲目的乐观主义和宿命论的悲观主义形成鲜明的对比。

世界主义的观点可以帮助教师在工作（work）范围内完善他们的经验。所有教师对学生、同事、管理者和其他人都有这样或那样的影响。我希望阐明，当越来越多的教师意识到自己就是生活在这个世界的人并且为了这个世界而工作之时，这种影响如何能够变得更加丰富，甚至更加高明。反言之,这种观点有助于教育工作者培养关于过去、当下和未来的意识,从而更多地认识到他们所做工作的历史意义。

　　教育一直是人类最富有想象力的事业之一。无论是学生、同事、家长,还是其他人,与人相处永远是一种极具塑造性的方式(formative way)。鉴于日益快速变化和拥挤的人类状况,这些真理已经变得更加生动,也更加无价。

戴维·T.汉森

2011 年 1 月

第一章　透视我们这个时代的教学与教育

引言

世界主义的棱镜

棱镜是一块可以改变光线角度的半透明材料。它改变了色彩的色调、纹理和实质。我们被这样的棱镜包围着。在克日什托夫·基耶斯洛夫斯基（Krzysztof Kieslowski）的电影《维罗尼卡的双重生命》中，有一个扣人心弦的情节：由优秀女演员伊莲娜·雅各布（Irene Jacob）饰演的主角坐火车去看望一位生病的阿姨，她用右手的手指小心翼翼地捏着小圆棱镜，看着窗外，世界匆匆而过。当她透过棱镜凝视外面的世界时，光线集中，色彩增强，事物的形状会膨胀或延展。这个棱镜不仅仅为她一个人改变了世界的曲线和光亮。观众的世界也发生了变化。观众不再是旁观者，而是女主角观看行为的参与者。基耶斯洛夫斯基在女主角的手势与观众的响应（response）中捕捉到了过上不同生活的可能性。那是因为，人们会以不同的方式看待这个世界。

世界主义带来了不同的生活前景，即使人们认同他们长期坚守的价值观,也没有例外。世界主义构成一种取向。在这种取向中,人们学会平衡对新事物的审慎开放和对已知事物的审慎忠诚。这种取向使人们向他人学习,而不是仅仅容忍他人,即使在保持他们独特的存在方式的完整性和连续性时也是如此。因此,通过世界主义的棱镜看教育,教育的意义就会得到拓展与深化。世界主义通过阐明人类的不可化约和独一无二的价值而增加了它的重要性。尽管当今世界以国家为基础的教育体系规模庞大,但教育仍然是一个人一个人地进行(如果有的话)的。这个过程必然会激发(draws out)个人的能动性,因为没有人可以像传递一袋货物那样为他或她提供教育。

教师都知道这一点。他们不是根据订单信息分发包裹的仓库管理员。相反,他们在教人学会学习方面,发挥着积极作用。并且,每个人都必须接受教育。每个人的教育都像他们作为人的性格与精神一样不可复制。

世界主义通过揭示人类生活的共同点和共享特征的价值而扩大了教育的意义。尽管人们所珍视的价值观各不相同,但是他们首先具有共同的价值评估能力(capacity to value)。尽管人们在各种形式的艺术、家庭生活、友谊和工作中找到了不一样的意义,但是他们对生活意义都有共同的潜在追求,而不是仅仅渴望像石头一样存在于世界之中。具有世界主义精神的教育可以帮助人们认识到这些共同特征,以此作为相互理解与合作的新基础。

世界主义的棱镜使人们看到不同观点之间的共生关系。乍一看,这些观点似乎大相径庭,实则不然。从理论上讲,关于什么是普遍性的主张听起来可能具有普遍性,即同质化、还原性和压迫性;地方保护听起来很狭隘,意味着分离主义、保守和封闭。然而,本书与之不同。相关对比是,一方面,是体现了与地方紧密联系的世界主义;另一方面,是体现了同质化与狭隘化的力量。世界主义不是普遍主义的代名词,地方主义不是本位主义的代名词。

如前所述，世界主义意味着学会在对新事物的审慎开放以及对已知事物的审慎忠诚之间保持有益的张力（productive tension）。

世界主义有时与富人和特权阶层联系在一起，他们把世界视作新鲜有趣的自助餐。这个术语让人联想到今天的城市精英的形象——在曼谷、布宜诺斯艾利斯、香港、伦敦、孟买、内罗毕、纽约、圣彼得堡、悉尼或东京——享受世界各地的美食和音乐，关注国际新闻，穿着跨文化服装，游历世界各地。这些行为本身并没有问题，除了提供欢愉之外，它促进甚至体现一种世界主义的取向。但它们也可能不会。这些行为更有可能让人类陷入消费主义和剥削性的全球化之中。在全球化时代，一切都变成供人享用的商品——这种现象与世界主义所代表的参与性和响应精神大不相同。

旅行、陶醉于世界各地的艺术等本身并不是具有世界主义倾向的标志，也不是世界主义的必要条件。正如研究、新闻、电影、小说、诗歌和日常经验所表明的那样，与大部分经常光顾机场休息室和连锁酒店的走遍全球、结交广泛的高级管理者相比，本地的面包师、门卫、出租车司机、小镇教师、渔夫或市场小贩可能更具有世界主义感知力。换句话说，游历最广的人在视野和判断力方面可能是最狭隘的。世界主义的教育确实需要旅行，但是实际上，身体旅行并不重要，重要的是智力、道德和审美旅行。

在逐渐亲近时成为独特的个体，在逐渐分离时结成完整的集体

以下内容的中心论点是：世界主义影响下的教育，应当是帮助人们在逐渐亲近的过程中成为独特的个体（move closer and closer apart），在逐渐分离的过程中结成完整的集体（move further and further together）。这一修辞源于我对课堂生活的长期研究。在那种生活中，教师和学生群体在一个学年的时间里不断互动，通常会对彼此的兴趣、个性、性格、习惯、长处、短

处、期望(hopes)和渴望有很深的了解。从这方面看,周复一周,月复一月,他们彼此之间变得更加亲近。然而,恰恰是因为对彼此独特个性的深入认识,事实上他们在变得越来越亲近的同时又成为独特的个体。在这里,亲近并非来自于差异的消除,而是来自于差异的清晰显现。这种亲近是真实的、至关重要的、充满活力的。它使得课堂生活迷人且有回报,至少对于认真的教师和学生来说是如此。它也解释了课堂生活中的一些挫折和谜团(例如关于人们的变化的不可预测的方式)。

与此同时,教师和学生在学习过程以及随之而来的无数经历中相互告别,逐渐分离,在分离的过程中又结成集体。无论是在艺术、历史、数学、体育还是科学方面,无论是在小学、中学还是大学阶段,他们都会在一个学期或一年的时间内分享无数的质疑(questions)、探究(inquiries)、作业、问题、挑战、困难、理解等等。这些经历并不能使他们成为一个和平王国的居民。分歧、怨恨和困惑通常会一次又一次地出现。但是,教师与学生都会回到各自的本职工作中去。他们共同的经历证实了他们通过时间和活动一起前进的过程。就像他们的相互亲近一样,他们在教育这个时常坎坷的探险旅程中的积极参与和相互团结是真实的、至关重要的和充满活力的。教师和学生参与得越多,他们的结伴旅行就越有建设性(formative),也就越有吸引力。

我在上一本书《教学的道德心》(*Exploring the Moral Heart of Teaching*,2001 年,第 156 页,另见其他各处的论述)中谈到了关于亲密与疏离的形象。这本书与我的早期研究成果《教学召唤》(*The Call to Teach*,1995 年)都是当下开展世界主义与教育研究的原因。在全球化的世界里当一名教师意味着什么?教师是他们所居住的特定国家或民族的仆人吗?他们是听命于不关心外界的政府的受薪官员吗?他们是跨越政治边界、把这种努力视为比维护特殊主义或民族主义价值观更重要的东西的所谓"教育共和国"的代表吗？教师是否对教育的真正意义负责，从而帮助年轻人发展对自我、社区和世界的广泛、深刻而丰富的理解？作为一名教师，能够掌握并传达对新的思想、目标和人物的审慎开放的价值观，同时能够对特定信仰、传统和实践保持审慎的忠诚，这意味着什么？这样的教师将走上前进的道路，即使感到不安，她或他也会追求两种价值观的平衡，平衡雇佣自己的本地机构的价值观与体现更广阔的人类视野的价值观。

这些问题可以追溯到教育本身的初始阶段，尽管不一定与社会化相冲突，但是，在历史上，教育与社会化的紧张关系早已浮出水面。如果社会化意味着融入一种生活形式——学习一门语言和一套文化习俗——那么教育意味着一边获取学科知识和更广阔的世界知识，一边要学会反思这种生活形式。

将教学作为一种召唤或使命的想法，以及教学是一种道德实践的观点，在几千年前教育出现之初就已经生根发芽。视教学为一种召唤，而不仅仅只是一份差事或岗位，将教学提升到适当的位置，成为人类最有尊严和最重要的社会事业之一。教学的价值蕴含于它的结晶，即知识，以及它所培养的东西，即人类个体的审美、道德和智力能力。这样描述并不装腔作势或郑重其事（portentous or solemn）。如果教学是为了支持教育，而不是教条主义、灌输或其他片面的结果，那么，它总是需要轻松的感觉——不能与无忧无虑相混淆。轻松是严肃的另一面（参见卡尔维诺，1993 年，第 3—29 页），它意味着在教学过程中要有灵敏响应，要灵活而且富有耐心，同时还要坚守教育目标。

将教学看作道德活动，就是承认这样一个事实，即诸如体贴、慷慨等道德以及公正、尊重真理等行为准则始终在教学中发挥作用。无论是小学、青少年课后活动空间，还是在医学生的研讨会上，人们都在不断学习这些道德和准则——或者学习它们的对立面——即便是间接的而非公开的，这种学习也一直存在。因此，尽管知识传授非常重要，但是，教育中的问题远不止知识传递一项。教与学的方式（无论成功还是失败）都会体现道德元素（dimensions）。教育中似乎从不存在道德真空：无论规模多么微小，教育的意义、价值以及对人类的影响每时每刻都处于不确定的状态（hang in the balance）。令人高兴的是，尽管注意自己的行为方式是有意义的，但是这些事实并不意味着教师必须如履薄冰。

纵观人类历史，教学一直是一项道德事业，也是一种召唤。至少对于相当多的从业者而言是如此。今天，世界越变越小，人类渐渐认识到，想要屏蔽外部影响，越来越困难。教师可以推进一种教育，使人们不仅能够应对这些情况，而且能够重建应对这些情况的方法。人们不仅可以在更拥挤的环境中做出反应（reacting），还可以像今天的许多人一样，通过与他人进行创造性的沟通（communication）和交换（exchange）来做出回应（respond）。当他们这样做的时候，彼此之间的接近就从一种偶然事件和事件的力量（one of accident and force of events）转变为一种教育关系。在这种关系中，人们可以相互学习如何更有效、更有目的、更人性化地生活在他们所处的环境（settings）中。他们可以学会在越来越接近的情况下彰显各自的独特性，而不需要放弃自己的个性和文化方面的独特性。他们能够更清晰地感知和理解差异。当然，这样的见解常常是片面的、不完整的和暂时的。同时，因为有持续不断的教育，他们可以学会在塑造人性和实现互动的过程中逐渐分离，同时又结成完整的集体。这种自己创造的社会纽带并没有削弱他们的独特性，反而赋予他们更强大、更可持续的完整性。

在逐渐亲近的过程中成为独特的个体，在逐渐分离的过程中结成完整的集体:透过世界主义的棱镜,这幅图景构成了教学与教育的框架。在本章和接下来的章节里,我将阐明这个观点。我将试图证明世界主义观点中体现的说法,即人类创造力受到生理、心理、经济和社会文化力量的无可救药的制约。这些制约真实存在。不过,声称它们能够预测或支配人类行为则是另外一回事。与人类努力探索到的跨越时空的无穷无尽的可见成就(包括构想出决定论这一观念的成就)相比,这样的说法显得苍白无力。因此,在接下来的章节中,我将通过历史、哲学探究、艺术、民族志研究和日常生活案例来说明世界主义的取向。这一分析将揭示,为什么世界主义在当下的现实中生机勃勃,而不是高耸的象牙塔或者理论姿态。

对乌托邦理想主义敬而远之

这种讨论还将缓和世界主义背后长期存在的乌托邦冲动。这种冲动体现在以下问题中:一个真正的世界主义的世界会是什么样子? 在这个世界里,人类可以通过不同的社区和平相处,分享,交流,参与,学习,对彼此的差异和相似之处感兴趣,甚至感到高兴吗? 在这个世界里,没有苛刻教条和意识形态,人人对自己的价值观充满信心,能够平静地感恩地生活,而不会大声断言别人必须遵守自己尊崇的这些价值观吗? 在这个世界里,最广泛意义上的诗歌实现了传说中的回归,战胜了当下令人衰弱、令人分心的商业主义吗? 一个真正的世界主义的世界会不会重新分配经济和政治资源,让每个人而不是少数特权阶层充分发挥他们的能力?

这是通过世界主义的棱镜看到的世界吗? 或者,与其说是我们的世界变得更加光明,不如说在那令人晕眩的美丽、鼓舞人心的善良、光彩夺目的喜悦和无限的爱之外,我们的世界还存在令人沮丧的不完美和可怕的不公正吗? 乌托邦的愿景可以为批评当前的安排而提供有价值的替代立场(梁,

2009年,第372页),但是它们也可以轻易地将人类精神从此时此地解脱出来。安娜-玛丽·德鲁安·汉斯(Anne-Marie Drouin Hans,2004年,第23—24页)提醒我们,乌托邦有两种样式:它可能意味着"好地方"(来自希腊语 *eu-topos*),但也可能意味着"没有地方"(希腊语 *ou-topos*)。透过世界主义的棱镜来看,世界既不是伊甸园,也不是地狱;既不是喜剧,也不是悲剧;既不好,也不坏。它既不是一个必然进步的场景(a scene of inevitable progress),也不是一个像伊曼努尔·康德(Immanuel Kant)曾经悲哀地说过的,为那些似乎已经被遗忘已久的罪恶进行痛苦赎罪的地方。这个世界拥有所有这些属性的各个方面。

然而,从世界主义的角度看,世界由人类创造,受制于人类的死亡率、脆弱性和易犯错误的特点。几千年来,人们理所当然地将教育视作"创造"的源泉,以及创造出人性化的适宜居住的生活方式的源泉。世界主义视角下的教育值得关注,因为它植根于日常生活,尤其植根于新事物和已知事物——所有人都以不同程度和方式受到它们的影响——不断出现的十字路口。十字路口可以是一个学习的场景(scene),正如本书(原版)副标题所强调的那样,世界主义本身可以被理解为这个世界中的一种教育取向。

接下来的几节为这个探究提供了历史背景和当代世界主义研究的概况(几个扩展脚注可供参考,并且做了理论层面的梳理)。这些章节还说明了本书采用的工作方法,展望了后面章节的主题。

世界主义的历史背景说明

起源于地中海世界的哲学传统以最广泛的形式呈现了世界主义这个理念。因此,我将在本书中重点介绍它们。然而,这些形式从来都不是自给自足的(或者"纯粹"西方的,不管"西方"意味着什么),也绝不是当今世界最有影响力的形式。一方面,从西方的中世纪西班牙的摩尔人、基督教和犹太教背景,到东方的黎凡特的多语言、多元文化氛围,更不用说北非的腓尼基、迦太基和马格里布文化以及南欧的希腊和罗马文化,地中海一直是文化的十字路口。[1] 另一方面,世界主义主题出现在许多哲学谱系中,例如,源自印度教的《奥义书》(公元前1世纪)和孔子的《论语》(公元前6世纪)。当代学者在这些和其他悠久的传统中阐述了世界主义的主题(吉里,2006年;陈国贲,2005年;列文森,1971年)。他们清楚地表明,从全球角度来看,世界主义观念(cosmopolitan ideas)的运动通常是从东到西(巴塔查里亚,1997年;玻瑟和曼贾普拉,2010年;森,2006年;沙伊甘,1992年;段义孚,1996年;杜维明,1998年)以及由南向北传播(福哈斯,2005年;洛斯,2005年;所罗门,1979年)。他们对西方和东方的刻板印象(或"本质化")提出了质疑。[2]

世界主义一词源于希腊语"*kosmopolites*",通常被翻译为"世界公民"。正如宝琳·克莱因盖尔德(Pauline Kleingeld)和埃里克·布朗(Eric Brown)在他们对世界主义观念史(the history of the cosmopolitan idea)所做的简要回顾所展示的那样(克莱因盖尔德和布朗,2006年;也参见克莱因盖尔德,1999年),苏格拉底(Socrates,公元前470年—公元前399年)渴望与来自任何地方的人交谈,就有世界主义的迹象。我们还可以从云游各地的诡辩家的实践中辨别出一种世界主义的态度。这些与苏格拉底同时代的

1　例如,参见约翰·巴尔达奇诺(John Baldacchino,2010年)的地中海三部曲的第一部和普雷德拉格·马特维耶维奇(Predrag Matvejevic,1999年)对该地区文化的概述。

2　平心而论,"西方"以殖民和帝国主义冒险的形式所产生的影响是无情的,今天采取的形式是一些人所说的新自由主义(我在本章后面会谈到)。我们将看到,世界主义作为一种教育观,与侵略性、种族中心主义或其他片面的世界观形成鲜明对比。

人是四处漂泊的诡辩家(traveling sophists),也是西方文化中最早一批收取学生学费的人。就学者们所能确定的情况而言,第一个正式表达这一观点的人是第欧根尼(Diogenes,约公元前390年至公元前323年)。第欧根尼是所谓的犬儒主义哲学家。他有一个著名的宣言,宣称自己来自世界,而不是某个特定的文化或政体。他的一位老师安提斯泰尼(Antisthenes,公元前455年—公元前360年)帮助他创立了犬儒主义哲学,其中就有世界主义。犬儒主义者认为地方政府和习俗在许多方面都心胸狭窄,与自然格格不入。他们将所谓的道德义务视作效忠人类本身的一种形式。他们知道,这种道德义务是当时地中海世界的多元文化精神中的一个重要组成部分(布拉纳姆和古莱特-卡泽,1996年;斯科菲尔德,1991年)。

犬儒主义者的影响通过随后的世界主义渲染渗透开来,这与他们刻意远离公共生活有着显著差异。世界主义观念在古希腊和罗马的斯多葛学派传人那里达到了顶峰。他们以各种形式表明,自己愿意为当地以及更大的人类社群献身。他们试图构建一种生活方式,使人既能适应特定的义务,又能适应扩大了的人类需求和期望(hopes)——这个观点体现了我所说的对新事物的审慎开放与对已知事物的审慎忠诚的融合。西塞罗(Cicero)、塞涅卡(Seneca)、爱比克泰德(Epictetus)和马可·奥勒留(Marcus Aurelius)等作者在他们的作品中都大胆地提出了世界主义观念。最近对这些人物以及其他人物的研究消除了人们对斯多葛学派学者的冷漠、孤立、长期受苦("坚忍的")的刻板印象。学者们已经证实,即使斯多葛学派专注于培养自己的道德、审美和智力的存在方式,他们还经常通过各种各样的实践来表现自己的公共意识与政治积极性(布朗,2006年;福柯,2005年;阿多,1995年;郎,1996年;努斯鲍姆,1994年;格雷琴·雷丹斯-希尔斯,2005年;约翰·塞拉斯,2003年)。在第二章中,我将回顾苏格拉底和斯多葛学派,也关注传承他们的世界主义精神（cosmopolitan-minded）衣钵的人，展示他们为身处全球化世界的当代教师而留下的丰富遗产。

文艺复兴时期，随着柏拉图和其他古代资料的重新发现，德西德里乌斯·伊拉斯谟（Desidrius Erasmus，1466年—1536年）和米歇尔·德·蒙田（Michel de Montaigne，1533年—1592年）等作者揭示了斯多葛学派重视宽容与相互交流的一面。他们虽然尊重人类在文化、艺术等方面的差异，但是仍然寻求一种可以减少当时普遍存在的宗教冲突的普世方法（克雷，1996年；斯蒂芬·图尔敏，1990年）。18世纪，来自欧洲各地的许多写作者、法学家、商界人士、艺术家和其他人都试图打破他们认为的狭隘的、以皇室为中心的专制主义。对一些人来说，这样做是有风险的。于是，他们制造出一系列引人注目的修辞手段，掩盖了他们的身份，便于他们倡导跨越民族和部落习俗边界的人类团结的世界主义理想（雅各布斯，2006年；罗森菲尔德，2002年；托马斯·施勒雷特，1977年）。

评论家们的世界主义主张在一定程度上源于这样一种观点：因为人类具有理性和道德能动性，所以必须尊重他们。他们不是仅仅具有经济或文化价值的事物，而是有尊严的生命体。他们是有创造力的，而不仅仅是被创造出来的生物。它们本身就是目的，而不仅仅是达成目的的手段（康德，1990年，第51—52页，另见《康德著作全集》第434—435页）。这种观点使世界主义思想家与一些从事启蒙运动的同行形成鲜明对比，世界主义思想家谴责战争、奴隶制和帝国主义（康德，1963年 b；卡特，2001年；桑卡尔·穆思，2003年）。伊曼努尔·康德（1724—1804）在展示道德尊崇——源自德国的 *achtung*，也可以被译为"崇敬"——时，超越了他自己的文化偏见，将道德尊崇转化一种责任，让所有人都能接受教育，从而创造（shape）他们自己的人生。康德通过他的道德哲学和他的经常被引用的关于如何在国家和社区之间创造和平的论点，给世界主义观念提供了持久的推动力。[1]

当前研究概况

近年来，来自全世界多个学科和地区的学者复兴了世界主义观念。他们展示了世界主义在人类生活中的极其多样化的表现，以及这种思想对任何地方都能产生影响的渗透性。这个群体包括从事概念研究的哲学家和政治理论家、研究过去的世界主义实践案例的历史学家、审视世界文学的方方面面的文学批评家、试图阐明"实际存在的世界主义"（斯科特·马尔科姆森，1998 年）或可称为实地世界主义（汉森，2010 年 a）的田野研究者，以及专注于世界主义对教育思想和实践的影响的教育学者。[2] 研究者们所具有的

---

[1] 桑卡尔·穆思(Sankar Muth, 2003 年)深入回应了一些启蒙思想家对道德矛盾的担忧，例如关于阶级、种族和性别的矛盾。穆思与卡特(2001 年)、施勒雷特(1977 年)等人一道，阐明了对启蒙运动思想的全面认可或拒绝的有效替代方案，特别是其中的世界主义观点，为批评偏执和不宽容提供了有力的依据。穆思对康德的高度创性地位进行了特别广泛的、形成性的评价。康德关于世界主义和道德的写作是多方面的、细致入微的，而且一直在发挥作用（ever underway）。在我看来，如果用"普遍主义"来描述他的思想，那就歪曲了他的意图，因为这个术语如果没有暗含民族中心主义的意思，也具有同质化的意味。有关康德观点的相关论述，以及将他的思想应用于当代(经常是有争议的)人权理论和实践，请参阅拜纳姆(Bynum)2007 年的著述。

[2] 最近的研究包括：

概念研究：阿皮亚(Appiah, 2005 年, 2006 年)通过重建的自由主义视角，对世界主义的道德和政治层面进行了开创性研究；本哈比布(Benhabib, 2006 年)在政治方面对世界主义和民主问题做了有影响力的关注，可以与布罗克(Brock)和布里格豪斯(Brighouse)(2005 年)编辑的一组关于政治世界主义的研究成果相匹配；卡特(Carter, 2001 年)对道德和政治问题进行了广泛研究；谢和罗宾斯(Cheah and Robbins, 1998 年)编辑的跨学科研究作品集也很重要；科尔普斯·翁(Corpus Ong, 2009 年)最近在媒体研究方面做了不少工作；德里达(Derrida, 2001 年)经常被引用的关于世界主义热情的局限性和可能性的观点值得注意；海纳兹(Hannerz, 1990 年)的研究采用了被广泛关注的文化视角；希特(Heater, 1996 年)在世界主义意识中重振政治抱负的倡议；希尔(Hill, 2000 年, 2009 年)从世界主义视角对身份政治做了批判；卢((Catherine Lu) 2000 年)对世界主义精神的仔细描述，与这个概念的常见解释形成了鲜明对比；努斯鲍姆(1997 年 a, 1997 年 b, 2002 年)提出了有影响力的普遍主义观点；塞缪尔·谢弗勒(Samuel Scheffler, 2001 年)对世界主义的政治和文化方面做了精辟阐释；还有萨拉德拉纳特·泰戈尔(S. Tagore, 2003 年, 2008 年)，通过研究多种资料，其中包括他的著名的亲戚罗宾德拉纳特·泰戈尔(Rabindranath Tagore)的诗歌和散文，辨析了什么是世界主义。

（转下页）

如此广泛的兴趣反映了一个事实，即世界主义观念在历史上一直是关于政治和道德问题的创造性思维的源泉。

(接上页)历史研究：参见霍尔顿(Holton, 2002 年)关于 1911 年召开的一次国际会议的研究，这次会议讨论了世界种族和文化多样性；雅各布斯(Jacobs, 2006 年)研究了关于世界主义实践的早期现代表达；贾萨诺夫(Jasanoff, 2005 年 a, 2005 年 b)分别描述了奥斯曼帝国亚历山大和英帝国统治下的印度的世界主义精神；梅吉拉夫(Majluf, 1997 年)关注了巴黎的一个著名的 19 世纪艺术展，批评家们在展览会上指责具有世界主义精神的艺术家不是"真正的民族艺术家"。雷丹-希尔斯(Reydams-Schils, 2005 年)检视了罗马世界斯多葛派的实践；理查森(Richardson, 2008 年)做了关于俄罗斯敖德萨(Odessa)的世界主义及其他主题的民族志和历史研究；罗森菲尔德(Rosenfeld, 2002 年)和托马斯·施勒雷特(Schlereth, 1977 年)研究了 18 世纪欧洲的世界主义观念史。

文学研究：在"世界主义现代主义"(cosmopolitan modernism)主题方面，沃科维茨(Walkowitz, 2006 年)研究了约瑟夫·康拉德(Joseph Conrad)、詹姆斯·乔伊斯(James Joyce)和弗吉尼亚·伍尔芙(Virginia Woolf)小说中的世界主义主题；在"现代世界主义"(modernist cosmopolitanism)主题方面，沃科维茨诠释了石黑一雄(Kazuo Ishiguro)、萨尔曼·拉什迪(Salman Rushdie)和温弗里德·格奥尔格·塞巴尔德(W. G. Sebald)的作品。关于这些主题的一般性讨论，见胡伊森(Huyssen)2007 年的研究。伯曼(Berman, 2001 年)阐述了亨利·詹姆斯(Henry James)、马塞尔·普鲁斯特(Marcel Proust)、弗吉尼亚·伍尔芙和格特鲁德·斯泰因(Gertrude Stein)作品中的世界主义视角。斯坦顿(Stanton, 2006 年)对石黑一雄、迈克尔·翁达杰(Michael Ondaatje)、牙买加·琴凯德(Jamaica Kincaid)和约翰·马克斯韦尔·库切(J. M. Coetzee)的小说也做了同样的分析。福哈斯(Fojas, 2005 年)和洛斯(Loss, 2005 年)等人最近研究了许多拉丁美洲作者的世界主义模式。科克布莱特(Kirkbright, 2000 年)编辑了一组德国和奥地利作家的世界主义研究作品，其中包括海因里希·海涅(Heinrich Heine)、玛丽·赫茨菲尔德(Marie Herzfeld)和约翰·沃尔夫冈·冯·歌德(Johann Wolfgang von Goethe)。另外，可以参看周(Choo)2011 年的研究，以及乔利摩尔(Jollimore)与巴里奥斯(Barrios)2006 年的合作研究，它们有助于了解世界主义与教育的直接关系。

田野研究：我将在第四章详细介绍最近的一系列研究。

教育研究：参见科斯塔(Costa, 2005 年)从世界主义视角展开的关于教育和文化混合问题的研究；格雷戈里欧(Gregoriou, 2004 年)关于世界主义、热情好客与教育之间关系的研究；凯文·麦克多诺(McDonough, 1997 年)对受压迫社区处在公平和教育十字路口的情况的关注；帕帕斯蒂法诺(Papastephanou, 2002 年, 2005 年)对全球化背景下的政治、人际关系和教育问题的关注；派纳(Pinar, 2009 年)通过世界主义框架来理解"世界性"(worldliness)的范例；波普科维茨(Popkewitz, 2008 年)关于学校教育的批判，将世界主义和新自由主义瓦解为理性主义、普遍主义的意识形态；里兹维(Rizvi, 2005 年, 2009 年)分析了作为理解当今文化关系之框架的世界主义能够影响国际教育实践的原因；莎伦·托德(Sharon Todd, 2009 年)关注了当代社会冲突领域的伦理、公平和教育问题；伦纳德·瓦克斯(Leonard Waks, 2008 年)则关注了体现世界主义观念的教育政策、学校关系和理论。在编辑出版的论文集中，值得关注的有麦克多诺和范伯格(McDonough & Feinberg, 2003 年)的作品，他们重点关注当代社会中与公平、文化和教育的供给有关的各种问题。林加德(Lingard)等人(2008 年)的著述虽然只有少数地方涉及世界主义话题，也值得注意。另外，有两份教育期刊做过这个主题的专刊，它们分别是《教育哲学研究》(斯特兰德, 2010 年)和《教育哲学与理论》(罗斯和布勒斯, 2011 年)。

当前有些学者将世界主义观念与人们熟悉的人文主义、自由主义和多元文化主义概念结合起来，另外一些学者则提出了与这些概念所暗示的不同的分析单位。用启发式的术语来说，他们的出发点既不是人文主义和自由主义强调的人性或个体，也不是多元文化主义所强调的社区。相反，正如我所解释的那样，重点是一个人和一个社区在当下的情况，以及整合了对新影响的审慎响应、对根源和价值观的审慎理解之后，可能会变成的样子。换句话说，自由的和多元文化的交流突出了对现有价值观的评判——这些价值观被视为是既定的、自给自足的。具有世界主义精神的交流凸显了转变后的价值观的出现——不管他们的术语和范围多么有限（厄尔和茨维特科维奇，1995 年，第 102 页，另见其他各处的论述），这个转型已经出现——而描述这些价值的语言可能还不存在。这种交流活动（movement）并不意味着放弃先前的价值观。从世界主义的角度来看，"转型"一词强调的不是根本性的变化，而是渐进式的重新配置。正如我们将看到的那样，它强调价值观和信仰的连续性，但不主张一成不变。这种取向意味着从价值观差异中学习，而不只是容忍价值观差异。从世界主义的角度看，学习就是吸收，通过新陈代谢，使新鲜事物变成已知事物，使已知事物具有新品质（下面将详细介绍这几点）。[1]

1　乌尔里希·贝克（Ulrich Beck, 2004 年）、唐纳德（Donald, 2007 年）、汉森（Hansen, 2010 年 b）和麦克多诺（McDonough, 1997 年）讨论了世界主义和人文主义、自由主义和多元文化观之间的区别。本章所涉及的文献也揭示了世界主义和最近创造的术语"全球主义"（glocalism）之间的差异。这个描述性术语涉及全球进程如何渗透到局部空间，以及人们如何从战略上适应这种影响。从审美、教育、伦理或道德意义上讲，对于通常意义上的全球主义而言，没有什么天生的世界主义。世界主义是一个描述性和规范性的概念，全球主义与之不同，并不能成为教育哲学的基础。另一个为人熟知的术语是"国际主义"（internationalism），它在历史上指的是跨越国界联合起来抵制他们所认为的压迫性资本主义做法的工人运动。它的起源可以追溯到 1864 年在欧洲成立的第一国际，即国际工人协会。现在还有一个流行词汇是埃莉诺·罗斯福（Eleanor Roosevelt）提出的"世界意识"（worldmindedness）。这个概念反映了世界主义的一个方面：对世界的审慎开放。但是，正如我已经讨论过的那样，世界主义构成了一种教育取向，既要关注当地的意义和必要性，也要关注整个世界的意义和必要性。

当前学界对世界主义的兴趣还传递出一种走出所谓身份政治的死胡同的愿望。在某些表述中，身份政治的背景假设（background presumptions）是文化和个人纯洁性。这使得跨越差异的相互理解变得不可想象。从世界主义的角度来看，保持身份的纯洁性和稳定性是不可能的，文化和个人都不可避免地受到更大世界的影响。宇宙中所有的手指都无法堵住堤坝的漏洞，将这种影响拒之门外。个人和群体可能会制造的障碍在其结构中证明了外部影响的永久存在。这些障碍确实可以把人们隔离在里面，但是无法将世界隔离开来，至少不会隔离得太久。

世界主义者假定，渗透性（permeability）和疏松度（porosity）是人类事务中的规则而不是例外。这样假设，并不是自由派个人主义者或唯美主义者的观点，不会认为这种状况就是"好的"，而人们应该陶醉其中。这并不是为了庆祝享有特权的消费主义游牧民族（consumerist nomad）品尝世界上各种艺术、美食和其他习俗的自助餐。此外，全球化力量给地方社区和个体施加的同质化压力也不容忽视。文化解体的威胁自然会导致人们转向内在，一方面可能激发身份政治，另一方面可能激发无根的个人主义。这些冲动可能代表了一种生存的尝试，而不一定要把自己与他人分开。一个适宜的世界主义观点需要同情和尊重人类的这种深切回应（霍林格，2002年，第230页）。个人与文化根本不可能保持纯洁性这个世界主义的前提表明，来自外部的影响是持续不断的。世界日益拥挤，人们如果希望保持个人与文化的完整性，最好是审慎地（thoughtfully）做出自己的回应，而不是被动或暴力地做出反应（reacting）。

夸梅·安东尼·阿皮亚（Kwame Anthony Appiah）抓住了当前许多关于世界主义的研究的精神。"我们可以从彼此的故事中学习，"他写道，"只有在我们共享人类的能力和一个单一的世界时才能如此：任何一种相对主义都是不交谈而保持沉默的理由。"(2005年,第257页)阿皮亚指的是能力而不是价值观。他和世界各地的人们一样,知道世界各地的经济、艺术、宗教、家庭和价值观之间存在明显差异。它们的多样性无法估量。此外,认同相同价值观的人往往持有或表达不同的价值观。两位热爱红色的画家可能会在他们的作品中以相反的方式表达他们的价值观。两位崇尚科学的教师可能会以独特的方式进行实验和其他课堂活动。这样的例子似乎无穷无尽。因此,阿皮亚注意的不是价值观而是能力。在我看来,他所说的能力就是人类共有的思考、说话、倾听、讲述和追踪故事的能力、学习的能力,以及在出现问题时能够重新开始的能力。

人们可以在持有不同的价值观的同时培养这些共同的能力。事实上,这些能力的蓬勃发展(flowering)可以帮助人们理解价值观差异并协商解决价值观方面的冲突,而不必诉诸激进的非此即彼的决定。这种沟通和相互理解很少是理想的或完整的。世界不断转型,人类总是需要重新开启对话以及精心地做出新的安排。然而,借用伊娃·T. H. 布莱恩(Eva T. H. Brann,1979年,第5页)的数学图像(mathematical image)来表述,对另一个人或文化的片面理解没有无穷大的比率。人们可以在这个真理的基础上(重新)建立一个完整的世界。

当前激增的学术文献以各种方式建构了世界主义的框架。为了启发后来者,宝琳·克莱因盖尔德和埃里克·布朗(Pauline Kleingeld & Eric Brown,2006年)从政治、经济、道德和文化四个方面概括了世界主义思想(cosmopolitan thought)。下面,我将具体谈谈每一个类别,以便进一步阐明本书中所说的教育和教学方法。

政治的世界主义关注的是超越国家管辖范围、旨在保护人权和生活方式的制度、政策和法律。虽然一些人主张建立一个单一的世界政府,但是另一些人尊重国家的价值，又敦促重建政治秩序；在这种秩序中，国家可以在没有民族主义的情况下蓬勃发展（卡尔霍恩，2007 年；克里斯特瓦，1993年）。持这种思路的学者和活动家重点关注人权与和平组织、从联合国到国际刑事法院的国际机构，以及不断扩大的跨越政治和地理边界开展工作的非政府组织（在某些情况下，还会产生新的边界形式）。

经济的世界主义构成了对新自由主义的批判。新自由主义是一种意识形态，完全认同"自由市场"原则，又将个体自身利益置于共同福祉之上。批评者认为，根据新自由主义的观点，工具主义的心态——实际上，一切都变成了实现盈利目标的手段——正在殖民世界各地的商业、教育、健康和艺术事业，损害了人类的基本需求和期望。批评人士谴责新自由主义扩大了许多人认为的全球化的阴暗面，在这种阴暗面中，共同的经济利益（例如，跨国公司）往往凌驾于政治、道德、环境和文化关切之上（哈贝马斯，1998 年；帕帕斯蒂法诺，2005 年）。这些批评者设想了各种形式的经济的世界主义，这些形式深深地受到了对社会正义的担忧的影响（巴尼特等人，2005 年；陈国础，2004 年）。例如，由阿马蒂亚·森（Amartya Sen，1999 年）和其他人（德马蒂诺，2000 年；努斯鲍姆，2000 年）构想的用于社会和经济发展的"可行性能力的方法"（the capabilities approach）拒绝关注财富创造，因为这种片面的目标在历史上已经造成对环境的严重攻击以及道德价值观的贫乏。相反，这种方法强调教育和培训项目的作用，用它们帮助世界各地的人们，特别是受压迫者，发展技能和政治能动性，以便于人们更充分地参与塑造他们的环境与可能性。[1] 从这个意义上讲，"可行性能力的方法"可以理解为一种通过源自政治和道德的世界主义的价值观来重建的经济的世界主义模式。

---

[1] 有关"可行性能力的方法"在教育中的最新应用，可参阅特尔齐（Terzi，2008 年）和沃克（Walker，2006 年）的研究成果。

道德的世界主义解决了诸如人类义务是否以及如何延伸到直系亲属以外的人等问题(贝克,2004年)。对于像玛莎·努斯鲍姆(1997年a,1997年b,2002年)这样的普遍主义者来说,人们需要把他们的道德义务视作具有全球性和重要性的义务。在她看来,每个人都出生在特定的文化中,这是一种偶然;只有出生在人类世界里而成为一个人,才不是偶然的。对于像阿皮亚(2005年,2006年)等"根深蒂固"的世界主义者来说,人们可以尊重普遍权利,但是同时可以合法地认为,他们的道德义务与当地社区密切相关,并且源于当地社区。从这个角度看,特别是从道德角度看,将一个人的文化起源描述为偶然的或次要的,不必要地削弱了这一长期存在而且充满活力的指导来源。

文化的世界主义突显新的社会结构,象征着世界许多地区的人民、风俗与行为(practices)的越来越多地相互融合。文化的世界主义者认为,人们可以在不止一种文化或社区中有意义地(即在道德上、审美上、智力上)扎根(霍林格,2002年;沃尔德伦,2000年,2003年)。正如强势的(如努斯鲍姆)和温和的(如阿皮亚)版本的道德的世界主义在文献中针锋相对一样,关于文化的世界主义的内部辩论也很激烈。一方面,一些观察人士盛赞混合性,以及他们认为当代媒体、互联网技术、不断增加的流动性、城市变化和其他相似情况等使无休无止的文化借鉴和交流成为可能的可能性。另一些人则警告说,文化的世界主义的附加模式与变革模式之间存在着深刻的差异。就前一个方面而言,个人实际上以购物者的身份处理文化多样性:从这里挑选一些,从那里挑选一些。批评者声称,这样的做法(movement)几乎不会构成真正的混合性。在他们看来,混合性需要对一个人的价值观、信仰和忠诚度进行某种形式的转变。这样的过程可能是困难的、令人困惑的、不可预测的和耗费时日的。

根据普拉塔普·巴努·梅塔(Pratap Bhanu Mehta,2000年,第620、627—629页)、哈里·英格伦(Harri Englund,2004年,第296、297、312页)

和其他批评家的说法,文化的世界主义的希望并不在于所谓的混合性等新形式。相反,它让人们意识到,辨别他人如何看世界是非常困难的事情。"听到"别人的话和论点是一回事,描绘作为这些话语和论点的来源的看待世界的方式是另一回事。世界主义取向使我们能够更清晰地描绘文化和个人差异,同时也能使我们认识到接受新的观点和习惯是多么具有挑战性。后者确实一次又一次地发生(莎伦·拜林,2006年),但这个过程可能是缓慢的、不均衡的,其特点是对新事物感到不适或愉悦。无论是在课堂上,还是在其他地方,让人们在逐渐亲近的过程中成为独特的个体,在逐渐分离的过程中结成完整的集体,从来都不是一件简单或直接的事情。

克莱因盖尔德和布朗(Kleingeld & Brown,2006年)确定的世界主义模式之间的区别并不是一成不变的。[1] 每种模式都可以被视为强调而不是孤立一个特定的问题和关注点。在这本书中,教育的世界主义这个概念与道德的世界主义以及文化的世界主义相关的问题产生了最密切的共鸣。他

---

[1]　今天出现的另一种形式可以称为地理的世界主义。它指的是人们在其中形成跨文化、超理性、超传统的思维和行为习惯的自然环境、背景和社会环境。地理的世界主义并不等同于行政边界。按照这种观点,纽约市的五个行政区并不构成"一个国际大都会"。相反,它们包含了许多可渗透的场所和互动的多孔场景,这些场所和场景被本地化实践所包围,或者说,处于本地化实践之中(参见厄尔和茨维特科维奇,1995年,第157页,另见其他各处的论述)。

学者和活动家也开始阐述所谓的环境的世界主义(参见希特,2002年,第122—129页)。这种观点严肃地指出,宇宙包括所有生物,而不仅仅是由人组成的,所有这些存在都应该得到道德上的关注和政治上的支持。从这个角度来看,宇宙意味着威廉·詹姆斯(William James)所说的"实体"的"多元宇宙"(布鲁诺·拉图尔,2004年a,第454页),包括鸟类、岩石、人类及其创造物、天空、风、树木、昆虫、河流以及其他所有东西。从这个角度看,世界主义伦理与人们有时设想的人文主义伦理形成鲜明对比,意味着对整个自然的负责任的态度——用作曲家尼克·德雷克(Nick Drake,2000年)的比喻来说,我们每个人"都可能首先成为这些事物中的一员"。要公正地对待这种观点,需要进行全面的分析。在这种观点中,人们可以借鉴一系列阐明世界主义和环境之间关系的作者(例如,参看哈里森,1992年;布鲁诺·拉图尔,2004年b;施瓦茨,2009年;塞巴尔德,2006年,和特雷希,2007年)的观点。

一种世界主义的取向并不预设特定的自然哲学,就像它不预设一种固定的人性概念一样。但是,世界主义可以有机地将自身与对生命所处环境的深刻认识结合起来。从世界主义的角度来看,环保主义的对立面不是人类中心主义,而是厌世主义。

们的观点——我将在后面的几页中加以回顾——揭示了对新事物审慎开放和对已知事物审慎忠诚的经验。我认为，这种经验，无论规模多么微小，都具有变革性，而不仅仅是累积性。这些经验触及自我和社区。它们改变了人们在这个世界上的观念和行为。

论教学中的耐心、真相和正义

与所有教育一样，不能强迫或仓促地采取世界主义的方法。如果我们用类推的方法来思考世界上可能被称为"草率农业"的农业耕作对环境的破坏，那么我们就会发现，为了与他人竞争而快速推进的教育——这是我们这个时代的特征——将不可避免地导致急功近利的结果（ephemeral outcomes），或者有问题的结果。

如果教育仅仅是达成目的之手段，那么，无论这个目的多么令人信服，这种教育也没有意义（参见尼姆罗德·阿洛尼，2002 年）。将当下的智力和情感的完整性置于未来结果的束缚之中，就消解了当下的意义和完整性。正如汉娜·阿伦特（Hannah Arendt，1961 年）所指出的，教育的一个悖论就是，教师必须经常为了未来而背对未来，完全专注于此时此地，同时尽可能地吸收过去遗留下来的文化遗产。这种对当下教育价值的强调与现在主义（presentism）形成了鲜明对比，现在主义是一种教条式的假设，即当代的观点、价值和利益仅仅因为是当下的而具有自治性和优越性。[1]

---

[1] 对阿伦特来说，教育将年轻人带入人类创造的宇宙，这样他们就可以反过来有能力（重新）创造成年后的世界。在她看来，如果成年人有选择地缩小课程范围，使其符合他们当前的政治和价值观，而不像艺术、科学、文学以及其他类似领域的传统所显示的那样为年轻人提供充分的人类创造力，那么教育和世界的未来就会受到损害。有关讨论，请参见戈登（Gordon，2001 年）和希金斯（Higgins，2010 年）的文章。

一个相关的挑战是，教师自然希望（wish）按照自己的形象塑造自己要教育的人，因为我们很难关注到其他人（特别是当情绪和期望〈hope〉在发挥作用的时候）。我们有时很难转动自己手中的棱镜去看世界。故而，教育在很多方面都不符合主观期待（expectations），更不可能实现这种期待。在教育过程中，对于教师、学生、家长和社区而言，统统如此。教育需要真正接触新事物，而不仅仅是对已知事物的复述（rehearsal）。这意味着将教学内容（subject matter）视作进行新思考的机会，而不仅仅是将先前的理解和假设投射到其中。

教育既包括惊喜和发现，也包括挫折和不适（阿维·明茨，2008年）。发展对自我、他人和世界的新理解，往往会失去先前的理解。形象地说，这种经历可能和蛇为了成长而蜕皮一样痛苦。拉尔夫·沃尔多·爱默生在其著名的文章《圆》中写道："生活之所以精彩，就因为有了放弃"（Ralph Waldo Emerson，1803年—1882年，1983年，第414页）。他提醒（evokes）人们注意，尽管存在社会习俗以及内在的心理和生理制约因素，但是，人类还能够在审美、道德和智力方面进行完全转变，这真是奇妙无比。同时，他也指出，这种转变就是他所说的教育，既包括真实的损失（"放弃"），也包括真实的收益。它并不意味着要一个人忘记自己的过往或者社区的历史。相反，记忆本身肯定了通过教育而获益以及通过教育而有所损失的现实。

在上面的段落中，对限定词"真实"的强调揭示了教育与真相和正义的关系——这是人类历史上最悠久、经常被引用、有时难以捉摸的两个理想。苏珊·桑塔格（Susan Sontag，2001年）在公开评论一个身处充满冲突的世界的写作者的任务时问道："我们应该为正义服务还是为真相服务？"令一些观众感到惊讶的是，她自己回答说："它必须是真实的，才能服务于尚未实现的正义。"她的意思是，在缺乏寻求真相的纪律的情况下，对正义的热情可能会产生不公正的追求正义的方法。然而，在她看来，对真相的热情是极度无私的，因为它是受"一种尚未实现的正义"的精神指导的——也就是说，我们还没有亲身经历或见过这种正义，所以无法完全描述它。这是一种我们可以向往的正义，我们可以更接近它，就像我们可以描绘和更接近我们在世界上尚未看到的爱和友谊的方式一样。然而，要构想这种正义，更不用说实现它，需要严谨、审慎（thoughtful）和冷静的调查（桑塔格在她的讲话中称赞温弗里德·格奥尔格·塞巴尔德是典范[1]）。在桑塔格看来，为真相服务就是为正义服务的最公正的方式。也许她会对法官、政治家和记者说同样的话。追求真相可以是公开的，可以指导人们制定公正的法律、制度和政策。

要为桑塔格的观点找个例证的话，可以考虑钦努阿·阿契贝（Chinua Achebe）的著名小说《分崩离析》。作者的风格融合了他对尼日利亚伊博文化生活的深入了解和感受，以及来自世界其他地区的文学主题（比如小说的标题取自威廉·巴特勒·叶芝的诗《基督重临》）。因此，阿契贝的著作体现了一种世界主义元素。在接下来的章节中，我们会一次又一次地遇到这种元素。这种元素是人类创造意义的能力，不能归结为任何单一的文化来源。阿契贝的小说讲述了伊博文化和传统受英国殖民主义影响而崩溃的故事，同时，也表现出对真相的不懈追求。阿契贝在故事中毫不留情地刻画了奥贡喀沃（Okonkwo）这个有缺陷的主角，同时也阐明了这个男人的天赋。他用同样坦率的措辞描绘了伊博文化中可以被判断为有缺陷的方面，例如对战争的热情、性别不平等和杀害双胞胎婴儿，同时也体现了其多方面的感知力。这些叙述以一种强有力的方式将伊博人人性化，使得殖民行为因其骇

1　比如，可以参看塞巴尔德（Sebald）的著作，他在《移民》中对道德记忆做了强有力的探究。

人听闻而更加突出——因为这些暴行往往建立在被殖民者不是完全的人的假设之上。他们被认为是"原始的"和"简单的"——而不是像阿契贝详细描述的那样复杂、矛盾、变化无常，在一些价值观和实践方面充满矛盾，既体现创造性，又具有破坏性，等等。阿契贝没有浪漫化伊博人或者消除他们的文化不连续性，转而通过精确描绘真实画面来具体说明（crystallize）殖民项目的不人道之处。这个真相让我们理解了正义和不正义的含义。

苏珊·桑塔格声称："它必须是真实的，才能服务于尚未实现的正义。"可以肯定的是，教师不是剧作家或公共信息传播者。他们的任务不同于小说家、记者和普通作者。教师直接与其负责的儿童、青少年或成年人合作，直接和教材（subject matter of education）合作，从艺术、工程到动物学都是如此。尽管如此，从广义上讲，他们都关心人类福祉。每当谈到真相和正义时，教育者需要那种充满激情的冷静：致力于追求真相，并且融合了对正义的热爱，而不是捍卫自身的利益或维护自己的意识形态。[1] 这种自相矛盾的施展激情的方式反映了前面提及的教育悖论。所有可以想象到的教育目标，从提高标准化考试的成绩到更坚定地投身于民主，都因为忽视了当下的丰富性（the fullness of the present），或者消除了或者过于严格地利用了在其他地方已经证明了其优点的各种方法，都很容易使教育工作变得支离破碎。对高分的追求可能会剥夺（elbow aside）对思想、文本和事件进行开放式、解释性讨论的机会，包括实践民主生活方式的意义。追求民主的倾向可能会直接忽略发展思维和世界知识，而这些思想和知识正是在其发展轨迹中扮演真实和正义角色时所必需的东西。

---

1 以组织名称"儿童哲学"（Philosophy for Children，简称 P4C）为代表的国际思想和实践学派的研究成果显示，尽管儿童可能不会使用诸如真相、正义和热情的冷静等术语，但是，他们却有敏锐的感知力。

教师可以将学生和他们自己带入现实与想象交汇的不断生成的空间。凭借耐心和坚定意志(汉森和梅根·拉弗蒂,2010 年),他们能够认真考虑并着手处理俗话所说的"自旋"(spin)问题的后果。在这种后果中,伪装战胜了真实,以至于一切事物都会消失,真相也会飞出窗外。这是一种幻想,通常体现权力的意志,而不是想象力。在我们这个时代,通信技术惊人的爆炸式发展给人类带来许多福祉,但是也让这个问题更加严重。与自旋宇宙相对应的是一种把想象力从场景(scene)中排挤出去的残酷的现实信条。查尔斯·狄更斯在小说《艰难时世》中描写了格拉德格林(Gradgrind)先生那沉闷的课堂,使这种课堂氛围名垂青史。

所有这一切都与严谨地表达观点、解释和论点——需要认真与轻松兼备——以及试图通过艺术和其他素材真实地看待世界的工作形成了鲜明对比。正如桑塔格所说,服务于真相并不意味着拥有或占有真相。对于教师和学者而言,真相构成了一种规范的理想。在某种终极意义上,它可能无法抵达,却仍然是一座照亮更公正道路的灯塔。对它的追求需要想象力,即构思和描绘可能性——"尚未发生的"——这些可能性深深植根于现实世界的人、物、事件和意义之中。教育中的世界主义取向以对现实和真相的尊重为轴心旋转,耐心而又认真地培养这些可能性。

关于方法的说明

这本书为教师、教师教育工作者、学校校长、对全球化背景中的教学感兴趣的研究人员以及参与政策制定的同事而写。另外,对世界主义特别感兴趣的读者也是我的服务对象。为多种多样的读者写作并非易事。出于这个原因,无论是在此处还是在接下来的文章中,我都会努力阐明相关术语。

这是我在前面提到的关于教学道德维度的研究中发现的必要做法。在公开展示和书面介绍这部作品时，我有时不得不花时间来解释我所说的道德概念的含义不是什么意思。因此而花费的时间与我理解这个概念所用掉时间一样多。例如，在我看来，道德与价值观、习惯（custom）、意识形态和习俗（convention）等概念存在差别。教师和学生可以在课堂上培养共同的道德观——这被理解为一种关于和对待彼此、教材（subject matter）和世界的新兴的、生成的模式——而不需要认同相同的价值观或意识形态（加拉，2003年，第133—134页；汉森，1992年）。

在教育领域，就像被称为道德哲学的学术领域一样，关于道德意义的辩论仍在继续。与"道德"相似，"世界主义"也是一个"本质上存在争议的概念"（加利，1956年）。学术界尚未就这个术语的统一的定义达成一致，实际上也不太可能做到这一点。一些学者对这种情况感到惋惜，在他们看来，这样的争论会让事情变得不必要地混乱。另外一些学者则满足于总结或描述这个概念，而不是定义它。对他们来说，任何定义都会成为一种现时的束缚，束缚住这个概念。概念的价值在于它本身的不断变化（its very movement），因为它渴望对人类世界本身的变化（movement）做出回应（response）。

今天，讨论世界主义的学者已经认识到这样一个事实，即有更好和更坏的方法来描述这个概念。例如，凯瑟琳·卢（Catherine Lu，2000年）在她对世界主义的"一面和多面"的概述中，展示了不太熟悉这一思想的历史文献和当代研究文献的作者如何继续错误地断言，断言世界主义意味着政治冷漠、道德上的无根、伪装的种族中心主义和/或精英唯美主义（即此前提到的当今富有的游牧世界者的立场）。另一个例子是，莎伦·托德（Sharon Todd，2009年）在她对世界主义的"重新思考"（rethinking）中，展示了为什么将世界主义与不加批判的普遍主义混为一谈会削弱这个概念在阐明跨越差异的社会互动的人性化模式时的潜力。如果世界主义被缩减为普遍主义、扁平化视野的同义词，那么使用这个词的意义就不复存在了。[1]

当代学术界并没有消除对这种想法的指控，但是会认真地与它们接触，并在这样做的过程中，为世界主义提供一个新的、公平的听证会。例如，它已经表明，就像任何人类取向一样，世界主义可以转变为一种排斥某些人的观点，但这种可能性并不是这种想法所固有的，也不是它的各种历史规约和当代规约所固有的。关于道德这个概念，可以提出一个类似的观点：它可能会演变为道德主义，一种对正义和其他人而言即便不是强制性的也是片面的方法。但是，这种结果绝不是这个想法或其历史表述所固有的。

因此，澄清术语不仅仅是一种逻辑练习，还可以变成一种包括理解术语局限性在内的维护术语的社会行为，从而帮助人们思考和做出决定。教师是永远的辩护者和澄清剂（clarifiers）。在小学和大学的环境中，以及介于两者之间的任何阶段，他们都在开展（enact）和捍卫对相关术语的仔细思考。至少在可能的范围内，看到事物的清晰边缘而不是把它们留在模糊中是很有价值的事情。

一个相关的方法论的观点是，正如本章所示，我将一次又一次地回到世界主义和当今世界的教育的核心方面。这种做法的一个原因是，不可能在读者第一次提出某项要求时就解决所有相关的问题。停止这样做很可能意

1　一些关于世界主义的普遍主张似乎先于研究记录。例如，谢尔顿·保洛克（Sheldon Pollock）和他的同事们（2000 年）认为，"世界主义不是世界上已经存在的某种已知实体，从斯多葛学派到伊曼努尔·康德，都有明确的谱系，只是等待学术界进行更详细的描述"（第 577 页）。然而，正如我们即将看到的那样，世界主义存在于世界上——而不仅仅存在于某些人的理论中——它确实有一个可以辨别的祖先。斯科特·马尔科姆森（Scott Malcomson，1998 年）在对斯多葛学派和康德学派进行了一些武断和低效的评论后得出结论，认为他们在思考世界主义实践方面"没有太大用处"（第 238 页）。在这本书中，我在一定程度上借鉴了最近的研究成果，证明了这种观点是多么地没有事实依据。康德和斯多葛学派的思想和行为在当前时代具有奇妙的相关性。这其中，就包括与世界各地的教师的相关性。

味着永远无法开始。如果读者因为我的这种做法而耗费掉耐心的话，我会感到遗憾。但是，我希望，本书的相关部分最后能够形成一个整体（如果不是比整体更大的东西的话）。

本书采用的工作方法也体现了一种信念，即过去在当下继续"说话"。更有说服力的是，过去常常像来自未来而不是来自过去那样对我们说话。可以肯定的是，每一位作者——无论是过去的还是现在的——都体现了他或她那个时代的一些偏见。但是，这种老生常谈并没有抓住作者的有趣之处。从世界主义的角度来看，这些作者的有趣之处与他们突破熟悉和陌生的界限的方式有关。我将借鉴一系列来自过去的哲学家和其他作者的做法，他们中的一些人的观点不仅超越了他们的时代（即使反映了他们的时代状况），而且超越了我们这个时代。我将在本书中采用一种写作风格，力求对这些资料来源的不同记录做出回应。例如，使用"柏拉图说"（Plato says），而不用"柏拉图说过"（Plato said）。前一种陈述是适宜的，不是因为这个人自己还活着（显然事实并非如此），而是因为他的想法和问题还活着。他们和今天活着的任何人一样鲜活，甚至像一位对当前时代感到失望的诗人所描述的，他们更加鲜活。让-吕克·南希（Jean-Luc Nancy）写道：

> 同一时期的人并不总是生活在同一段时间之中，也不总是公开谈论"当前"的问题。不过，在某个人身上，我们认出了一种声音或一个手势。它从一个前所未知却又立即可以熟悉的地方来到我们身边。我们发现了自己一直在等待的东西，或者更确切地说，一直在等待我们的东西。它就在那里，迫在眉睫。

> （南希，1996 年，第 107—108 页）

另一种阐明这一观点的方式是修改一句耳熟能详的格言，即今天所有生活和工作的人都站在前人的肩膀上。这句格言仍然很有说服力：忘记过去从根本上就是忘记我们自己，也就是说，忘记了作为一个人意味着什么这个重要问题。但是，这个事实可以与过去的人反过来站在我们肩上的想法结合在一起。通过我们的记忆——我们愿意在对话中发出他们的声音——以及通过我们自己此时此地的言行，我们继续将他们的创造力传播到人类的意识和实践中。我们让他们的未来继续领先于他们，就像莫里斯·梅洛-庞蒂（Maurice Merleau-Ponty）在描绘绘画时所想象的那样：

　　　　如果绘画未果，没有完成这幅油画，如果没有一件作品被绝对圆满地画完和处理好，那么每一次创作都在改变、更换、启发、深化、确证、完善、再创造或提前创造所有其他作品。如果创造物不是一种既有的东西，那么，不仅如此，它还将会像所有的东西一样消逝；同样，它们的一生几乎都在眼前。

　　　　　　　　　　　　　　　　　　　　　（梅洛-庞蒂，1964 年，第 190 页）

　　梅洛-庞蒂促进（evoke）了人们对过去的理解：就像人们通常认为的"现在"的意义一样，过去在今天和明天都至关重要。

　　最后，这本书将以隐喻为特色。隐喻是一个艺术术语。它将从一个活动（activity）领域提炼出来的概念或图像与另一个领域的活动相融合，以阐明经验的真相。"今天的政治风暴之海"，"这顿晚餐是天堂般的"，"我的教室感觉像一片绿洲"，"他们的安排是一个纸牌屋"：隐喻是生活的素材。"一个世界主义的棱镜"，"世界主义的十字路口"：这些和其他术语将继续成为未来的基石。可以这么说，它们的使用前提是"隐喻不只是隐喻"。隐喻不是第二好的说话方式，也不是严密逻辑的拙劣表亲，它往往是有意义的交流的本质。没有隐喻，人类的生活将枯燥而乏味。研究和轶事都表明，教师在很大程度上依赖隐喻来完成他们的工作和描述他们的教育哲学。[1]

本书概述

第二章和第三章将哲学视为"生活的艺术"。这种思想和行动的传统由来已久，由孔子和苏格拉底等有影响力的人物开创，提供了仍然合乎时宜的世界主义和教育的价值观。这个传统重视人类繁荣（human flourishing）的艺术。它承认，人性的一个方面就是对人性本身的质疑。它关注人类在世界上的局限性与可能性的条件：影响的疏松度与渗透性、人类多样性的不可遏制的范围、人类的脆弱性与不可靠性的无处不在，以及自然和社会世界的不稳定性。面对种种变幻莫测的情况（such aleatory conditions），作为生活艺术的哲学在历史上提出了人类可以从事的"练习"（exercises）或"实践"（practices），以便创造有意义和有目的的生活。这样的活动包括审慎地写作、言说、倾听、观察和深思。这个传统体现了一种世界主义的生活取向。在全球化的世界里，无论教师在哪里工作或者教什么，这个传统都是他们的宝贵资源。

第四章侧重于文化创造力，分别从三个层面来理解文化：社会语言社区（sociolinguistic communities，法语、日语等）、技艺或艺术性社区（教学、医学、体育、法律、舞蹈、建筑文化等），以及在情况允许时尽可能丰富地培育（或"培养"）自身能力的个体。这三个层面的文化创造力都与价值观息息相

---

1 我在一篇关于教学诗学的研究（汉森，2004 年）中概述了其中的一些文献。

关,或者更准确地说,与人们在与他人互动中如何持有和表达自己的价值观有关。要做一个没有价值观的人类演员是不可能的事情,即便是一个彻头彻尾的相对主义者也必须重视相对主义。但是,正如前面提到的那样,人类能够用完全不同的方式表达价值观。人们对待它们的态度可以是强硬的、防御性的,或者是柔顺的、慷慨的;可以是任性的、暴力的,或者是审慎的(deliberative)、和平的;也可以是鲁莽的、粗心大意的,或者是谨慎、用心的(汉森等人,2009年,第592页)。从世界主义的角度来看,每一次重新思考一个人如何持有价值观的行动,都反映了对世界的审慎开放以及对本土的审慎忠诚(包括个人价值观)的含义。每一种这样的行动都构成了上述三个层面中的一个或多个层面的文化创造力。换句话说,无论以多么谦逊或多么微观的方式,每一种这样的行动都会通过产生额外的审慎的(thoughtfulness)实例来改变世界。

这一章通过借鉴学界最近对移民、工人阶级、艺术家、宗教人士和其他许多人的合乎世界主义精神的生活方式的田野研究来说明这些主张。这些人的孩子今天在世界上的课堂里就座,教师负责教育他们。通过了解当地世界主义的动态,我们全球化时代的教师可以更明智地培养他们的教育作品。我还将借鉴当前学术文献中的历史先驱的成果,用来说明(underscore)世界主义精神实际上已经存在了很长时间。总之,这些来源产生了充满活力的世界主义倾向和实践的画面。这些倾向和实践以富有成效的方式与从生活艺术哲学中可以学到的东西保持一致。

它们结合在一起的一种方式是,强调传统主义和传统或"传统意识"之间的差异。传统主义被理解为对变革的一种落后、反动的态度,而传统或"传统意识"被理解为对新影响的审慎回应,同时保留对历史悠久的理想和价值观的审慎忠诚。与传统主义形成鲜明对比的是,关于传统的感觉可以帮助人们理解:既要离开字面意义上的有围墙的家,又要留在窗户洞开的家里并尊重它,这样的举动究竟意味着什么。正如莫罕达斯·甘地(Mohandas Gandhi)所写:"我不想要我的房子的四面都是高墙,窗户也密不透风。我希望(want)大地上所有的文明之风能够自由吹拂。但我拒绝被任何一种狂风刮得站不住脚。"(引自巴塔查里亚,1997年,第64页)

在这些章节中,我将教育视作比学校教育范围更大、影响更持久的事物。从家庭到社区中心,通过互联网,再到街道本身,教育可以在无数的场所中出现。因此,这本书英文版的副标题是"教育的世界主义研究",而不是"学校的世界主义研究"。教育系统中各级教师都可以从关注学生可能经历的多种影响中受益。他们同样可以从想象生活的影响中受益,从而影响他们自己的取向。所有这些影响都在不同程度上对教育工作做了补充,并将其复杂化。本着培养教师自身对新事物的审慎开放和对已知事物的审慎忠诚的精神,一个好的教师培养计划可以帮助他们把这个问题突显出来。

大多数教师都在从幼儿园到大学的正规机构工作。因此,第五章是本书的高潮,重点关注世界主义视角下的课程和教学法(pedagogy)。我勾勒出课程概念的轮廓,将其理解为一种世界主义遗产。由于构成课程的典型科目都体现了人类对追求意义和充实生活的长期回应,所有的课程都可以被视为人类共同的遗产。这种态度并不意味着在学习过程中不加反思,也不意味着没有意识到学习过程的特殊性。恰恰相反,课程作为世界主义遗产,为思考人类的困境和关切以及构思新的可能性提供了宝贵的资源。

这一章还系统地关注教学。教学实践与课程一样,有着古老的根源。尽管在全球范围内以标准为导向的官方学校体系中,这种古老根源的营养可能已经变得稀少(obscure),但是,它们仍然在发挥作用。相关讨论的中心是教师如何发挥重要作用,帮助学生和他们自己成为一个专业群体,在逐渐亲近的过程中彰显个人的独特性,在逐渐分离的过程中结成完整的集体。这种世界主义教育方法包括几个维度:与发展知觉力(perceptivity)、感知力(sensibility)和反应力(responsiveness)有关的审美维度,关于人们如何看待和对待人类以及世界上的其他事物的道德维度,即使不脱离具体情境也能进行置身事外的思考与想象的反思性维度,以及强调自我修养对于深化审美、道德和反思能力之重要性的伦理维度。第二章将讨论这个伦理概念。伴随开放性(openness)和忠诚度(loyalty)而来的限定词"审慎"(reflective)的含义很丰富。尽管正如我们将会看到的那样,"审慎"这个词包含认知、逻辑和分析的各层含义,但是远不止此。它还与审美、道德交织在一起。如果没有审美、道德这两方面的含义,"审慎"就会变得干枯,脱离实际的人类事务。

许多教师没有用那么多的话语来表达,但是已经实现了世界主义的团结。本书渴望对教师的实际行事产生有力影响。当然,前提条件是教师如何思考他们的工作,以及如何向他人和自己描述这份工作。这个主张为"在全球化的世界中当一名教师意味着什么"这个问题提供了另一种解释。除其他之外,教育系统内所有层级的教师都一如既往地充当概念意识和概念清晰度的守护人。不管年龄和身处环境如何,重要的是这些教师如何描述世界,重要的是他们使用什么概念来描述世界,以及如何描述和想象这些概念(梅根·拉弗蒂,2010 年)。通过自己的持续教育,教师可以提高与学生合作以发展真诚交流(mindful communication)的能力。

在结束语中,我强调,从世界主义的棱镜来看,教育伴随着推行民主政治的抱负。威权和极权政权历来迫害具有世界主义精神的人,而民主社会已被证明能够更加宽容地对待截然不同的价值观、信仰和实践。然而,从历史上看,民主思想和结构更多地是世界主义生活方式的结果,而不是它的前提条件。几千年来,世界主义取向和习惯已经在日常互动过程中出现,就像今天一样。这些生活方式不期待自上而下的方案(nitiatives),事实上,这些方案既可以轻松地支持它们,也可以轻松地破坏它们。当然,正确的制度建设可以维持和延续这种世界主义冲动。尽管存在许多障碍,但是,制度建设过程正在持续,未来的实际教育工作可以加深人们对新事物的审慎开放程度和对已知事物的审慎忠诚程度。

第二章　成为在世界中并为其所用的教师

　　被称为"生活艺术"的哲学的传统包括对人的意义的不懈探究，以及对许多人所说的人类境遇（condition）的反思。这个传统的特点是注重自我完善（self-improvement）的方法。"自我完善"可能会让人联想到今天在网上和当地的实体书店都能买到的励志书籍——这些作品中的佼佼者与我在这里所讨论的古老哲学路线之间确实有类似之处（family resemblances）。然而，这一悠久的传统具有深刻的教育意义和公共意义。它意味着在智力、道德和审美方面的自我提升，融合了最具世界主义色彩的思想，体现了日益成熟的社会责任感。

　　本章和下一章的中心目的是，展示传统在全球化世界中如何密切地支持教师。哲学作为一门生活艺术，本身是通过反思人类的多样性和变化而产生的，它为教师提供了资源，从而强化、拓宽和深化了他们与他人即学生、同事、父母、社区成员以及朋友、家人和其他重要人物开展良好互动的能力。它不提供直接解决问题的方案，更不会提供行动蓝图。相反，它重视教师的判断力，并要求她或他通过各种活动来培养判断力。这样的活动传统上称之为练习（exercises）。在这样做的过程中，教师发现自己越来越有能力在重要的事情上做出决定并表明立场，同时保持与他人的开放式沟通。这个过程反过来意味着，教师进一步进入世界——作为一位倾听者和回应者，同时成为世界的代表和发言人——作为一位知识渊博的人物，世界及其未来对他而言至关重要。

本章第一部分概述了一系列实践生活艺术哲学的知名人物的观点。这其中，包括孔子和苏格拉底。他们中的每个人都是教师的榜样，不是要我们简单模仿，而是要学习他们如何在工作和生活的所有事务中培养艺术性（artfulness）。第二部分概述了这些人物所采取的实际做法（practical steps）。这是当今任何一位教师都可以去实践的做法，目的是为自己做好准备，应对在全球化背景下从事教学工作的挑战、困难和机遇。接下来的章节将在不断的社会变革和难以预测的个人和社区多样性的背景下阐述这些实践经验的具体内容（practicing the steps）。

世界主义的谱系

孔子的开放实践（Opening Act）

哲学作为一种生活的艺术，可以追溯到孔子（公元前 551 年—公元前 479 年）。他对自我完善的价值观充满热情，并且待人公正。孔子拥有非凡的生活，其中包括杰出的公共服务、广泛的教学和指导，以及沉思默想的退隐时光。就像概述本章中提及的其他人物一样，我不会在这里自诩能够对孔子的思想做充分概述。我的目的在于，通过对生活艺术的反思，揭示他们对世界主义和教育的贡献。

孔子在《论语》中的格言体的言说风格非常引人注目（compulsively quotable），这与其他传统人物如米歇尔·德·蒙田和弗里德里希·尼采的风格没有什么不同。孔子的生活艺术观的核心是人道主义思想（the idea of humaneness)。这个术语翻译成中文就是"仁",是一个指向"人"与"二"的结合的概念,因此具有"关系"这层意思(雷蒙·道森,1993 年,第 xx—xxi 页;卡尔·西奥多·雅斯贝尔斯,1990 年,第 49 页;杜维明,1998 年,第 304 页;相关讨论参见杜维明,1985 年)。"仁"既不是纯粹的心理学品质,也不是纯粹的社会学品质。相反,它既是一种对待他人的态度,也是一种行为方式。它有时被翻译为"美德"。然而,只有按照康德的方式进行描述时,这个术语才有效。康德本人得到斯多葛学派作者(我将在下文展开讨论)的支持,深受这一哲学传统的影响,声称美德意味着"冲突中的道德倾向"(moral disposition)(康德,1993 年,第 88 页)。换句话说,美德不是一种精神状态,不是一种纯粹的心理属性,也不是一种最终的成就。相反,它存在于生活本身,存在于挑战、困惑、怀疑或对抗的时刻,这些时刻需要人们表现出来的任何回应能力。

孔子认为,一个求"仁"的人尽管可以退隐,去打理(cultivate)私家花园,但他不会这么做。这样的人不会回避社会生活中不断产生的困境与问题。孔子说:"仁者先难而后获。"(《论语》,1993 年,第 22 页,第六篇,第 22 章)换言之,仁者先向他人学习,而不是先去解决紧张关系以满足个人需求。逃避问题的冲动会导致人们拒绝与其他有不同经历和观点的人接触。然而,对孔子来说,仁爱的前景比小团体成员之间的意气相投要广阔得多("君子周而不比,小人比而不周",见第 7 页,第二篇,第 14 章)。他坦率地承认,他在描述一种可以指导行动的理想,但是这种理想永远无法完全实现。在谈到别人对他的看法时,他说:"那是一个知其不可而为之的人,不是吗?"(第 58 页,第十四篇,第 38 章)对于孔子来说,重要的是"努力工作"而不是工作的结果。正如斯多葛派思想家马可·奥勒留在描述他的一位老师时所说:"他给人的感觉是坚持在路上,而不是被困在路上。"(2003 年,第 9 页,第 I 卷,第15则)在孔子看来,一个人可以真正控制自己与他人互动的方式,但很难预测或控制互动的实际结果。"德之不修,学之不讲,闻义不能徙,不善不能改,是吾忧也。"(第24页,第七篇,第3章)

因为"仁"是一种工作模式,而不是最终的成就,所以它需要专注和培养。孔子论述了一系列实践或技艺(art),他认为这些实践或技艺可以帮助一个人更接近"仁"——因而可以在逐渐亲近的过程中成为独特的个体,在逐渐分离的过程中结成完整的集体。他谈到走路的方式(谨慎而笔直),倾听的方式(耐心而执着),说话的方式(坦率而适度),以及问候他人的方式(尊重而礼貌)。他指的是巧妙地表达自己的观点,在谈话中尊重他人,必要时将反应(reactions)推迟到所有参与者更有可能受益的时候。陈国贲(Chan Kwok-bun, 2005年)将这些实践描述为一种世界主义礼仪,认为这种礼仪"需要一种等待与观望的意愿、倾听的能力与了解他人的渴望,这对于'和'至关重要"(第7页)。

孔子不断地接受正规教育,将其视作"仁"的核心。这种学习并不意味着获取信息本身,而是尽可能地从传统——尤其是哲学文本、文献、歌曲、礼仪手册、仪式等——中吸收见解(insight)。孔子不赞成盲目接受过去的价值观和习俗,但是,知识和价值的连续性(不能与纯粹的可复制性相混淆)对他而言仍然很重要。传统成为求"仁"的资源。他认为,无论任何时候,教育的目的都不是培养知识本身,而是培养与道德观相结合的知识。"仁"会让人联想到一个人作为人的独特倾向与这个人针对他者的强烈的社会联系意识之间和谐共存的画面。

就像他的生活在地球另一端的斯多葛派同道一样,孔子明了退出的诱惑,明了摆脱公共事务的紧张与冲突的诱惑。不过,在他看来,做人并不是要与世隔绝。相反,正如卡尔·雅斯贝尔斯(Karl Jaspers, 1990年)在他解读孔子的文章中所说的那样,"做人就意味着沟通"(第49页)。禁止交流的专制政权——无论是政府还是机构——采取的不仅仅是战略性的政治行动,它们正在阻碍人类发挥自身的潜力和能力。

总而言之,孔子阐明了在人际交往中产生的自律和自我控制的方法。他相信这些方法可以帮助人们在动荡的常常令人困惑的世界中以合乎道德的方式相处。他的目标不是消除人类的差异与分歧,而是使人们能够从这些经验特征中学习。与他人的互动,包括冲突和误解,提供了可以"释放"(陈国贲,2005年,第7页)或激发个人及其所属社区方面的火花,否则它们将一直处于休眠状态。换言之,正是对生活的参与激发了人们的能力。孔子寻求的不是人与人之间的"团结",而是一种不断变化的"团结"——一种没有统一性的"团结"(参考特雷希,2007年,第93页)。这种"团结"成为在变化无常的人生中尽可能地保持沟通的另一个术语。对孔子来说,生活之所以变得富有艺术性,是因为我们能够针对他人、自身的成长潜力以及我们在自然界和宇宙中所认同的种种善(goods)做出回应(他一次又一次地提及动态的但不是同质化的和谐的概念)。

上面这些评论都是介绍性的,但是,我希望它们启发我在本章和本书中回到"仁"的理念(the idea of humaneness)。孔子的思想与他在欧洲的斯多葛派同道的思想并不能一一对应,不过,后者也将哲学表述为生活的艺术。在其他方面,他们关于自然、仪式(礼)和政府的概念也并不相同。然而,我相信,皮埃尔·阿多(Pierre Hadot,1995年,第212页)的观点是正确的。他认为,与作为生活艺术的哲学相关联的实践并不依赖于一幅单一的预先确定的宇宙背景图。它们确实需要一个背景或基础,在这本书中,我通过一个世界主义框架而提供了这一点。然而,正是技艺的实用性赋予了它们代代相传的生命力,使它们对我们这个时代的教师而言具有不可估量的价值。

苏格拉底及其继任者

苏格拉底(公元前 469—公元前 399 年)几乎与孔子生活在同一时代。他有一种持久而公开的兴趣,愿意与来自任何地方的人交谈,无论他是雅典同胞还是外国人。苏格拉底一次又一次地思考,按照他人的价值观来生活意味着什么。他的实践指出了为什么世界主义不仅仅意味着对差异的容忍。相反它展现了一种意愿,即,愿意向其他传统和人类遗产学习,或与其他传统和人类遗产一起学习。这种取向并不意味着认同他人的品味和习俗。但是,这确实意味着将它们视为人类共性的指标,而不是对人类共性的背离。苏格拉底经常不遗余力地认真理解自己和他人的基本信念(underlying commitments),毫不犹豫地探究最普遍的领域。此外,正如埃里克·布朗(2000 年)所强调的那样,苏格拉底并不认为,他的雅典同胞比其他人更值得关注。如前所述,苏格拉底就像对待自己的同胞一样,与外国人一起深入研究问题。同时,他也知道,与他和同龄人所了解的其他政体相比,雅典对言论自由的容忍度更大。此外,他对本土文化极度忠诚,以至于,即使面临处决的威胁,也拒绝可以保住自己性命的流放。

苏格拉底在道德和智力上的勇气堪称典范。他对新思想的务实开放以及对本土价值观的忠诚已经被无数认真对待讨论的教师和学生加以实践。当然,形式较为温和。在最好的讨论中,这绝不是一个彻底放弃自己先前观点或自我概念的问题,也不是一个不惜一切代价捍卫立场的问题。相反,这个过程是互动的:关注他人,参与其中,保持思想的开放性以接受影响。这种经历往往会拓展和深化一个人的理解和视野。从这个角度来看,以解释性探究为中心的讨论——无论是在艺术、历史、文学还是在科学领域——都与哲学这一生活的艺术相呼应。讨论不只是达成目标的手段,它更是一种体现倾听、表达、尊重他人和维持人类社区存续等重要价值观的行为。

苏格拉底的技艺具有世界主义的一面。本着批判的精神,他们欢迎而不仅仅是容忍新观点和新面孔。就柏拉图而言,他通过在《理想国》中做出一些阶段性的决定来塑造世界主义的形象。一方面,他让苏格拉底和他的对话者在世界主义的港口比雷埃夫斯(Piraeus)而不是在雅典会面时构想出卡尔利波利斯(Kallipolis)或正义之城(参见萨利斯,2006 年,第 18 页)。艾伦·布卢姆(Allan Bloom,1968 年,第 441 页)将距离雅典约六英里的比雷埃夫斯描述为"一切创新的中心",部分原因在于那里的文化具有多样性。另一方面,柏拉图让对话发生在克法洛斯(Cephalus)的家中,而克法洛斯是享有部分公民权的侨民(metics)或常驻的外国人(他最初来自西西里岛的西拉丘萨)。根据雅典的习俗,享有部分公民权的侨民必须纳税,并以其他方式为维持公共事业作出贡献,但是他们缺乏充分的公民权利。柏拉图的另一个举措是,让苏格拉底在对话的一开端就补充了雅典以外的社区的创造力。

我认为柏拉图是在暗示,只要能够促进对最公正的交往形式(forms of association)的探究,来自任何社会的资源都能受到欢迎。我还听到他在暗示,世界各地的人们都可以深入思考正义和善,因此,重要的是为他们的观点敞开大门或港口。这种敞开大门或港口的想法是一种典型的世界主义比喻,既适用于个人的思想,又适用于特定社区的思想。可以肯定的是,人类已经展现出在自己周围以及彼此之间修筑高墙的强大能力。但是,柏拉图以戏剧性的方式提出了人类也可以有的形象:我们既是彼此的创造者,又是彼此的引路人。这个观点与拉尔夫·沃尔多·爱默生的格言相互呼应。

这种世界主义意识在古代希腊和罗马时期的斯多葛学派那里达到顶峰。持有这种思想的形形色色的人物一方面包括社会经济地位显赫的皇室成员和高级顾问,另一方面包括生活相当简朴的谦逊的社区领袖和教师。他们在写作和教学中专注于如何在一个个体和文化差异比比皆是且在范围、可变性(variability)和强度上始终高深莫测的世界中过上人道的生活。他们试图建构一种生活方式,在这种生活方式中忠于特定的义务和他们所设想的普遍人性。不同的作者,比如克利西波斯(Chrysippus)、爱比克泰德以及马可·奥勒留,都在他们的文本中表达了世界主义观念。正如第一章所提及的那样,最近关于这些人物的研究逐渐打破了斯多葛学派给人留下的孤独、冷漠、不参与外界事务的刻板印象。他们中有许多人参与过很多公共事务,或者曾经以其他方式参与各自所在社区的活动。下面我将通过一些例证来揭示他们把哲学作为一种生活方式的具体做法。[1]

这些作者反复地以苏格拉底的形象为参照(参见阿多,1995 年,第147—178 页)。他们着迷于他们所看到的苏格拉底的决心——他打算尽可能地把自己培养成一个人道主义者,也着迷于苏格拉底为引导其他人追求同样目标而付出的教育之功(his pedagogical efforts)。他们赞扬苏格拉底的推理、探究、辩论以及运用审慎的判断来权衡问题的能力。

与此同时,他们认真对待情感在人类生活中的地位问题。他们的反思充满了对感情力量的担忧和欣赏。他们试图驯服不受约束的激情——例如,威廉·巴特勒·叶芝在他的雄浑的诗歌《基督重临》中所描绘(evokes)的教条主义思维方式所展现的“激情澎湃”。他们努力引导激情,并将其与理性表达的目标相融合。这种态度意味着在释放情感的同时减少激情的约束:“要摆脱激情,”马可·奥勒留写道,“但要充满爱”(2003 年,第 7 页,第1.9 则)。

1　法语为表达这一观点提供了恰当的方式。“Stoïque”是指一个从生活中退缩并在沉默中忍受痛苦的人。“Stoïcien”是指体现本章所讨论的斯多葛主义的公共性、能动性的人。

此外，斯多葛学派对激情和欲望本身的描述带有毫不掩饰的激情和欲望。有些人渴望在情感方面把生活变得尽可能有意义。在这个方面，他们不是传统意义上的柏拉图主义者，不会试图将灵魂或精神从肉身中分离出来。[1] 他们也不是原始笛卡尔派，把心灵独立于物质之外。对于传统中的一些人物如米歇尔·德·蒙田(1533—1592)而言，把哲学视作生活艺术，意味着要学会把人类当作一个统一一体：一个有感觉、精神、肉体和心灵的存在。这种统一并不意味着轻松或稳定的和谐。就像斯多葛学派的其他一些作者那样，蒙田详细阐述了人类作为难以理解的生物的挫折、神秘和快乐。

斯多葛学派和后来的许多具有世界主义精神的思想家，将对理性推理的深切尊重与正视人类差异时的警觉谦逊融合在一起。这些作者不断地将世界主义的意义与他们认为的政治和社区间的沙文主义、反理性以及往往是爆炸性的方面进行对比。在这方面，柏拉图和他的学生亚里士多德对他们的思想的影响即使是间接的，也非常明显。在《理想国》一书中，柏拉图宣称"几乎没有人在公共事务中理智行事"(柏拉图，1992 年，斯特方码496c6)，这让人联想到雅典政治中存在的持续不断的煽动与交战。他主张的不是退出政治，而是更明智、更平衡的做法。在这种方式中，教育发挥着持续的、动态的和长期有争议的作用。柏拉图敏锐地、几乎不可思议地意识到在参与公共事务的过程中可能出现的绝望——许多把哲学视为生活艺术的作者都有这种感觉，这证明了他们对生活充满关注而不是逃避退缩。柏拉图一次又一次地观察到，"最正派的人物在他们的城邦中所经历的一切是如此难以忍受，以至于没有其他任何一种经历能够与之相似"(斯特方码

1　柏拉图主义不应与柏拉图本人的思想相混淆，这与儒家学说不能与孔子的实际思想相混淆是一个道理。他们两位的观点都不能归结为单一的"主义"(包括世界主义)。这里讨论的那些传统写作者强调，对于生活艺术的学生来说，重要的是回到原始文本本身，而不能依赖着随时间推移而形成的有时是教条式的层层评论。

488a1－3）。面对持续的不正义，正义之爱带来了一次又一次的心碎经历。但是，世界主义的起源，部分在于通过对不同政治生活形式的深思，汲取和应用其中的人道主义教训。

柏拉图的忠实读者蒙田在 16 世纪法国宗教战争期间从事写作，构思了一种教育方法。他认为，这种方法可以帮助人们"理智地判断"自己和他人的生活方式（1991 年，第 177 页）。他认为理智既不是一种个人主义的心理状态，也不是一种被视作正常的压迫性社会标志（参见福柯，1988 年）。相反，蒙田将这个术语定义为一种道德取向，其特征是加深对人类的局限性和差异的认识，以及对向他人学习的兴趣（实际上是乐趣），而不仅仅是提出自己的价值观。对蒙田来说，理智的判断是用与判断主义相反的方式与他人互动；判断主义是一种教条主义（和懒惰）的习惯，只是做出判断，而没有投入时间和精力来达成深思熟虑的判断。

与之类似的是，经常对美国公共生活吹毛求疵的约翰·杜威——他自己也像蒙田一样，受到斯多葛学派思想的影响（例如，通过爱默生的影响）——写道，一个人可以在生活中闯荡，而不去考虑人类共同关切的东西，这种观念构成了"精神错乱的一种未命名的形式，它应该为世界上的大部分本来可以补救的痛苦负责"（1985 年，第 49 页）。在这里，杜威呼应了他的论点，即说英语的人所说的"心灵"（mind）（与"大脑〈brain〉"相对应）是与其他人和世界交互存在的，而不是被包藏在头骨里的东西。因此，人们使用诸如"注意（mind）你的举止"、"小心（mind）那辆车的到来"和"她总是在意（mind）别人"之类的短语。所有这些用法都揭示了"心灵"在日常生活中的地位。在杜威看来，抗拒"心灵"存在于世界中（而不是构成一个私人的、内在的实体）的现实，就意味着在有机意义上脱离一个人的心灵，也即脱离世界或宇宙。

最后，请看哲学家阿兰·洛克（Alain Locke）对文化相对主义的世界主义分析。洛克阐明了相对主义和相对性之间的区别：前者可以表示对文化独特性的严肃尊重，而后者则简单地破坏了任何有意义的判断形式，包括对自身根源的判断。一方面，洛克反对一种"包罗万象的正统的人类价值观"，这种观念将会消解本土与世界主义；另一方面，他反对非理性地坚持个人珍视的价值观和文化符号，好像理性和批评的应用本身事实上就是尖刻的（acidic）言论而不是用事实说话。在洛克看来，思考问题——包括一个人的基本价值观——有助于在人们之间"以更安全、更理智的方式达成实际上统一的目标"（1989 年，第 71 页）。

世界主义哲学的一个反复出现的主题是，理性判断的价值与对信仰和生活方式的异同的深思熟虑并存。洛克抓住了这个主题，强调了"实践"的统一性——再说一次，这是没有一致性的统一——与"理论"的统一性之间的区别。哲学作为生活艺术，理解了对真相、知识、美和正义的意义达成普遍共识的诱惑和吸引力。然而，它的使命不是等待达成这样的协议——假设这样的协议能够达成的话，而是制定出在此时此地的人道生活的方案。换句话说，寻求真相变成一种规范性的理想（regulative-ideal）、指导性的实践，而不是被占有、拥有或控制的东西（参见第一章）。教育在这其中发挥着核心作用，特别是在每个人如何与他人合作才能从智力、道德和审美的角度提升她或他自己这个方面，作用突出。

作为生活艺术的哲学的传统在文艺复兴时期和早期现代写作者那里得到了进一步的世界主义的表达。这其中就包括伊拉斯谟（1466—1536）和前面提到的蒙田。他们深受古代评论家的影响。他们渴望对所有人类事务（而不仅仅是他们自己的关切）保持批判性的宽容和持久的兴趣，而所有这些都是在一个政治、经济、宗教和文化变革加速的时代进行的。伊拉斯谟展现了字面意义上的四处游荡的世界主义者的典型形象。他在一生中的大部分时间里,从欧洲的一个学习中心搬到另一个中心,同时出版了关于宗教、哲学和其他问题的知识渊博的著作。在这些著作中,他一次又一次地回到了人道(humaneness)的问题上,用孔子的话说,就是人们如何通过教育、反思和谦逊来公正地对待他人、对待自己。伊拉斯谟是那个时代最受读者欢迎的人物之一。之所以如此,部分原因在于,他很精明,利用了新兴的印刷机。来自不同意识形态的读者都认可他非凡的公正、敏锐的判断力和平衡力,以及他作为作家的优雅和幽默感。斯蒂芬·茨威格(Stefan Zweig,1956 年)称他为"第一个神志清醒的欧洲人和世界主义者"(第 8 页)。[1]

与此同时,许多宗教、政治和其他知名人物批评伊拉斯谟拒绝将自己置于当时的意识形态谱系——这是许多传统写作者拒绝自己的时代的典型特征。茨威格也批评了伊拉斯谟,认为他在裁决教会和新教改革者之间日益激烈的冲突时不够果断。约翰·惠津加(Johan Huizinga,1952 年)在他关于伊拉斯谟的生平和影响的丰富研究中回应了这一批评。他引用了与伊拉斯谟相熟识并且多次为其画像的艺术家阿尔布雷希特·丢勒(Albrecht Dürer)的著名的呼吁:

> 哦,鹿特丹的伊拉斯谟! 你去哪里了? 听着,你是基督骑士,必须与主基督共渡难关,保护真理,赢得殉道者的王冠……[作品]代表福音和真正的基督教信仰[丢勒同情路德]。……伊拉斯谟啊,站在这一边,好让上帝为你骄傲!

> (引用自惠津加的作品,1952 年,第 148—149 页)

1　茨威格本人是一位广为人知的具有世界主义精神的作家,擅长写作长篇小说、短篇小说和文化评论等。他的《昨日的世界》(1964 年)生动地描绘了文化创造的活力和脆弱性,故事发生在纳粹主义和法西斯主义兴起之前的他的故乡欧洲。

在我看来,茨威格与惠津加都和伊拉斯谟同时代的评论者一样,忽视了一个事实,即拒绝在大众观点中表明采取立场并不意味着退出公共生活。与那个时代最具派系色彩的天主教徒或新教徒一样,伊拉斯谟是以自己的方式积极活动的人。他坚持不懈地维护着前文描述过的那种理智(sanity)。他觉得自己被召唤去写作,就持续不断地写作,将之作为教导、建议、咨询和激发正念的手段。借用哲学家苏珊·哈克(Susan Haack)的专门术语(a term of art)来说,他在人类的所有事情上都是一个充满激情的温和派(passionate moderate)。

与伊拉斯谟不同,蒙田一生大部分时间都居住在一个地方,就是他从祖上继承下来的位于波尔多附近的一座简陋的庄园。此外,他深深扎根于当地的法国传统,从未脱离这些传统。在他的开创性散文中(他给这种写作模式打上了独特且极具影响力的印记),他明确表示,没有他们,自己就根本无法与人交流。同时,他直接依赖于其他文化、社会和历史时期的视角,将自己的文化习俗、习惯和理想——以及他自己——置于严厉的批评之中。在同一种生活中,常常在同一时刻,他向他的邻居学习,也向陌生人学习。他从自己声称的"我们这个伟大的世界"中学习,这个世界充满非凡的可变性。他以世界主义为视角,将世界比作一面"镜子"。任何人都可以凝视这个镜子。这种凝视不一定像他强调的那样舒适,但是可以让生活变得更容易理解而且更有意义(1991 年,第 177 页)。简而言之,蒙田学到的不只是新的信息,还包括一种生存方式。在这种方式中,他同时保留了对已知事物的审慎忠诚和对新事物的审慎开放。

女性的参与

在欧洲的早期现代时期,女性开始以公共写作者和思想家的身份出现,并通过散文和实际行动(prose and example)加入了对生活艺术进行哲学思考的潮流。此前,尽管她们确实参与了受到哲学精神影响的一些社会事宜(social arrangements),但是几乎没有正式接触出版和教学领域。例如,格雷琴·雷丹斯-希尔斯(Gretchen Reydams-Schils,2005 年)阐释了女性在罗马时期的以生活艺术为主题的各种社区关系中扮演的主动和平等的角色。她展示了斯多葛学派和其他思想家、教师提倡并且在某些情况下帮助女性建立正式教育制度的情况,其中包括有影响力的穆索尼乌斯·鲁弗斯(Musonius Rufus,公元 1 世纪)。穆索尼乌斯·鲁弗斯也认为,因为女性和男性都对生活事务进行理性思考,所以女性也应该被允许公开践行哲学(雷丹斯-希尔斯,2005 年,第 153—159 页;另见狄龙,2004 年)。

然而,正是在伊拉斯谟、蒙田以及之后的时代,女性才获得出版和在哲学领域引领风气的机会。例如,玛丽·勒·雅尔·德·古尔内(Marie le Jars de Gournay,1565 年—1645 年)在她的众多著作中强调了探究、阅读、写作、对话等的艺术价值。在她看来,所有这些都是自我养成(self-formative)的,有助于提升社会的善。她认为,她那个时代的悲剧和暴行之一是各种社会习俗合谋压制了一半人口的公共表达。面向男性读者,她表示:

> 你们确实是有福的,可以不必犯罪就成为聪明人,因为你们的性别赋予你们正当行动和发言的特权,以及被听众相信的恩宠,至少你们有听众。至于我,如果想让我的听众去相信我对女性手指不能碰的弦的考察,那么即使我有卡涅阿德斯[Carneades,公元前 2 世纪的怀疑论

者]那样的论证能力,也没有人如此软弱以至于不会斥责我。为了得到在现场的同伴的高度认可,他会微笑、点头或开某种玩笑。这会产生说"这是一个女人在说话"[C'est une femme qui parle]的效果。

（古尔内,1998年,第35、34页）

在这些富有启发性的言论中,古尔内抨击了片面的习俗及其可能体现的残酷性。对残忍的批判贯穿了整个作为生活艺术的哲学的传统（参看蒙田《论残忍》,1991年,第472—488页）。正如杜威所说,这是一种可以补救的痛苦（见上面引用的他的话,第43页）。

与这里提到的其他人物一样,古尔内的作品展示了那些传统中的先驱对她的影响。例如,她反复回到前文提到的古代作者那里,并将他们视为她的生活导师。理查德·希尔曼（Richard Hillman）和科莱特·奎斯内尔（Colette Quesnel）（参见古尔内,2002年）强调了柏拉图在她逐渐发展鉴赏力的过程中所起到的重要作用。她还翻译了第欧根尼·拉尔修（Diogenes Laertius,公元3世纪）那篇广为传诵的介绍苏格拉底生平的文章。古尔内不断地引用《蒙田随笔》。这并不值得大惊小怪,因为她是1595年出版的《蒙田随笔》最终版本的编辑。她还为这部著作精心写作了一篇长序（古尔内,1998年）,几十年来一直收录在《蒙田随笔》的各种印本中。读者从中可以看出,她是如何自觉地将自己定位为这些作品的学生的。在这样做的过程中,她将哲学作为一种生活艺术进行了长期的实践。在这种生活艺术中,特定作者的全部作品,或者像孔子《论语》这样的单一文本,成为重要的并且终生受用的指南和思想源泉（参见古尔内,1998年,第85页）。在本章的后面,我将论及这些指导手册的教育价值和启发意义,以及它们与当今教师的相关性。

古尔内在她的前言中为蒙田的文章做辩护。批评者认为,蒙田的文章在蔑视传统方面放荡不羁,在颠覆传统方面具有杀伤力,在语言运用和术语创造方面很矜持(precious),在结构和风格方面过于晦涩,在关注自我方面令人生厌(蒙田在作品中经常把自己当作探究的中心对象)。所有这些批评都可以用这样或那样的方式来指责古尔内的作品。那个时候,她已经出版了一部小说《蒙田先生的道路》(*Le Proumenoir de Monsieur de Montaigne*,1594年),其中涉及女性心理和性的问题。对于那些批评蒙田详细描述自己的日常品位和判断的人,古尔内的回答是,我们应该赞扬蒙田,因为他展示了"伟大的事情都依赖小的事情……生活本身就是由一些小细节组成……微不足道的事情并非不重要:如果触动了我们,它就有分量"(1988年,第77页)。在为蒙田哲学上的成熟度、创造力和正直辩护时,她还辩称,自己与蒙田的融洽关系表明,真正的友谊、忠诚和相互支持可以跨越性别的界限。她证明了生活的艺术是一种个人的、社会的和终身的存在方式(参见第67、75、89页)。乐观地看,这种技艺能培养明智的判断力(第31页、83页)。

古尔内在她随后的漫长的出版生涯中实践了这个观点。例如,她在《男女平等》(*Égalité des Hommes et des Femmes*,1622年)、《太太们的抱怨》(*Grief des Dames*,1626年)等文本以及她那广为流传的诗歌作品中,回归了生活艺术的主题,以及她那个时代艺术、科学和社会风气中的一系列引人瞩目的其他主题。她还翻译了西塞罗、奥维德(Ovid)、维吉尔(Virgil)和前面提及的第欧根尼·拉尔修等古代作者的著作。面对持续的性别偏见和始终存在的经济制约,古尔内获得了值得注意的公众认可度和突出地位。她不仅创作了被阅读和引用的作品,还因此积极参与了法兰西学院(1635年)的创建工作。这是法国人热爱与守护法语的一种制度表达。

与同时代的其他人一样,古尔内的作品以及作为榜样的古尔内本人,为女性进入公共知识生活拓宽了门径。例如,这种影响力表现在巴黎和其他地区出现的著名沙龙之中。这些沙龙在其他焦点议题之外还积极参与了对生活艺术的哲学思考。这种社交聚会由女性组织和运营,兴起于17世纪,兴盛于18世纪(古尔内本人亲自参与了几次)。它们的特点是宽容、扩大的同情与理解,以及开放而内省的探究。这样的沙龙也出现在欧洲其他地区,比如柏林,正如阿莫斯·伊隆(Amos Elon,2002年)所示,存在许多由犹太女性领导的社交聚会。这些沙龙的特色是,针对文化、政治、社会事务、新兴科学等问题开展持续对话。参与者阅读的作品来自男性和女性,有古人的经典,也有今人的著述。简言之,她们用两种历史模式参与哲学思考:一种模式将哲学作为理论,讨论什么是知识;另一种将哲学看作生活的艺术,讨论我如何才能变得更正义。

沙龙是集会,也是培养表达能力、判断力和相互尊重的艺术的非正式学校(更多关于这些艺术的信息见下文)。根据肯尼斯·克拉克(Kenneth Clark,1969年)的说法,沙龙是那个时代最优秀的文明成就之一。那个时代被称作文明的人类成就一向很脆弱。对克拉克来说,文明意味着,在其他事情之外,创造条件,使人们在智力、道德和审美方面充分发展。他还认为,在开放的跨文化和国际交流中,文明是最强大的形式。这就是沙龙的精神。尽管它们开始于宫廷和贵族宅第,但是随着时间的推移,情况发生了许多变化。沙龙变得越来越平等,对传统的尖锐批评变得司空见惯。它们对一切人开放,无论男女,不分本地人和外国人,不区别自由思想家和宗教信徒。参与者成为彼此的老师。它们所在之处就是甘地所说的"自由空气"流通的地方(参见第一章,第31页)。

这些声音,在作为生活艺术的哲学的世界主义谱系——由孔子、苏格拉底、蒙田、古尔内和许多其他人组成——之中,在现代和当前时代催生了一批具有世界主义精神的思想家。就像目前为止提到的写作者一样,这些人物基本上无法分类。部分原因是,他们在接受过去以及对现在和未来的看法上都是不合传统的。有人可能会说,这些深入探讨生活艺术(当然,还有许多其他话题)的作者正是通过对话和批判等方法来严肃地对待传统,而不是盲目崇拜传统。不同的思想家如歌德、爱默生、杜威、洛克、乔治·艾略特(原名玛丽安·伊万斯,née Maryann Evans)、何塞·恩里克·罗多(José Enrique Rodó)、威廉·爱德华·伯格哈特·杜·波依斯(W. E. B. Du Bois)、弗吉尼亚·伍尔芙、罗宾德拉纳特·泰戈尔和乔治·奥威尔(George Orwell)都将关于正义和善的普遍主题与对自我完善问题的细致关注结合到了一起。

在第四章中,我们将会遇到来自各行各业不太知名的人。他们以自己的独特方式展现一种类似的取向。一方面,他们的所作所为记录了为什么世界主义的取向不是富裕阶层的专利,尽管金钱可以买到最好的教育(或者至少是大学文凭),但是他们仍然有可能狭隘自私。来自不同行业的人们也可以证明,世界主义并非只是广受尊敬的艺术家、科学家、政治和宗教领袖等人才有的倾向。这些极具创造力的人确实有很多东西可以教给世界各地的人们。但是毫无疑问,除了上面提到的这些人物之外,读者还可以找到其他人物,以他们作为榜样,受到无穷的启发和教导。这些人与上层精英相比,用尼采的话说,是精神先锋(spiritual vanguard)。他们揭示了人和社区可以奋力培养的创造潜力。然而,世界主义也以人们对新事物的审慎开放和对已知事物的审慎忠诚相结合的普通方式表达出来。我们也可以从这些人身上学到许多东西:经验。再说一次,这些经验对全世界都有价值。

作为一种教育观念的生活艺术

从世界主义的观点看,作为生活艺术的哲学在一开始和最后都可以被理解为一种教育观念;而在这二者的中间部分,可以被理解为对未经审查的习俗的尖锐批评。这种批评并非来自单一或统一的视角,而是通过不断变化的多维视角产生的。正如前面所强调的那样,处于这个传统中的作者都非常独特而且不可替代。尽管如此,在他们的写作与实践(即为什么他们一开始就可以被视作传统的参与者)中,一个共同的关注点是,一个人如何学会尽可能地利用人类先前的成就和自己的生活经历,创造一种人道的、有意义的生活——即便或特别是受到现有习俗的拒斥、阻碍或贬低时,也要有这样的追求。

目前,有一系列力量在威胁教师。这些力量如果不是在贬低,那么就是在削弱教师的自主权和权威:自上而下的学校考试制度、教师教育的机械的标准、将教育降格为纯粹经济手段的持续压力等。在将哲学视作生活艺术的传统中,这些作者谈到了这种情况。如果不用那么多话来解释的话,这是一个经常以某种形式困扰教师的问题(孔子在面对独裁者时常常不得不到处游走,苏格拉底因挑战国家对所谓真理的垄断而被处决)。这个传统要求教师"自食其力"。面对压力,教师不应变得教条主义或思想封闭,也不应该完全放弃教育工作,而是应该通过各种练习,做好准备,应对教育在全球化环境中遇到的挑战、困难和可能性。

这种观点如何在课堂和制度环境中发挥作用? 本章和下面两章的主要目的就是将解决这个问题的要素汇集在一起。换言之,鉴于我们这个时代教师与世界的关系的复杂性,有必要在这三章中对相关思想做详细梳理。

促进伦理与道德的融合

对于身处这个传统的写作者而言，一种体现世界主义精神的生活意味着要积极回应对他人的正义诉求以及自我提升的愿望。前者指的是今天所谓的道德：始终如一地公正、负责任地看待和对待他人。自我提升是指传统中有时称之为伦理的东西：持续不断并且尽可能充分地培育一个人的智力、道德和审美能力。

伦理问题至少可以追溯到孔子在《论语》中的言论和苏格拉底在柏拉图《高尔吉亚》中的提问：我该如何生活？最好的生活方式是什么？怎样才能激发我最充分的人性？这种思考贯穿于爱比克泰德、马可·奥勒留和其他古代思想家，历经蒙田和爱默生，一直延续到现在。道德问题同样由来已久：我该如何看待和对待他人？回应他人的最好或正确方式是什么？我对他人的义务有多深远？又有多少实质性？对于这些问题，斯多葛学派提供的一个历史悠久的回答是，把生命比喻为一个跨越同心圆的过程，最接近的是家人和朋友，最远的是广大的全人类。在某种形式上，斯多葛派哲学的主流思想是压缩这个同心圆，使人类变成一个尽可能亲密的整体（努斯鲍姆，1997 年 b，第 32—33 页）。

同心圆的形象可能非常吸引人，然而，它太过绝对。一方面，即使最亲密的家庭和朋友的内部圈子里，在价值观、习俗和互动中也往往融合了多种文化和个体的多元元素（费希尔，2007 年，第 156 页）。另一方面，在确定道德义务时，要考虑到与他人的亲近程度这个复杂问题。一方面，很难想象——更不要说履行——对陌生人的道德责任。另一方面，通过正规的（systematic）慈善捐赠履行这一义务，可能比与直系亲属或社区——被认为是"最亲密"的圈子——在一起共同生活要更加有效。阿皮亚（Appiah，

2005 年)提醒我们，"无论精神上还是其他方面的亲近，都是既有利于友好，也有利于对抗。贾科莫·利奥帕尔迪（Giacomo Leopardi）在他的《彭涅利》（*Pensieri*）中说，一个智者听到有人对他说'我爱你'，就会回应说'为什么不呢？你又不是我的教友，不是我的亲戚，不是邻居，不是照顾我的人。'"（第256 页；另见福曼-巴尔兹莱，2005 年）。利奥帕尔迪捕捉到了人们对当地人可能感觉到的普遍的疏远（alienation）与隔阂（estrangement）的体验。这种状况可以激励他们不放弃道德冲动，而是将其扩展到其他人群。相反的情况也一次又一次发生：一个人在试图建立更广泛的道德观念而遭遇失望的时候，打个比方说，他可能会退回到自己的小天地。

同心圆的比喻可以使局部、区域和全球空间之间的边界具体化，从而消除了斯多葛学派思想家本身最擅长识别的渗透模式。此外，它还可以提出一种关于如何优先考虑道德义务的简单图景，正如法伊特·巴德（Veit Bader，1999 年）所指出的那样，"就像是掷一块鹅卵石，距离最近时，责任感越强；离中心点越来越远，责任感也越来越弱"（第391 页）。如果将同心圆的观点应用于个人的精神气质，它同样具有误导性，因为它可能意味着内圈是不受其他环影响的纯真的"核心"形象。最后，预设的圈子概念将一个令人不安的图景具体呈现出来：一个人或社区将自己限定在认知圈子内，不与其他人和世界相接触，认识不到双向文化交流对于人性与和平的必要性。

一个更好的比喻来自爱默生的想法，即从一个时刻到另一个时刻、从一次接触到另一次接触，"画一个新的圆圈"（1983 年，第414 页）。向另一个人、事件或想法学习，意味着改变一个人的经验和理解范围。这种变化不只是圆圈的扩大，不仅仅是量的变化，也不只是获取新信息或事实；尽管与一个人的整体观念相比，这种变化是微不足道的，但是，它是质的变化。想一想诗人在长时间思考之后决定删除一节诗歌，或者是雕塑家修剪掉迄今为止看上去必不可少的部分,或者是作曲家在完成作品前最终删除了一段内容。这些做法不仅仅是以野蛮的方式减少材料的行为,还涉及这个当事人——他的工艺感和判断力都受到了这段经历的影响——和他手边作品在进入文化时的真正转变。

换句话说,与世界接触的伦理与道德后果包括"损失",而不仅仅是收益或可以衡量的增长。发展一种新的理解可能意味着失去以前的理解,拓宽关注的视野意味着失去先前的较狭窄的视野。构想新的观点会破坏原有观点的稳定,并且可能消解以前的观点。诗人和古典主义者安妮·卡森(Anne Carson)所说的"退化"(decreation)构成了创造力的另一面。正如前一段所述,拆除的必要性有时与建造一样重要。这个观点适用于教师督促学生弄清楚自己的概念。去概念化,或者移除一个概念所包含的特定内容或理解,可能是思维的一个重要组成部分——正如世界主义概念本身所展现的那样。

这些变化并不意味着人们必须立即拒绝旧的东西。世界主义的取向包括记住那些已经被遗弃或从未走过的道路,并且随着时间的推移而针对它们做重新设计。诗人罗伯特·弗罗斯特(Robert Frost)用与生活艺术哲学相呼应的术语写道:

> 我说,所有的推理都是一个圆。无论如何,所有的学习都是一个圆。我们学习 A 越好,学习 B 就越好,学习 C 就越好,学习 D 就越好,学习 A 就越好。我们学习到的 A 足以让我们踏上稍后再次学习的道路。我们应该在这些事实中循环,而不是通过它们取得进展,把从前的东西抛在身后。

> (弗罗斯特,2007 年,第 662 页)[1]

---

1 感谢杰夫·弗兰克(Jeff Frank)引用这句话。

弗罗斯特的见解既适用于道德学习,也适用于任何其他形式的教诲(tuition)。道德学习不是线性的,也不是直接累积的。它需要在以前的和似乎是当前形势所要求的经验与观点之间来回循环。例如,记住一个人在童年时期或在生命的任何早期阶段看待别人的方式,可以突然在重要关头提供有价值的启示。

这种巧妙的过程与将伦理和道德视为绘制新圆的模式相一致。伦理作为自我修养(cultivation of the self)的古老理念邀请世界各地的人们敞开心胸:关注或学习其他人的方式、风俗和艺术,不要抱着司仪或欣赏者的心态,而要做这些方式、风俗和艺术的可能的继承人。这样的学习不仅仅受他人影响,同样受到个人对尽可能过上充实而人道的生活的特殊倾向和抱负的引导。这种参与性的态度反过来能够进一步激发人们参与道德问题的意愿,因为它可以触发对他人人性的切实承认。这种态度引导人们把他人和自己视为目的,而不仅仅是手段。它引导不同背景或出身的人既能在逐渐亲近的过程中成为独特的个体——因为他们辨别和理解了自己的独特性,尽管是片面的——又能在逐渐分离的过程中结成完整的集体——因为他们能够直面新问题,并且根据快速转变的公共生活场景中出现的可能性采取行动。

关注生活艺术的写作者阐明了道德和伦理在现实生活中如何相互交织的问题。这种区分更有益于探究和理解,而不是为了将它们界定为两个独立的经验领域。有影响力的思想家和教师爱比克泰德(约公元30年—130年)敦促:"现在就为你自己树立某种性格和模式吧,当你独自一人或与他人相处时,你将保持这种性格和模式。"(1983年,第22页,第33则)他阐述了伦理学与道德感的融合,这种道德感体现了融合逻格斯(logos)与厄尔贡

（*ergon*）（即言语和行为）的古典理想（我将在本章的后面部分讨论这个理想）。他试图汲取正义的理念，并坚信人格具有生命力。

爱比克泰德描绘了一条既注意本土价值观又注意普遍价值观的路径，同时认识到这个旅程的挑战性。在这种观点中，人们不仅仅信任既定的习俗和习惯，还信任他们感知、辨别、批评和欣赏的能力——这些能力被激发出来，部分原因在于他们遇到了与本土规范不同的东西。这是一个一直未完成的过程。在这个过程中，产生了传统所说的自我修养或练习（exercises or practices of the self）。这样的实践包括言说、倾听、互动、阅读、写作等审慎的（deliberative）方式。这些在任何时候都只是发展中的技艺，因为它们的目的不是服务于自我，而是改善自我。因此，米歇尔·福柯（Michel Foucault，1994 年，2005 年）和其他一些传统学者将这些明显区别于自恋或自顾自的行为称作"自我关怀"（例如，安布罗西奥，2008 年；德·马尔齐奥，2007 年 a，2007 年 b；多曼斯基，1996 年；阿多，1995 年；尼哈玛斯，1998 年；舒斯特曼，1997 年）。在这个观点中，正是通过将注意力从自我转移到倾听，转移到深思熟虑地说话，转移到尽可能好地思考经验的意义，人类才能最充分地理解自己。对这些实践的关注构成了将哲学视作生活艺术以及视作在世界中或与世界保持持续不断的教育接触的另一个原因。在动荡的全球化形势下，我们再次认识到它对教师的现实意义，这召唤每一位教育工作者在面对新的影响和可能性时保持审慎开放，同时又对本土价值观和习俗保持审慎忠诚。

远离"总体态度"

福柯、阿多、努斯鲍姆、雷丹斯-希尔斯以及之前引用的其他学者都已经指出，在希腊化和罗马时代，这些技艺在地中海区域涌现的斯多葛学派和其他志同道合的群体中呈现出多样化的形式（另见彼得·布朗，1971年，第60页，也可参见这本书其他各处的论述）。它们帮助人们在道德任务中相互认可与支持，在伦理任务中进行自我转变。从爱比克泰德和其他人的言论看，他们在这两条轨迹上的进展通常都是温和的与不平衡的。这一事实并没有对它们产生不良影响，反而证明了伴随新思想和新习俗而来的是不可避免的困惑与迷茫。他们的经验表明，他们试图培养的多样的倾听、言说和互动技艺与当地的世界主义的形象之间是对称的。这些技艺深深地扎根于当地的互动、交流和参与之中。与此同时，它们可以帮助人们了解，在处理生活事务中的目的、价值和意义问题时，人类使用的方法是多么地不同。

这些实践还可以帮助人们在复杂的任务中辨别如何以及何时对新事物持有审慎开放的态度，同时对已知事物持有审慎忠诚的态度。我提出这个问题的部分原因在于，陌生和熟悉的并存并不一定充满紧张，更不一定存在威胁。无论是儿童还是成人，对文化和个体差异的自发回应都一样，着迷、愉悦，甚至兴奋。这种回应并不是从事件中抽身而出的"反思"。与此相反，它更像是在清新的夏日跳进游泳池，以一种不可思议的天真、不自觉的方式沉浸在新事物之中。从根本上讲，世界主义开始于对"我们这个伟大世界"开放性的回应。这让人想起蒙田的比喻。无论这种童年经历多么有限或艰难，很少有人在童年时期没有体验过它们。如果没有这种体验，处理新旧之间紧张冲突的反思可能会变成一项枯燥的并且是模式化（formal）的任务。

然而，世界主义的视野并非包罗万象。那种误导性的联想源自第欧根尼（公元前412年—公元前323年），他是第一个自称为"世界主义者"（kosmopolites）的人，也是一个真正引人注目的人。这里有必要简要回顾一下他的公共生活（如需在教育背景下进行进一步讨论，请参阅汉森2009年的论文）。第欧根尼宣称，"唯一真正的联邦"是"宇宙"（第欧根尼·拉尔修，

2005 年,第 6. 63、6. 72 则[1])。同时,他宣称自己是"乞丐、流浪汉……没有城邦(*apolis*),没有家,被剥夺了故土"(第 6. 38 则)。据说,他因玷污货币而被放逐,离开家乡锡诺佩(*Sinope*,位于现代土耳其的黑海岸边)——这是一个恰如其分的形象,象征着他将继续过着那种对传统进行严厉攻击的生活。第欧根尼和他的犬儒主义同道认为,地方风俗狭隘固陋,与他们所认为的属于自然特征的简朴和自发性完全不同。犬儒主义者拒绝接受财富、高阶官职以及其他传统意义上的成功标志。他们认为这些都是人类真正繁荣的障碍。

第欧根尼追求他自己选择的命运,比他的任何哲学同道都走得更远。当他到达雅典后,立即加强了他在锡诺佩发起的反传统的力度。他在雅典居住了几十年,公开拒绝承担当地的所有义务,并以住集市上的一个废弃的大酒缸而闻名。在那里,他当众小便,在地上吃他的饭菜,包括吃生肉(这对雅典人来说是个真正的禁忌),并且在其他方面想方设法羞辱周围的人。晚上,他睡在神庙的壁龛里,声称它们是为自己这样的人建造的。雅典人一再骂他是狗或像狗——*kynikos*(它的词根是"*kyon*",即 dog),由此产生犬儒主义者(*cynic*)这个现代术语。第欧根尼并不与这些人争吵,他钦佩这些动物;与他眼中的人类社会的虚伪和做作相比,这些动物率真(naturalness)而不狡猾(lack of guile),它们没有人类社会所具有的伪善与自命不凡,令人钦敬。

第欧根尼批评他的邻居心胸狭隘、偏执和自以为是。邻居们抱怨他在公共场合做私下才能做的事,第欧根尼做了有力(in effect)回应,称他们在

---

[1]　第欧根尼·拉尔修生活在公元 2 至 3 世纪某个时期,是了解第欧根尼和其他希腊思想家的重要知识来源。为了引用拉尔修《名贤言行录》(*Lives of Eminent Philosophers*)第 6 卷中描述第欧根尼事迹的段落,我使用了传统的"D. L. 6. passage number"系统。

公开场合做的事情才应该在私下场合做——例如,他们蛊惑人心、装腔作势,以及炫耀他们在神庙里贡奉的祭祀品。与此同时,无论周围的文化多么令人厌恶(反之亦然),他都拒绝离开繁华的集市,拒绝把自己像隐士一样隐藏起来。他将自称的世界主义者这个身份视作担任永久评论家的凭证。他用一种单一的、充满威胁的声音充当希腊(这个合唱)的副歌。他嘲弄了公众对赞誉的渴望,同时大肆宣扬自己的禁欲主义。他似乎认为,人们应该将自己视作更大的自然的一部分,而不是隶属于注定不如雪莱(P. B. Shelley)笔下的奥兹曼迪亚斯长久的某个特定政体的狭隘公民。当他发现,与宇宙的壮丽和他所从事(dwell in)的自己认为是道德之光的任务相比,神灵和仪式的多样性失去了魅力(distracting)。因此,他对官方认可的宗教(established religion)没有任何同情心。第欧根尼变成了超苏格拉底式的牛虻,刺痛了人们,让人们意识到自己的存在,并且进行自我批评。在一段既赞扬又责备的评论中,柏拉图称他为"发疯的苏格拉底"(第6.54则)。

第欧根尼的名声远远超出了雅典的范围,部分原因是这个城市及其姊妹港口比雷埃夫斯是古代世界的文化十字路口;另一部分原因则在于第欧根尼经常从一个地方流浪到另一个地方,实际上,他的一生的部分时间在科林斯度过。他的生活方式释放出迷人的效果,无论是仰慕,还是厌恶,各种类型和不同信仰的思想家与教师都受到了他的影响。后来,希腊化和罗马时期的重要著作都曾提及他的所作所为。他创立的犬儒主义哲学深刻影响到斯多葛学派和本章提及的其他哲学实践流派。此外,他的生活方式一直吸引着哲学家和社会评论家,直到今天仍然如此。许多评论家似乎从他的生活中发现了价值观的反转和重估,尼采后来说这是迈向人类自由的必要步骤。的确,第欧根尼·拉尔修认为,顽强的犬儒主义者在社会中寻求"价值观的重铸"(第6.20则,科普尔斯顿译本,1985年,第120页)。

第欧根尼对一种生活方式的忠诚(integrity)令人印象深刻,在人类行为史上比较罕见。正如 18 世纪《百科全书》的编纂者让·勒·朗德·达朗贝尔(Jean le Rond d'Alembert)所写:"Chaque siècle, et le notre surtout, auraient besoin d'un Diogène; mais la difficulté est de trouver des hommes qui aient le courage de l'être, et des hommes qui aient le courage de le souffrir."(每个时代,尤其是我们的时代,都需要第欧根尼。但是,难以找到能够根据这种方式生活又勇于承担随之而来的后果的人。)(布拉纳姆和古莱特-卡泽,1996 年,第 VII 页;我自己的翻译)第欧根尼揭示了前面提到的世界主义的各个方面:愿意质疑现存的习俗,将自己视作更大世界的参与者而不只是本土文化的继承人,以及与具有不同价值观和信仰的他者交往的勇气。正如吉尔伯特·梁(Gilbert Leung,2009 年)所说,第欧根尼还揭示了为什么世界主义可以而且有时必须在语气和后果上具有煽动性。可以这么说,它可以而且有时必须从街头出发,而不是从正规机构出发。

此外,第欧根尼还论证了为什么世界主义并不依赖于一个给定的物质条件。他的贫穷与苏格拉底的贫穷交相辉映,表明在视哲学为生活艺术的传统中有许多人物过着朴素的生活。他尊重自然,对今天所谓的消费主义进行了无情批判,阐明了为什么世界主义超越了以人类为中心的人文主义。当然,他也承认,世界主义与人文主义在伦理与道德生活方面有着密切的重叠(下面将作更多介绍)。

人类历史上第一个使用"世界主义"这个词的人是一个局外人——从字面上看,是在既定权力与身份的中心之外,这让人深思。这个事实标志着世界主义的历史。正如我们在本章所见,世界主义的声音和行动既来自社会边缘,向中心传播,也反过来从中心向四周扩散(福哈斯,2005 年,第 5、24—25、59、117—129 页)。有人可能会说,它们也来自自我与世界相遇的边缘。

从这样的接触中,他们可以通过与他人对话、阅读和学习、反思和沉思,以及共同劳动等练习,塑造一个人的世界观。

同样重要的是,我们必须指出,具有世界主义精神的人在历史上一直受到迫害——例如被斯大林、希特勒、波尔布特等人迫害。他们被单独挑出来,被视作所谓的国家标准的异类,部分原因在于他们的文化多样性。在不那么暴力的范围内,至少在物理意义上,沙文主义者和文化反动派一直把世界主义归入不爱国的行列。他们这样做,是没有意识到,当一个政体偏离了人道和正义的行为时,成熟的爱国主义者必须对它进行批评。第欧根尼这个大无畏与非暴力的典型引发了人们对世界主义良知的意义的思考。

然而,尽管第欧根尼给世界主义观念带来了一个令人难忘的开端,但是从本书的角度看,他对地方义务的抛弃可以被视作反世界主义,而不只是反文化。第欧根尼脱离了本土的根基,就不再是一个世界公民,而是一个无处安身的公民。世界主义意味着扎根,即便是灵活的而不是固定的,它也有根。之前提到的人物,例如奥威尔、罗多和伍尔芙,都没有脱离他们的传统。他们确实批评了这些传统,有时还非常严厉,但是,有时,或者同时,他们仍然以一种自相矛盾的方式,也就是以世界主义的方式扎根或者不扎根。

以罗宾德拉纳特·泰戈尔为例,他是 19 世纪下半叶一位年轻的、新兴的诗人和公众人物。他发现自己处于文化的十字路口。在他和其他人看来,他的家乡孟加拉的艺术和其他传统已经僵化。"我们的文学已经把它的创造性的生命给消灭了,"他观察到,"它缺乏运动,被一种像死亡一样僵硬的言辞所束缚。"(1966 年,第 81 页)他从同时代的人那里得到了鼓舞,他们"足够勇敢地挑战了相信墓碑的安全性和只属于死者的完美的正统观念"(第 81 页)。他沉浸在其他地方的文学传统中,例如英国的浪漫主义诗歌传统,他从中汲取了各种主题、思想和意象。这样做,部分原因在于,他要重新构想他的诗歌根源。

　　泰戈尔批评当地艺术界的传统主义，主张的不是与传统决裂，而是重建。他认为，试图从根本上与过去决裂，意味着一个人不去寻找与生俱来的声音，而是变得沉默。一个未来的诗人，无论她或他的野心如何，总是已经从人类那里继承了诗歌的可能性，并且应该永远感激它。因此，他批评殖民主义（当时英国仍然统治着南亚）在他的一些蔑视当地传统的艺术家同行中植入了一种"对过去遗留下来的一切东西的不信任"（第81页）。他自己的在当时广为人知的全部诗歌作品仍然深深地扎根于孟加拉的艺术传统之中，同时也受到其他地方文学传统的实质性影响。他体验到了文学评论家莱昂内尔·特里林（Lionel Trilling）所说的"人类文化生活的重大奥秘之一：为什么其他人的创作可以如此完全地属于他们自己，而又如此深刻地成为我们的一部分"（参见克利福德·格尔茨，1983年，第54页）。

　　总而言之，泰戈尔对传统主义者和唯美主义者都持批评态度，传统主义者紧紧地拥抱本土的艺术价值观和方法，以至于将其扼杀，而唯美主义者看不起当地的艺术实践，认为它们落后，随时准备将其埋葬。读者可以从泰戈尔的诗歌中感受到一种真正的敬畏、愉悦和紧张感，因为他已经意识到对新事物的审慎开放和对已知事物的审慎忠诚的结果。

　　泰戈尔的生存方式与第欧根尼无情的特立独行、蔑视习俗的方式形成鲜明对比。后者并不是体现世界主义精神的生活蓝图。世界主义也不是一种把人之为人的其他方面撇到一边的姿态。它是阶段性的。它出现在一种生活方式的轮廓之内和周围。它在特定的时刻、空间和互动中被表达出来。与另一种备受争议的观点——道德意味着什么——进行类比，我们可以得到启发。杜威（1989年，第170页）注意到，成熟的标志是知道何时提出道德问题：也即，一个人知道在什么时候探究某种行为或建议是否正义、公平、善或有价值。如果对每一个行动或观念("我现在可以打喷嚏了吗?")都问这样的问题会把人逼疯,使生活陷入停顿。当然,从不问这个问题也会使生活变得恐怖。同样,从世界主义的角度看,我们不可能在任何时候都对一切新事物保持开放态度,也不可能在任何时候都对一切已知事物保持忠诚。前者消耗生命,后者会使生命僵化。世界主义的艺术性(artfulness)包括辨别如何以及何时在变动不居的日常生活中展现开放的态度和忠诚的立场。这种艺术性构成了一种在世界上生存(being in the world)的教育方式,而这本书就是以这种方式加以着色的。

生活的教育艺术与生活所需的教育艺术

斯多葛学派的修行者努力寻求的取向是,既要适应他们将人类深深扎根于其中的宇宙,又要适应与他人一起过上人道生活(dwelling humanely with)的目标。以爱比克泰德的《手册》为例,这是他的一个学生整理的一套他对生活艺术的看法。这本手册应该被学习者随身携带:握在手里,或一直放在手边,以备随时查用。它被用来作为指导的资源,在拉丁语中称作*vade mecum*(跟我走)。正如爱比克泰德自己所写的那样:"让这些思想日夜停留在你的'手边'。把它们抄下来,再读一遍;谈论它们,无论是与自己还是与他人,一定要谈论它们。"(见阿多,1995 年,第 195 页)对"手"的强调让人联想(evoke)到"工作、劳动和任务"。爱比克泰德的手册旨在指导实践,而非理论探究。故而,他的这本书的题目经常被译作"指南(manual)"(也就是说,与爱比克泰德的思想的汇编形成对比)。

这本手册除了其他一些内容,主要包括对行为(conduct)的评论、具体案例、引人深思和鼓舞人心的名言,以及一系列精炼的论点。如前所述,它的目的是帮助人们过上一种生活，而不只是思考生活或者将生活理论化。这正如约翰·塞拉斯(Sellars，2003年，第130页)提醒我们的那样，希腊语中的"手册"也意味着切割工具，让人想起在建筑和雕塑过程中使用的工具。自我实践是为了帮助人们构建和塑造自己的本质。因此，它们是"*bildung*"这个概念的古老先驱。18世纪和19世纪的写作者们引入这个概念，旨在通过教育经验捕捉他们关于自我实现和人类转变的想法(更多的讨论，请参阅诸如洛夫利等人2003年的文章)。这些回声让人想起这样的一个事实，即"book"(书)的拉丁词根是"liber"，这个词也意味着"自由"。爱比克泰德的《手册》和传统中的其他手册一样，旨在帮助人们从嫉妒、恐惧和自私中解脱出来，同时把自己解放出来，以便于自我修养(self-cultivation)。

"手册"这个把一本书放在手中的概念，影响到作为生活艺术的哲学传统中的后来的作者。例如，蒙田、古尔内、爱默生和尼采对待他们喜欢的作者的态度(in a spirit)与古代作者对爱比克泰德的态度相当。他们从前辈那里寻求理论上的洞见，也寻求关于如何生活的指导。他们手里拿着前辈的作品：古尔内、爱默生，然后是尼采，他们一生的大部分时间都拿着蒙田的随笔。尼采还带着爱默生的作品，还安排人把爱默生的文章译成德文。就蒙田而言，他经常提到他所谓的"我的道德向导"(1991年，第172页)，其中包括西塞罗、塞涅卡和普鲁塔克(Plutarch)。蒙田开创的并且至今仍然具有先见之明的儿童教育观(1991年，随笔26，第163—199页)在一定程度上是对古老生活艺术的阐释。他受到这些生活艺术的无穷无尽的滋养(霍尔，1997年；汉森，2002年)。在这篇文章中，他描述了帮助孩子培养良好的判断力和洞察力的意义，以及与他人一起过上人道生活的意义。

如前所述，爱比克泰德和其他古代作者所讨论的技艺包括倾听、言说以及与他人互动的审慎的(deliberative)方式。他们需要练习这些技艺，坚持不懈地练习下去，直到他们形成了习惯和应对世界的模式。这项工作涉及阅读和研究，主要对象是哲学和诗歌，以及像《手册》本身这样的具有哲学思想的文本。一个常见的同期比较（contemporary comparison）是阅读长篇小说、戏剧，并扩大到整个人文学科。这样做的前提是，相关研究可以帮助人们提高对人类生活价值的认识，深化他们的道德意识。

另一种技艺是背诵体现智慧和洞见的文章片段、诗歌和格言。这里的原则是，就像他或她可以携带一本最喜欢的手册一样，一个人可以因此在头脑和心灵中"携带"美好的词句。这种技艺在今天似乎已经被许多正规教育抛弃了。许多教育工作者似乎把文本记忆看作呆板的、死记硬背的任务，而不是一种普遍的、历史悠久的充实自我（substantiating the self）的方式。然而，在世界各地的许多人那里，这种技艺以各种形式保持着它的生命力。他们可以证明，事实上，他们记住的歌曲、诗歌、祈祷词、哲学段落以及其他词句都可以渗透进自我，并且形成自我（form the self）。在这里，记忆内容的选择至关重要。这个事实使得从事生活艺术哲学研究的各位思想家对这种技艺产生了极大的兴趣。

出身奴隶阶层的爱比克泰德对另一位知名的斯多葛派思想家、罗马皇帝马可·奥勒留产生了强烈的影响。正如塞拉斯（2003 年）所指出的那样，如果爱比克泰德的《手册》是学生的练习指南，那么，奥勒留的《沉思录》可以被看作"由从事此类练习的学生创作出来"（第 147 页）的文本的典型例证——这个过程，我们前面在古尔内为《蒙田随笔》而作的前言中已经看到过。阿多（1995 年，第 179 页）建议，最好将马可的这本书的希腊文原版的标题翻译成"对他自己的劝诫"（exhortations to himself）。它们不仅包括关于生活的理论思考，而且包括为了生活而做出的切实的鼓励和告诫。就像在爱比克泰德的指南中所讲的一样，马可的沉思冥想中不断重复一些短语，诸如"时刻牢记在心""让你的内心充满活力""当你每天早上醒来""集中精神""专注"和"停止随波逐流"等等。"黎明时分,当你起床困难时,"他写道,"告诉自己:'作为一个人,我必须去工作'。"(2003年,第54页,第1卷)阿多评论说,《沉思录》能够保存下来是多么宝贵,因为马可并没有打算出版它。"这是极其罕见的,"他写道,"我们居然有机会看到一个人训练自己成为一个人的过程。"(第201页)

然而,我们可以从体现生活艺术哲学传统的一系列文本中见证这个过程。例如,弗吉尼亚·伍尔芙(一位多才多艺的散文家和小说家)对蒙田做了如下评价:

> 有一次,蒙田在巴勒迪克看到一幅西西里国王勒内(René)的自画像,便问道:"既然他能用蜡笔为自己画像,那么,我们每个人像他那样拿起笔来画(即描述)一下自己,为什么就不合法呢?"有人可能会不假思索地回答,这不仅合法,而且再容易不过。其他人可能会回避我们,但是我们对自己的特征太熟悉了。让我们开始吧。然而,当我们试图完成任务时,钢笔会从我们的指间掉落;这是一件艰深的、不易解释的以及具有压倒性困难的事情……他根据自己的种种变化来谈论自己,在混乱、多样和不完美中,描绘出灵魂的全貌、重量、颜色和周长——这种技艺属于一个人,属于蒙田。
>
> (伍尔芙,1984年,第58页)

伍尔芙能够巧妙地勾勒出她从蒙田那发自肺腑的句子中看到的东西。蒙田和马可的任务各有侧重点。前者主要为了理解自我,后者主要为了自我养成(self-formation)。两者都表明,在实际的思想和行动中,这两个重点相互依存——事实上，它们是从不同维度表述同一个过程的术语。"认识你自己"（出自希腊语 *gnothi seautou*）与"培养自我"（出自希腊语 *Eimeleia heautou*）相互交融。

虽然伍尔芙正确地提出了蒙田的成就是多么地了不起，但是，从原则上讲，任何人都可以拿起日记（diary）或日志（journal），并且在情况允许的时候尽可能地尝试提升自己的洞察力和自我修养。想一想艾提·海勒申（Etty Hillesum）留给我们的那些日记，正是众多例证之一。海勒申是一名年轻的犹太女性，二战期间纳粹占领荷兰的时候，她就住在阿姆斯特丹。她是一位大学生，也是一名家庭教师。她的日记记录了她的道德历程，从一个自我陶醉、常常是思想封闭的人，变成反对纳粹占领的不人道行径的公共参与者。她自愿地为该市的犹太委员会工作。这个委员会专门为管理犹太人事务而设立。她帮助被困在贫民窟般的环境中的难民，以减轻他们的痛苦。从生活艺术的角度来看，日记中最引人注目的部分是她在改变自己的过程中的表现，尽管也有犹豫和紧张，但是，她做到了深思熟虑而且十分用心（deliberative and mindful）。她练习如何关注他人及其关心的问题、如何倾听他人的意见、如何观察情况以便采取行动。海勒申的日记超越了这种体裁通常拥有的写作范围。它具有手册的品质，其他寻求意义和勇气的人可以随身携带。[1]

现在回到这个传统的源头——它以直接和间接的方式影响到蒙田、伍尔芙和海勒申，使他们的散文创作尝试取得了成功。马可在《沉思录》中专注于回忆以及把他塑造成为一个人的一切。他对家人、朋友、同事和其他影

---

1 在之前的一本著作中（汉森，2001年，第178—187页），我写了海勒申（Hillesum）如何向教师展示坚韧的谦逊的含义，这是一种性格，融合了对教育的坚定信念，以及同样坚定的对思想开放的价值观和探究精神的信仰。苏珊·古巴尔（Susan Gubar, 2006年）对海勒申感人的散文有优雅的描述。

响过他的人进行了深刻而有诗意的评论。他说出了所有这些人的名字，注意到他们在他的生活中的存在，以及他们对他的思想、精神、心灵和灵魂的影响。考虑到他们的影响，也根据他本人的阅读（尤其是爱比克泰德的作品）所得，马可继续写下了关于自我控制、尊重他人以及如何培养良好判断力的技艺。

另一种练习是审慎地（deliberatively）思考自己对事物的看法。马可对多种感知模式进行了实验，试图"超越"自我或者用"更多"的东西来看待自我。正如塞拉斯（2003年，第151页）所指出的那样，马可不断地提及"宇宙的视角"。他渴望与第一人称视角保持反思的距离，这也可以使人们与复数形式的第一人称视角（"我们的"视角与"我的"视角）保持距离。马可试图获得这一距离并不意味着向抽象理论或形而上学的飞跃。这不是一个超越经验的计划。相反，它是一种更深入地观察宇宙的方式，人们在开始推理、感受和选择之前就已经是其中的一部分。杜威经常提及建造一座心理观察塔的价值，这样人们就可以区分森林（生活）和树木（包括自己在内的个体生命）。不过，这座塔是由有机材料——对人类经验的具体反思而不是抛却肉身的抽象概念——建成的，它仍然牢牢地扎根于大地（参见杜威，1988年，第306页）。[1]

马可练习的另一种技艺是复习（repetition），这与记忆的技艺密切相关。

1　马可和杜威对宇宙持有不同的看法。对于这位古代作者来说，宇宙是万物的统一体。部分是根据秩序、对称性和联系的数学假设来塑造的。对于杜威来说，他对这个问题的态度是自然主义的：宇宙只是一个名称，是众多合适的名称中的一个，人们用它来指称生物体试图生存于其中的不断变化的环境（surroundings）。在遵循哲学作为生活艺术的传统时，从苏格拉底到今天的人物，会遇到不同的宇宙图景（pictures of cosmos）。如前所述，我同意阿多的观点（Hadot, 1995年，第212页），即没有必要为了以一种有意义的方式培养这里所涉及的自我练习而赋予特定情境以特权。他们热情关注自我提升（self-improvement）的技艺和人性化的栖居模式（humane modes of dwelling），这种热情深深地打动了我。自我提升与人性化的栖居模式都是跨越时空的传统的标志。

马可一次又一次地复述(repeat)那些有望指导他生活的看法和观点(views and outlooks)。他不仅要研究它们,而且要消化它们,把它们吸收到自己的身体里。他渴望用这些戒律(2003年,第29页,第3卷第4节;第140页,第10卷第31节)净化自己的灵魂,"让他自己完全习惯于这些戒律,以至于改变了他的性格,从而改变他的习惯性行为"(塞拉斯,2003年,第154页)。这一过程的一个关键的、动态的方面是,确保重复的内容得到尽可能仔细和恰当的表达(参见阿多,1995年,第201页;福柯,2005年,第295页)——这是记忆技艺的另一面镜子,它对将要身体力行的格言进行审慎的(reflective)选择。蒙田稍后强调了这种斯多葛主义的修辞观:一个人如何说话和他说了什么一样具有自我塑造的作用。

最后,还有一个练习是与他人进行审慎交谈。这种练习将传统的对倾听、言说、思考、发问等的关注结合在一起,并在18世纪的巴黎、柏林和其他地方的沙龙中流行起来。回想一下,爱比克泰德鼓励他的学生不仅要阅读他的《手册》,而且要与他人讨论它。他的意思不是说他们应该把他的话当作板上钉钉的结论。像其他斯多葛派人物一样,爱比克泰德尊重圣人的理想,但是并不把自己当作圣人。相反,他试图激发思考。对这些作者而言,思考本身被理解为一种"内部"对话或与灵魂对话的模式。对话开启了这一过程,让公众思考。对这些人物而言,苏格拉底的例子再一次变得举足轻重。苏格拉底:被对话吸引,就像蜜蜂被花朵吸引一样;花蜜被转化成蜂蜜用以维持蜜蜂的生命,就像人们在对话中解决问题,将话语(words)转化成理解,从而维持生命。苏格拉底:渴望与任何人一起研究任何话题,任何可能改变人们生活方式的话题;无论是美德的意义、善的本质、公正的社会秩序的轮廓,还是知识的极限,都可以研究。

生活在这个传统中的写作者们也被苏格拉底从未发表过一个字的事实

所吸引。对苏格拉底来说，写作禁锢了思想，文字被凝固成人体模型。他相信，逻各斯这个词的目的是解放思想，并保持其流动性、灵活性和灵敏性。因此，爱比克泰德和其他人一次又一次地回归对话技艺。他们认为，对话技艺就像这里提及的其他实践一样，是构建人道生活的基本要素。

虽然斯多葛派作者从苏格拉底对对话的激情中获得了灵感，但是，就像他们并不试图模仿第欧根尼的彻底反传统一样，他们并不渴望在所有方面效仿苏格拉底。首先，他们的确会写作，而且经常写长篇大论。其次，他们并不总是像第欧根尼或苏格拉底那样成为鼓动者或"牛虻"，向政治体刺入批评性的自我意识（柏拉图，《申辩篇》，斯特方码 30e）。虽然苏格拉底珍视严肃的哲学对话，但是毫无疑问，他很喜欢在公众面前把那些自命不凡的政客描绘成无知的人。爱比克泰德的方法，就像苏格拉底在其他情况下使用的方法一样，是有耐心的教师的方法。他的影响随着时间的推移，有时会以不可预测的方式零星地出现。这是一种悄无声息的影响，而不是公开展示的教学内容（subject matter）。

结论：论栖居于世界

读者可以从塞涅卡、爱比克泰德、马可、蒙田、古尔内、爱默生、伍尔芙以及与这一传统相关的其他作家的作品中辨别出退缩、顺从和自我封闭的迹象，以抵御这个无法掌控的世界的严酷。在某些情绪中，他们会赞同罗马皇帝哈德良（Hadrian）在玛格丽特·尤瑟纳尔（Marguerite Yourcenar）的小说中对他自己的生平所做的评述：

> 我们知道，生活是残酷的。但是正因为我对人的境遇、人类的幸福

时光(periods of felicity)、人类的局部进步、重新开始并继续努力的期待(expect)较低,所以在我看来,所有这些都像是许多奇迹(prodigies),几乎弥补了人类那巨大的罪恶和失败、冷漠和过错。

（尤瑟纳尔,1990 年,第 293 页）

因为生活充满了多样性和困难,所以,上述这些历史人物的退缩倾向与他们参与、回应与投身(engage)生活的世界主义冲动之间存在紧张关系。

我并不认为传统中的静态方面(the quiescent aspects)与世界主义相矛盾,反而觉得它们理所当然。一方面,时不时地独处,就算不必要,也有益于自我完善。它也可以是在活着的过程中体验到的崇高的喜悦。另一方面,这些作者敏锐地意识到人类的局限性和弱点。面对持续不断的战争、暴力、不正义、残酷的反复无常,以及人类的生理构造的制约,他们对在地球上建立一个天堂的可能性几乎不抱幻想。孔子对政治崩溃的观察,与这些人物留给我们的作品中的见解一样犀利且具有震撼力。

然而,他们的态度并不悲观,悲观本身很奢侈,只有那些能够走出人类互动洪流的人才能负担得起(参见阿多,1995 年,第 180—186 页)。这些作者为生活技艺赋予了持久的世界主义色彩。与"斯多葛派"消极避世的刻板印象形成鲜明对比的是,他们也许是为了避免痛苦和困惑,提出了能够增强一个人在不可预测的宇宙中有效生活的能力的技艺。这种做法旨在帮助人们在该术语的最本质意义上栖居于生活之中。

因此,从这一点出发,本书将使用"世界主义者"(cosmopolitan)这个术语来表示"世界居民"而不是"世界公民"。"世界主义者"是对"*kosmopolites*"的翻译。上述对哲学传统的回顾可以为我提供证据。从这个方面看,这个术语与教师的关系更加亲近。它要求教师(以及教师教育工作者、校长和其他参与方)回答：你是如何栖居于你的世界的？你在学校和教室里如何生活？你的举止如何？你如何鼓励你的学生从事伦理工作(ethical work)——以一种激发他们审美、道德和智力能力的方式来表现自己？当教师努力回应这些问题时，他们将更加充分地融入这个世界，并成为这个世界的一部分。他们走入了本书标题所揭示的接合点：教师与世界。

这就是透过世界主义的棱镜看到的教学观。下一章将阐明教育工作者所处的背景或可称之为存在条件。再接下来的一章，接着介绍它的前景条件(foreground conditions)，也就是当代的沟通和互动方式。这些方式展现了面向教学和教育的世界主义取向的活力。

第三章 论人的境遇及其教育挑战

正如第二章开头所提到的，作为一种生活艺术的哲学包含了对通常被称为人的境遇的思考。今天，这种境遇本身的一个显著特征迫使它自己走到前台。这个特征就是全球化的绝对速度加快。这种加速（参见哈勒维，1948年；皮尔，1972年；舒尔曼，2004年）实际上开始于大约200年前被称为工业革命的经济动荡，以及同时发生的被称为美国和法国大革命的政治地震。它们的积极和消极影响至今仍然随处可见。尽管尊重个人和人类文化的独特性等价值观在全球各地受到践踏，但是，它们一直存在。民主实践起起落落，但是民主的冲动从未停歇。无数的经济举措涌现出来，然后崩溃，但是经济创新的精神没有崩溃。文化风格和产品有盛有衰，但是，它们背后的创造激情始终存在。

与这些全球化成果并存的是令人困惑和痛苦的损失。200年前的工业革命引发的社会、经济和政治海啸已经冲走了世界各地曾经存在的许多传统生活模式，留下的经常是令人困惑的状况。"无论这个世界多么混乱，世界主义一直是这个世界中的一种存在方式。"阿克巴尔·阿巴斯（Ackbar Abbas）这样写，并且补充说：正如全球化一词所概括的那样，"没有什么比它更令人困惑了"（2000年，第786页）。当代经济生活的无休无止的需求、人口增长和流动的压力、不断扩大的信息过载、侵入式娱乐模式的传播：对许多人来说,或者看起来是这样,这些现象和相关现象破坏了人类交往的稳定形式,以及与之相关的控制感和方向感。它们似乎使人们分心,无法进行沉思、反省和质疑,也无法领会既有利于富有成效的独处(generative solitude),又益于持续与他人深入交往的价值观。随着全球化的加速,至关重要的人类价值观,正如地球上的许多自然环境一样,有时也会受难和退化。[1]

人们自然会对这些变化速度感到不安,并且担心其后果。他们理所当然地想知道如何应对这些情况。尽管作为生活艺术的哲学产生于相对平静的环境,但是,表象可能具有欺骗性。前一章提及的人物在某种程度上“就像我们一样”。面对宇宙中的变化以及变化过程中的不可控制性与不可预测性,他们普遍感到震惊。他们注意到,就像无法控制太阳的运动一样,人类无法控制自己的想象;就像无法预测自然界一定会出现的进化步骤一样,人类无法预测自己的下一步。人类无法阻止自己的改变(change)和转变(transform),因为这样做的努力本身就构成了一种变化模式。

然而,这些情况并不意味着人们应该把手举到空中,只是蹲下来保护(look after)自己。思想家们认为,生活的艺术在某种程度上就是一种方法:把自己的头从沙堆中抽出来,用自己可以支配的所有资源来应对天马行空(an aleatory universe)的事实。这种方法不是对事件的理论解释,而是对期望(hope)、不确定性和绝望情绪做出有效回应的方法。套用柏拉图的比喻,这是灵魂转向的方法:重建一个人对世界的知觉能力(perceptions)以及他在这个世界上的行为方式。

---

1 要想讨论当前有关“人类宇宙何去何从”的争论,请参考贝克(2006 年)、达尔迈尔(Dallmayr, 2003 年)、哈贝马斯(Habermas, 1998 年)、麦卡锡(McCarthy, 1999 年)、莫林和柯恩(Morin & Kern, 1999 年)、帕帕斯蒂法诺(2005 年)和萨维奇等人(Savage et al. ,2005 年)的研究成果。

知觉和行动(action)的融合构成了一种取向。在这种取向中,正如我们在爱比克泰德和其他作者身上所看到的那样,观看(seeing)与行动(acting)相辅相成。尽管方式笨拙,没有计划,有时还会徒劳无益,但是,它们共同发挥作用。世界主义的罗盘并不提供固定的道德经度和纬度。相反,它只指示人类在不断变化的世界上如何应对无穷无尽的人类多样性。前面提到的自我提升的实践是对人类所处的这些无法控制的条件的回应。这种观点提供了另一种理由,可以用来解释为什么这些乍看上去有些私密的技艺却具有教育和社会意义。它们提供了一种方法,让人们在困境和机遇中逐渐分离,同时又能结成完整的集体。它们也会让人们在逐渐亲密的过程中成为独特的个体,因为人们已经认识到,每个人在说话、倾听、回应以及与生活中的陌生人和熟悉的人互动时的表现都是独一无二的。

世界主义者对人类境遇的看法是:(1)相信变化的必然性,并培养对变化的适度回应(a balanced response)能力;(2)批判性地理解人类那难以了解的性格、观点、行为(conduct)。接下来,我将重点介绍关于这些生活艺术思想家在描述这些条件时所采用的语气和范围。这两者,对于当今世界各地的隶属于教育系统不同层级的教师而言,都是工作的基础。我们还会讨论家庭和归属感问题,这些问题构成了我们这个时代的教育工作的相关背景。

生活就是变化：培养一种稳定感

没有什么是永恒的。人、社区、国家、艺术、技术、树木、岩石、河流,所有的东西都有生有灭。爱默生在他的文章《圆》中总结了大约两千年来的斯多葛派的反思:"永恒不过是一个表示程度的词汇。"(1983 年,第

403 页）[1]永恒取决于我们暂时采取的时间视角和空间视角。这个关于世界的明显事实令人坐立不安。它似乎破坏甚至削弱了稳定感，没有稳定感就难以形成连贯的人类生活。今天，人们对处于全球化压力之下的当代生活节奏感到焦虑，这个困境，诚如上文所述，经常被提及。似乎任何地方的人都能目睹并体验到全球化加速的后果。两百年来，观察家们一直都能看到，变化的速度不断加快，在经济、文化、政治、宗教和其他生活方式方面产生了无数的反应（reactions），一些反应还相当激烈。其中的许多反应可以被理解为试图阻止变化，也就是说，试图抓住一些可以提供稳定性的有价值的东西。

在关于世界主义和生活艺术的长篇对话中，我们可以看到一个清晰可见的观点，那就是"选择"稳定是不可能的。一个人不可能在某一天醒来之后，就像做一场演讲那样宣布："从今天开始，我的生活将会稳定下来。"一个社区和一个国家也不能选择稳定，尤其是在现在发生大规模变革（change）的情况下，更做不到这一点。然而，即便不是绝大部分人，也似乎有许多人对稳定感、控制感和方向感有着无法根除的需求。

"感觉"（sense）这个词，在世界主义的表述中，是作为生活艺术的哲学在面对变化时做出的富有成效的回应（generative response）。"稳定感"（sense of stability）与现实社会生活中的退款保证并不是一回事，后者可以让心情和精神放松。与此相反，稳定感是一种倾向（disposition）或敏感性（sensibility），促使人们去思考变化（change），包括引发变化的力量，而不只

1　爱默生知道蒙田的散文《论忏悔》(1991 年)，其中有关于自我、人性和世界的可塑性的令人难忘的开场白："其他人教育人；我则描述人，描绘一个教育不良的个人。如果我必须重新塑造他，我真的会让他与现在截然不同。但是，现在已经完成了。我画肖像画的笔触不会出错，尽管它们确实发生了变化。这个世界不过是一个永在的跷跷板。其中的一切——土地、高加索山脉、埃及金字塔——都在以一种共同的运动方式和它们自有的运动方式而摇摆不定。恒定本身不过是一种更懒散的来回摇摆。"(蒙田，1991 年，第 907 页)

是在面对与常态有别的差异时做出畏缩或撤退的举动。这种区别让人想起一个事实，即无论何时何地，世界各地的人类似乎都受制于对新事物的好奇心以及对稳定生活方式的需求。阿皮亚(2006 年)强调，自人类首次迁出非洲之后，人类的流动(movement)与互动就非常普遍。"在我们这个不断迁徙的种类中，隔离或隐居都是反常的方式"，他说，"世界主义不是一项艰巨的任务，否定它才是。"(第 xx 页)

我从阿皮亚那煽动性的主张中得出这么一个结论，那就是，无论是个人还是社区，稳定感并不需要自我封闭或作茧自缚。然而，与此同时，这个概念并不意味着简单地打开门和百叶窗，让任何可能出现的东西进来。这将造成浪费。回想第一章(请看第 31 页)提及的甘地的观点，他将对新观念和新文化的审慎开放与拒绝被它们"吹走"结合在一起。杜威在描述为什么思想开放与思想空虚不是一回事时呼应了这一点(1985 年，第 183 页)。打开心灵就像打开一扇门：需要付出努力，以一种有意识的姿态去接触另一边的事情。这种审慎的(reflective)热情正好成为世界主义视野的标志。相比之下，空虚的头脑是一个空虚的空间。在这个空间里出现的一件事与其他任何一件事一样好。即便不是大多数人，也有很多人欣赏这种差异以及它可能带来的挑战。他们要么感觉到(feel)，要么凭直觉而知(untuit)，要么认识到(learn)，每一次新的人际接触都可能令人不安或不稳定，即使这个接触看起来很有趣，甚至引人入胜，但是，它仍然有可能令人不安或带来不稳定。

不安定状态的替代方案不是具体的、冻结的、僵化的生活模式。与作为二分条件的稳定或不稳定相反，稳定感可以通过认识无常的永恒性来培养。[1] 说得更明白些，稳定感可以从一种教育中产生。这种教育可以帮助人

1　合乎逻辑的一点是：如果一件事情已经发生，人们可以说，这件事情的发生将永远为真。因此，宇宙可以被视为一种永恒的形式，也就是所有过去的事物都已成为定局，无法触及。（转下页）

们认识到,当爱默生说永恒是一个与程度相关的词汇时,他并没有对人类的境遇发表负面的、更不用说绝望的评论。恰恰相反,关键在于"程度"这个词。尽管我们从地质学中了解到,乞力马扎罗山注定会在将来发生变动(shift),但是,从个人的角度看,它是不朽的。从一个美国公民的个人角度看,尽管我们知道,美国在几个世纪之后可能会有所不同,那时它可能已经成为十几个相关的行政区或更大的构造的一部分,但是,这个国家看起来可能是不朽的。很久以前,人们认为罗马会永远存在,就像今天的民族国家的结构貌似会永远存在一样。[1]

思考一座山或一个国家的悠久历史,不仅会让个体感受到生命的短暂,而且会让人觉得自己就像微不足道的一粒尘埃,甚至比城市街道上被吹来吹去的砂砾还要飘忽不定。但是,这是个程度问题:尽管大多数人在大多数时候都会忽视这个原始事实,认为其理所当然,或者习以为常,但是,的确有一种"物质"充斥着人类生命的每一刻。为了更好地理解这句耳熟能详的格言,我们可以将整个世界想象成一个熠熠生辉的人类活动(action)画面——一个空间图景(spatial image)——以及将整个时间描绘成一种有意义的时刻——一个与空间图景互补的时间图景(temporal image)。这种想法让人

(接上页)作为生活艺术的哲学的一个核心原则是,世界上所有的知识虽然有助于影响未来变化的方向,但是不能阻止未来的变化。人们所知道的一切不一定能预测未来的轮廓,包括下一刻的轮廓,更不用说保证了。因此,这些轮廓永远是无常的。与此相关的一点是,过去以及对过去的解释并不是同义词。做过的事确实已经完成,但是它的意义并没有结束,人类是凭借意义而生活的生物。

1 与"在变化中保存"和"通过变化而保存"相比,很难想象永久的文化保存意味着什么。在人类历史上,可能曾经有过一段时间并不符合这种条件。例如,现代法国和西班牙著名的克罗马农人洞穴壁画是在 25,000 年的时间里完成的。在这段时间里,绘画技术和主题几乎没有变化。一位洞穴艺术的研究者(瑟曼在 2008 年发表的文章中讨论过)认为,这些传统完好无损地保存了(实际上)四倍于有记载的历史的时间。这意味着这种文化一定令其成员"非常满意"——正如瑟曼(Thurman)补充的那样,"稳定到现代人难以想象的程度"。人们可以推测,这一非凡传统的长寿反映了艺术家们没有遇到其他模式的事实。随着冰河时期(the Ice Age)的结束,文化互动才真正开始。一旦文化互动开始,艺术形式就开始激增。这个过程一直持续到现在。

想起斯多葛派对当下的尊重。从字面意义上讲,尽管要注意到过去的先例和未来的可能性,但是,当下才是人类能够思考、感觉和行动的唯一时间。在前面讨论过的一句引语中,爱比克泰德敦促学生"马上"——也就是说,在当下和接下来的每个当下——"为你自己树立某种性格和模式"(1983 年,第 22 页,第 33 则)。马可·奥勒留写道:"给自己一份礼物:当下的时刻。"(2003 年,第 110 页,第 8 卷,第 44 则)爱默生在他的散文《经验》中声称:"既然我们的职责(office)与时刻有关,那么,就让我们做它们的主宰(husband)吧。今天的五分钟对我来说和下个千年的五分钟同样重要。今天,让我们泰然自若,充满智慧,成为我们自己吧。"(1983 年,第 479 页)

尽管这种稳定感很脆弱,而且缺乏保证,但是,它有可能把每时每刻和每一个地方变成一种可能性,而不是一闪而过的虚无。正如伊丽莎白·德·米约拉(Elizabeth De Mijolla)所写(1994 年,第 62 页),空间和时间可以是充实的,而不仅仅是转瞬即逝的。尽管这种成就往往是来之不易的和暂时的,但是,它与任何岩石、树木、河流或山脉一样是真实的或者是实质性的存在。如果考虑到一切都在变化这个事实,那么它们也都是暂时的。

人们要么感觉到,要么凭直觉而知,要么认识到,生活中的每一次接触,无论看起来有多么微妙或随意,都可能迫使我们改变观点或习惯。一个人与他人或环境的接触会产生一些影响,有些影响难以察觉,有些却像天气骤变一样引人注目。杜威通过暗示一个人从事一项活动然后转向另一项活动来表达这一点:当一个人开始做某个动作然后转向另一个动作时,他会不断地失去当下的自我,找到另一个自我。他并没有说一个人的整个存在被不断地颠覆。如同俗语所说的那样,这种情况只发生在通往大马士革的路上。杜威的意思是,没有人不受生活中的接触的影响,无论这种影响多么微小,它都实际存在(1985 年,第 133、361—362 页)。对于作为生活艺术的哲学的传统而言,教育的一项任务就是关注这种存在状态,并且在环境允许的情况下,努力使人与世界的接触富有成效。自我及其与世界的关系总是存在问题,解决之道就体现在对逝去时刻的回应(respond)之上。换言之,尽管自我与世界之间的关系永远不稳定,但是有可能培养一种行为模式或网络(pattern or web of conduct)。这种模式或网络在一定程度上是由一种稳定感驱动的。

教师完全有能力本着这种精神与年轻人一起工作。他们现在处于或可能处于众所周知的指导学生如何与世界相遇的前线。例如,有一个陈词滥调,认为当今的年轻人在知道如何使用不断变化的通信技术方面往往超过了他们的长辈。此外,这项技术带来的速度有着不可否认的刺激性和诱惑力,因此,谈论稳定听起来可能很奇怪。然而,正如希腊人所辨析的那样,"*techne*"并不是"*phronesis*"的同义词。前者指熟练的技术或技能(technical or skilled know-how),后者指实践的智慧和对技术与技能带来的后果的洞察能力。教师可以发挥积极的作用,帮助学生理解为什么让人感觉到自由的技术在其他情况下可能会击败甚至破坏他们的审美、道德和智力的敏感性。教师可以模拟这些技术的使用,并告诉学生,这些技术不能代替自发性、想象力和思考力,但是可以为它们提供适当的支持。这里讨论的生活艺术之所以发挥作用,是因为它需要的不是"不加批判"的开放性,而是"反思",以使技术服务于独特的人类目的,而不是为技术本身随意提出的目的服务。在这些随意提出的目的中,有些是为了追求利润而不是为了教育。技术的积极和消极后果都处于紧张状态,很难判断有利因素是否大于不利因素。再次,教育系统内各个层级的教师都能很好地帮助学生思考特定的情境、用途和后果(参见格林达·赫尔等人,2010 年,关于在线技术的创造性的、秉持世界主义精神而使用技术的案例)。考虑到人类长期以来的习惯,即,无论好坏都把每项发明出来的技术推向极限,那么,这样做似乎是明智的。

论人类多样性:不陌生,但高深莫测

是否每一个曾经在这个星球上行走的人都有过这样的疑问:我为什么在这里?生命的意义是什么?研究生活艺术的哲学家因为提出这样的问题而受到褒贬不一的评价。但是,真的是每个人都以某种方式感受到了这个问题吗?也许是在抬头看见彩虹时,也许是在看到自己的庄稼被暴晒枯萎时,也许是听到爱人的大笑时,也许是跪在垂死的朋友或同志身边时,也许是在雨中欢快地奔跑时,也许是目睹一座城市的毁灭时,人们会想到这个问题。我为什么会在这里?这一切的意义何在?即使不是绝大多数人,也会有许多人感觉到、凭直觉而知道或者认识到,生活高深莫测,对生活的目的和意义的质疑永无止境,因为快乐和痛苦的经历是没有尽头的。从一个角度看,这种说法与说生活就是变化并没有什么不同。但是,高深莫测的理念强调了新鲜事物的存在,这正如希腊早期哲学家赫拉克利特(Heraclitus)声称的那样,生活从不只是简单的重复。在某种意义上,太阳底下没有新鲜事物,因为无论其新颖性是很微小还是不太大,所有事物都是新的,以至于连"新奇"这个概念本身都是多余的——或者说,无论如何,信从爱默生的说法,这是一个程度的问题。

这个观点让人想起在作为生活艺术的哲学的悠久传统中反复出现的主题。这个主题就是"多样性",它与永恒无常的观念并存。存在于这个星球的多样性首先产生了世界主义的理念。世界主义对多样性的理解并没有假定在群体或个体之间存在着不可逾越的价值论、本体论或认识论鸿沟。相互理解并不容易,也不可靠,但是没有任何障碍可以让这种理解永远无法实现。

此外，正如蒙田巧妙地说明的那样，世界主义观点表明，任何社区内部的多样性或可变性都可能与任何两个社区之间的多样性与可变性一样大，任何一个人内在的多样性或可变性都可能与任何两个人之间的多样性与可变性一样大。（1991 年，第 380 页，第 2 卷第 1 章；第 887 页，第 2 卷第 37章；第 1207 页，第 3 卷第 13 章；第 1220 页，第 3 卷第 13 章等等）。蒙田的见解让人想起罗马诗人和剧作家泰伦提乌斯（Terence，约公元前 190 年—公元前 159 年）的一句名言："我是一个人，我对人类的一切都不感到陌生。"泰伦提乌斯断言（我将在第五章回到这个论题展开讨论），因为我自己就是人，所以，人类的一切对我来说都不是陌生的，包括我内在的任何东西对我来说也都不是陌生的。这种说法并不意味着我必须赞同我的发现。但是，内在的一切都是人自己的。这就是蒙田在多次再版随笔集时很少删掉以前的单词或短语的原因之一。这种做法与他激烈排斥忏悔（尽管不是后悔）的态度相吻合。忏悔被理解为将自己部分地视作异类或次等人并驱逐出去。蒙田开始相信，认真对待一个人的所有特征，很快就会发现他的不足。他展示了如何运用同样的方法或迟或早地暴露某个社区的缺陷，但却认为不必从道德上排斥这些特征，而只需要对它们进行深思熟虑地重构。蒙田还阐释了人类如何通过批判性地拥抱自身具有的多重的人性，以便最充实地生活（most richly inhabit life），同时与人进行最谦逊的互动。

蒙田证明，个人内在的可变性，以及人与人之间的可变性，与人类行为的不稳定性有关。人类行为的不稳定性是普遍存在的，如果出现相反的情况，对我们来说反而是相当惊人的现象。毫无疑问，每个人都可以提供她或他对蒙田的自我描述的不同看法：

（下列）每一对矛盾都可以在我身上找到，这取决于某些扭曲或属性（some twist or attribute）：羞怯、傲慢；忠贞、淫荡；健谈，沉默；强壮、柔弱；聪明、愚钝；幽怨、和蔼；虚伪、诚实；博学、无知；慷慨、吝啬，还有挥霍——这一切，我在自己的身上都能看到。能看到什么，取决于我的观察角度。任何专心研究自己的人都会在自己的身上以及自己的判断中发现这种混乱（this whirring）与不一致的地方。作为一个整体，我无法简单而完整地介绍自己，不能保证无混杂（Intermingling）与无添加（admixture）。

（蒙田，1991 年，第 377 页，第二卷第 1 章）[1]

这种明显的不稳定性，既是文化的特征，又是个人的特征，与蒙田所认为的人类倾向相互交融。这种倾向就是，人类经常借用、吸收、尝试、模仿和思考其他个人和社区的能够体现他们的生活方式的事物。当与新事物的接触改变了人们与熟悉事物的关系时，差异就会如雨后春笋般地涌现出来。

这些特征反过来又与同一集体中的个人和亚群体（sub-groups）记忆过去事件的显著不同的方式相一致。并不是只有历史学家才会对历史做出截然不同的解释。这个特点在人类生活的各个层面和维度上普遍存在。这种现象在家庭、友谊、学校和其他机构中也普遍存在，并为人类图景的多样性增添了一层色彩（参见哈布瓦赫等人，1992 年；温伯格等人，2007 年）。

再想想今天，来自同一个集体的个人可以发展出具有高度独特性的关

1　蒙田基于几十年来对人的意义的思考，总结道："我把这项任务交给了学有所成的人，——我不知道，即便是他们，也能否在一个如此混乱、复杂和偶然的事情上取得成功——由他们把这种无限多样的特征分组，找出我们的自相矛盾之处，让它们变得井井有条。我发现，很难将我们的不同行动彼此联系起来；我还发现，每一种行动本身，也很难根据某些主要品质进行适当的命名。它们是如此模糊，如同各种不同的颜色在不同的灯光下相互重叠。"（蒙田，1991 年，第 1222 页，第三卷第 13 章）

系网。剔除其他因素,这要归功于互联网和其他媒体。这个过程实际上开始于五百年前,印刷术的发明推动了人类表达兴趣、风格和基调的日益多样化。沃尔特·范伯格(Walter Feinberg)从这些事实中汲取了一个教训:

> 我对人属于文化的观点感到不舒服,因为这个观点认为,文化决定了人类的价值观和理解力的视野。我自己的观点是,人类参与了意义网络的建构,我们每个人在这些网络中形成特定节点的各条链接线都有所不同。对于任何两个人来说,有的链接线可能相对较粗,只需要有限的解释;有的可能相对较细,需要大量的解释或手势。我怀疑,一种不是从认识论或价值论的受限制的角度而是从意义和价值的网络的角度来看待文化的方法,可能会使人们采取更有力的对话的方法来处理文化差异问题。
>
> (范伯格,2003 年,第 78 页)[1]

这样一种姿态,由于它与人们实际经验的轮廓协调一致,可以支持世界主义的伦理和道德。

与稳定感放弃非此即彼的——"你要么稳定,要么不稳定"——相平行的是,这个难以了解的阵地(the platform of unfathomability)并没有假定一个非此即彼的哲学人类学——"个人或社区要么有一个固定的本质,要么没有可以建立有意义的和独特生活的任何东西"。这里的假设是,正是由于有不同的人和群体的存在,才能激发更全面的审美、智力和道德实现形式。这个过程可以更深入、更清晰地把握当地的传统价值观。换言之,欣赏人类多

1　如果要想从社会学的角度看范伯格的观点,请参阅斋藤弘夫(Hiro Saito, 2010 年)的研究,他运用布鲁诺·拉图尔(Bruno Latour)的"行动者网络理论"分析了学生的世界主义观念。

样性的高深莫测会使人远离同质化的普遍主义和在任何时候都会优先考虑相似性而不是差异性的人文主义。采用世界主义的取向，就是扩大视野中的差异性和相似性。

在全世界范围内，无论是社区，还是个人，总有多种生活方式。这些生活方式似乎就像它们的开始和结尾往往不确定而且很难确定一样，难以穷形尽相。此外，社区和个人方面新模式的不断演变或突然出现，总是超出了人们通过理论、哲学、科学和艺术来说明和解释它们的能力。我认为，在某种程度上，世界上存在的艺术、思想、探究可以被视作一种持续的尝试，以回应和理解那些高深莫测的事实。所有这些尝试都不比试图停止变革更加极端（terminal）或彻底（exhaustive）。世界主义理念没有设想个人或社区"最终的"模样。每个进入特定社区的新人——无论是通过出生、婚姻、培训，还是其他途径——都会使人类的状况（human scene）变得复杂（参见富勒，1989年，第16页），正如同个人的每一次新交际（new contact），无论是微妙的还是微观的，都会使她或他的自我理解及其在世界上的行动方式复杂化。所有这些复杂情况都源于人类所居处的世界，世界主义哲学敦促人们参与其中，并从中学习。这种教育层面的齐心协力（educational solidarity）并不意味着赞同或接受新事物，但是的确意味着不应该逃避它们，就像宇宙本身的变化和高深不测本来就是宇宙自身的一部分，无法逃避。

在不确定的世界中栖居

技术的发展、人口增长和流动的压力、交流方式的不断扩大以及其他因素加速了变革。今天和过去一样，人们努力建立各种机构——法院、学校、立法机构等等——以应对转型带来的影响。此外，许多人主张建立正义和公平的机构,合理分配变革成果和成本。正如第一章所述,政治和经济的世界主义可以被视作支持这一进程的努力。

变化和高深莫测的纯粹事实已经出现了几千年。它们伴随着现在和过去的生活,就像硬币的两面一样存在。它们将永远如此,除非人类建立了一个规划完善、合理的和可预测的世界(毫无疑问,这是一幅真正的反乌托邦的图景)。本书回顾的批判传统所阐释的生活艺术在一定程度上构成了对这种状况的回应。它们作为教育艺术,激发了一种新兴的团结。这种团结不是基于共同的意识形态,而是基于一系列共同的伦理和道德活动。审慎地倾听、言说、等待、阅读、写作、记忆、复述和判断,对于作为生活艺术的哲学传统而言,可以培养任何人与世界的关系。

换言之,这样的技艺有助于推动传统所激发的伦理与道德理想的融合。再次回想一下爱比克泰德那句令人回味的劝告:"现在就为你自己树立某种性格(character)和模式吧,当你独自一人或与他人相处时,你将保持这种性格和模式。"(1983 年,第 22 页,第 33 段)这里的"性格"或"模式"是通过实践和自我锻炼而产生的。这个过程需要时间和精力,而且永远不会完成。它的成果可能是无价的。对于爱比克泰德来说,它们包括对不同观点的更深刻的敏感性,以及对利益冲突和担忧的更耐心的态度。尽管这些成就都还处于初步阶段,但是,它们可以随着时间的推移而得到改善,并且可以更充分地融入个人和社会的取向和生活风气之中。

自我控制仍然是生活艺术哲学家的关键美德。在一个不可预测的世界中,爱比克泰德和其他作者都提到了"我们力所能及的事情",也就是说,一个人可以影响到的事情。生活中的大部分事情都不受人力所支配:风暴、阳光、死亡等等。无论其外表可能提供什么暗示,一个人无法控制他人的意见、价值观、感受和见解。爱比克泰德和其他思想家认为,对自我的关怀是一种指导他们声称的属于个人权限范围内的事务的方法：她的意见和观点，她以某一种或另一种方式行事的决定，以及因为与她的厌恶并置而被意识到的愿望（参见爱比克泰德，1983年，第11页，第1则）。在他们看来，自我控制（self-control）和自我提升（self-improvement）相辅相成。

这种对自我控制的关注并不是建立在原子主义或个人主义的自我意识之上。对于像蒙田这样的思想家而言，自我控制使其与他人的联系可能变得更加丰富、更加投入、更加公正。在《论残忍》《论马车》和其他文章中，他强调要避免伤害他者——避免不人道的行为，这与孔子在其开创性的"仁"中所传达的恰恰相反。然而，这种看似不残忍的明显"消极"的方法同时也构成了对社会和政治生活的深刻的"积极"态度。一方面，它可以缓解痛苦（remediates suffering）。另一方面，用爱比克泰德的话说，它不仅可以塑造我自己的生活，而且可以塑造他人的性格和生活模式，从而使人类有可能以人道的方式在一起生活。[1] 个人和社区的自我控制变得相互依赖。我们再次看到了传统努力实现的融合伦理和道德的愿望。

我们这个时代的变革正在加速，即使不使用这么多的话，即使不考虑地球上的每个人，这种加速也会把伦理和道德问题摆在了几乎每个社区的门口。我或者我们该如何生活？我或者我们该如何看待以及对待他人？即使是在那些没有类似语言表述的文化中，人们在实际生活中也会遇到某种形式或版本的相关问题。当然，正如我们这个时代的生活和历史记录所表明的那样，人们可以回避这些问题，而假设或断言答案已经存在，不需要再作检讨。无论多么模糊，我们都可以通过认识到无常的永恒性来精确地限制

1　朱迪丝·施克莱(Judith Shklar, 1984年)对蒙田的观点进行了深刻的剖析。有关教育和社会中残酷问题的讨论，请参阅尼尔·伯顿伍德(Neil Burtonwood, 2006年)对以赛亚·伯林(Isaiah Berlin)政治哲学的教育影响的研究。伦纳德·瓦克斯(Leonard Waks, 2009年)在世界主义和教育主题的综述中针对伯顿伍德的研究做了评述。

自己的交往。人们可以在当今的经济、政治和宗教原教旨主义中看到这种最极端的冲动。他们的支持者默默地希望冻结流动。他们所主张的绝对真理就是他们渴望的绝对稳定。世界主义者认为,这种冲动永远不可能实现;而在世界各地的人类想象当中,似乎不断出现一个幻觉,认为总有一种尝试可能会奏效,让变革停止。

然而,从精神、情感和实践的角度看,这样的幻觉是可以理解的。它表达了人类对稳定意义的追求,这绝对不是虚幻的。一个经验丰富的具有世界主义精神的人或社区可能会欣赏新事物。尽管有些焦虑,但是,他们可能会无所畏惧地冒险,进入与价值观和目的有关的问题领域。他们可能会寻求从生活的新接触中学习。这个过程充分体现了参与伦理与道德的意愿(readiness)。然而,一个明智的具有世界主义精神的人或社区会明白,为什么这样的姿态实际上可能是来之不易的和暂时的,为什么它可能预示着一个漫长的个人或社区的转变之旅,以及为什么它可能让那些没有这种经验的人感到恐惧。之所以如此,可能是与战争的历史、冲突的历史、物质上的强者剥削弱者并强制进行单方面渗透的历史有关。所有这些都应该被考虑进来。世界主义催生了道德和伦理的互惠:既愿意在逐渐分离的过程中结成完整的集体,又愿意在逐渐亲近的过程中成为独特的个体。这个具有根本教育意义的过程的一部分就是认识到共同的不稳定性和不可预测性,并据此采取行动。

居家与出行的紧张关系

紧张是一个有两面性的概念。一方面,它意味着不安和焦虑,有时甚至是恐惧。想想战争、政治选举和婚姻中的紧张时刻,未来似乎岌岌可危。但是,也要考虑到足球比赛、试图让鱼咬上钩(to land the fish on the line)以及同时烹饪多道菜的紧张时刻。这里的利害关系虽然很明确,但是没有前面的例子那么沉重。紧张局势似乎在不同程度上出现。紧张的另一方面也与对新事物的迷恋有关。想想小说、绘画、音乐和其他艺术中熟悉的、引人注目的叙事张力,这些张力会引导人们敞开心扉,更好地理解和接纳它们。在最全神贯注的相遇中,人们完全放弃了自己,屈服于这种紧张感,仿佛它没有开始也没有结束。

家也是一个有两面性的概念。一方面,它在文化上被理解为一个养家糊口、表达亲密关系、分享价值观和信仰的宝贵场所。家是一个安全的避风港,一个让人轻松自在、不用再保持警惕而只与熟悉面孔相处的地方。不同文化背景下的人们都把家视作神圣的避难所(sanctuary),视作举行仪式(ritual)和庆典(ceremony)的地方,与社区、宗教以及宇宙观念和图景紧密相连。家变成了世界家园的类似物,后者由社区创造,或者由一个或多个神创造,又或者由宇宙本身创造。另一方面,家与堡垒、城堡和监狱相类似。它不是由对意义和目的的慷慨追求构成的,相反,它是恐惧、孤独和排斥的居所。它的职责是把世界拒之门外,而不是把它邀请进门。它可能成为一个充满痛苦、消磨意志、充斥着专断和单方面行动的地方,甚至是一场噩梦。

从世界主义的角度看,人们总是离开家又留在家里。一方面,世界主义的观点意味着要离开封闭的带有围墙的家。这样的流动导致了纯真和舒适的持续丧失(参见段义孚,1996 年),消解了既定事物的神秘性,让我们意识到"事物的本来面目"并非必然如此,或者说,并非必然以他人眼中的样子呈现。如上所述,世界主义者假定变革是永恒的,即便是习俗、观点和信仰也不能例外。当然,它们的改变可能是最温和的和难以觉察的。此外,在我们这样一个全球化的世界里,拥有一个丝毫不受更大世界影响的"纯粹"的家似乎只是一个空想。

与此同时,放弃伊甸园或堡垒式的家,可能意味着留在一种生成性意义(a generative sense)上的家中。通过反思家的真正意义,人们能够更好地自我定位,从而在不断变化的世界中通过自己的行为来辨别、欣赏和领悟家的独特性及价值。当人们认识到家的真正价值,而不只是认识到这个具体的家的价值时,就会立即意识到,世界上有很多种在家的方式,也有很多种离家的方式。关于家的感觉不必是绝对的,也不必是一成不变的,这样才能保持其意义。

威廉·康诺利(William Connolly,2000年,第603页)运用"根茎"这一概念,为探讨这些主题提供了一个新的视角。根茎被描述为"由靠近地面的密集连接网络稳定下来的植物生命形式"(第617页)。根茎类植物,比如土豆和青草,生出与地面平行的根,有时也会长到地面上。乔木与之不同,很多情况下,它们将根深深地扎入地下。康诺利勾勒出我们将在下一章中看到的内容:在当今世界上,在各行各业中,有许多人表现出了找到新的沟通方式以及在差异中成长的能力;尽管这些在更大的计划中显得微不足道,但是,这种变化改变了他们的生活方式。他们在人类永无休止的建造住宅的任务中生出了新的根。有了这样的根,建造住宅不仅被理解为头顶上有个屋顶(尽管这可能很深刻),而且被理解为拥有一个有意义的地方。他们不是从头开始做起,也没有进行大规模生产。这些行为通常是自发的,凭直觉行事。尽管它们必然与之前的根源产生紧张关系,但是并不必然发生冲突。

例如,安德烈·阿奇曼(André Aciman,1994年)描绘了根茎是如何变得松散而又强壮的,从一种相互矛盾的意义上阐明了世界主义视角下的家的概念。阿奇曼的回忆录巧妙地讲述了埃及亚历山大一个犹太人家庭几代人的生活,从19世纪末,一直到民族主义者驱逐所有非埃及人的1956年。

这个家庭的成员的性格和性情方面的差异令人吃惊：有些人感到痛苦而恐惧，另外一些人神情愉快；有些人思想封闭，另外一些人却渴望融入世界；有些人偏执，另外一些人宽容；有些人只关心本地区的状况，另外一些人则是兼具开放和忠诚的世界主义者。从阿奇曼的叙述中可以看出，他本人是一个在观念和行动上都世俗的人，但是尊重宗教传统；他洞察了人性的弱点，但是陈述富有人性；他怀念出生地所在的家（这本书的基调经常是挽歌式的），但是在回忆录中与它保持距离，并加以反思，不受它的束缚。他已经放松了与家族遗产的许多方面的联系。与此同时，正因为精确地感知到了这些家族遗产的塑形力量（formative power），同时掌握了在世界上如同在家的多面性，他才比以往任何时候都更加深入地扎根在这些遗产之上。他已经培养出一种充满活力的传统意识。此前，在他的成长过程中，这种意识有了非常明显的增长，但是一直无法表达。

家通常意味着一个特定的地方或地点，有着悠久的传统和文化根源。"我的家在芝加哥"，"我的家在城市的南边"，"我家在海边"，"我家在斐济群岛"。然而，阿奇曼的回忆录揭示了一个事实，即家可以表示一个不是由地理位置决定的空间，而是一个由思想、精神和想象力决定的空间。相比于有具体经度和纬度的家，一个人在艺术、宗教、专业（profession）或职业（vocation）舞台上，可能更加具有在家的感觉。一个人可能会在几个不同的阵地（platforms）上体验到同样的在家的感觉，想一想，科学老师在科学领域，在学校以及周围社区，都会深刻地体会到在家的感觉。即便伴随着紧张，即便有着在任何地方和空间都会涌进家门的不断发生的事件、变化、声音和隐含的问题（比如上面提到的那些伦理和道德问题）等不安定的一面，任何一个家都可能具有强烈的社会性、互动性、自发性和满足感。简言之，任何一个家都是既有边界又可以被渗透的地方，由此，形成一种对本土审慎忠诚的态度。这是世界主义取向的必要条件。[1]

在上一章中,我简要地谈到了罗宾德拉纳特·泰戈尔在同一时刻保持扎根和无根的能力——用当前讨论的术语来说,就是离开了家又留在家中。无论诗歌起源于地球上的什么地方,他在诗歌的宇宙中就如同在自己的家中一样游刃有余。他凭借着对诗歌的爱,打开与从远到近的其他诗人互动(最著名的是与威廉·巴特勒·叶芝互动)的大门,他似乎从这个文字、思想和情感的领域中获得了一种非凡的成就感。他也有其他的家,比如,他作为一所著名学校的创始人,做了开创性的工作。这所学校专注于审美和我们今天所说的环境教育(奥康奈尔,2007年)。作为诗人、教育家、小说家、演说家等,泰戈尔能够广泛地展现热情好客的胸怀。

---

1 这一主张并不意味着无家可归者——无论是在物质意义上还是在精神意义上——**事实上被排除在这些章节所关注的领域之外**。恰恰相反,我希望这一分析能够揭示无家可归者的困境,揭示它可能给人们带来的另一层次的剥夺,即剥夺了以开放和忠诚为标志的创造性的文化空间。这一点并不意味着,无论在肉体还是精神意义上,这些无家可归的人都不能有创造力。正如前一章所讨论的那样,世界主义不是一个"总体化"的概念,更不是一个新的"教会"。大卫·赫尔德(David Held)对此已经正确地发出了警告。然而,它确实坚持认为,无论是地理意义上,还是在扎根于——这意味着参与和塑造——一种召唤、一种技艺、一种宗教实践、一种人际关系的意义上,个人或社区都被剥夺了扎根感。简而言之,这构成了意义和期望(hope)的持久来源。(关于对根的需求的令人回味的处理,请参阅西蒙娜·韦伊2002年发表的经典文本。)

凯文·麦克多诺(Kevin McDonough, 1997年)表明,对于身处受压迫境地的人们而言,为了重振可能已经被当权者割裂或破坏的地方传统意识,首要任务可能是开展多元文化教育,而不是具有世界主义精神的教育。这种振兴反过来支持人们进入审慎开放和审慎忠诚的十字路口(进一步讨论见汉森2010年的论文,第158—159页)。我感谢希尔皮·辛哈(Shilpi Sinha, 2008年11月1日进行的私人交流)提醒我注意一些棘手的情况,在这些情况下,世界主义方法的替代方案可能是最合适的。

近年来,在我与一些教师的对话中,出现了另一种无家可归的现象。他们一直不能确定该如何看待一些学生对任何家园、传统或根源的明显冷漠或遗忘。他们报告说,来自不同社会经济阶层的一些学生,不仅看上去不关心任何可能属于传统或根源的东西,而且对有人可能会关心的想法感到困惑。教师们认为,在本章的范围内谈论家,会让这些学生感到困惑。这些教师并不是在暗示学生麻木、厌倦或愤世嫉俗(cynical,小写"c"是因为被称为犬儒主义〈Cynicism〉哲学学派创始人的第欧根尼持有他强烈依恋的价值观)。相反,他们表现出一种平淡或漫不经心的态度,认为一件事情和其他任何事情一样重要或微不足道。第五章的讨论将要解决这种明显缺乏责任感和参与度的问题。无论如何设想,后者都是这个世界上的家园感的组成部分。从这个取向上看,一个人的想法、信仰和行为(does)确实很重要,人们也意识到它的重要性。

但是,上面提及的那位假想中的科学教师也有广阔的胸怀。如果我们问她:你从哪里来? 她可能会回答:来自许多地方。一个家庭,一个社区,一个国家;她所"嫁"的学校和社区;她对科学和教学的热爱;一种将教学本身视为意义和成就感的深层源泉的感觉;一系列长期存在的人类兴趣,也许是电影和体育,让她以信任和享受的态度沉浸其中,无法自拔;也许还有更多。简言之,这位教师来自一个特定的世界,并且将这个世界带在身边。即便有两位教师、亲密同事和朋友说他们来自同一个地方,但是,他们的做法也不会完全相同。家和归属感对于每位教育工作者来说,就像他们对每个学生所做的那样,有着不同的品质。对本土的审慎忠诚的可能性,并不比对世界的审慎开放的可能性更大。

对于教师和其他人来说,无论在肉体上,还是在精神上,家和归属感实际上依然会受到变化、压力和不安的影响。从世界主义的角度看,紧张和家的双重性不断交织。焦虑与满足,漂泊与停泊,恐惧与好客,眩晕与稳定:世界主义取向并不能消除这些危险与安全、损失与收益交织共存的状况。相反,它强调了对它们的富有成效的回应模式。世界主义是对人类相互影响的事实的长期回应。这些影响在今天无可阻挡,就像数千年前不同群体第一次意识到彼此并且立即开始改变时一模一样。世界主义体现了一种尝试,不仅要尝试接受这种人类处境(situation),而且要尝试将其转化为富有创造性和人道精神的叙述。

世界中的教师与教师中的世界

世界主义思想(cosmopolitan thinking)和浪漫主义思想只有一线之隔。前者可以不知不觉地从分析、描述和探究转向理想化的甚至是乌托邦式的向往。然而,从孔子到古尔内以及其他人,这些能够最清晰地阐释哲学作为一种生活艺术的人,都在一条截然不同的细线上挣扎:一边是彻底的绝望,一边是现实的期望(sense of hopefulness)。他们对世界上的暴力、不公、愚蠢、偏执和冷漠感到震惊。虽然他们并未形成统一的声音——他们的反复出现的主题之一是,试图不加批判地统一是危险的——但是,他们用以表达思想的方式表明,一个人如何应对事件、如何与他人互动、如何与自己相处,确实会产生不同的影响。从某种意义上说,他们的出发点来自马可的一个自相矛盾的表述:"虽然一切都是随机发生的,但是你不也随心所欲地行事吗?"(《沉思录》第10章,第28则,转引自阿多,1995年,第212页)一位评论家想回答:如果一切都是随机发生的,那么我的行为肯定也是如此!但是,对于马可而言,哲学的力量在这里闪耀着光芒。他没有把生活想象成掷骰子,他的意思正好相反。事实上,我可以将随机性概念化,这一事实本身就意味着,在宇宙中有一个不受决定论和随意性支配的自由空间。我可以选择接受或放弃随机性的问题,这不是随机的。

这种立场并非理性主义。马可并不是勒内·笛卡尔(René Descartes)"我思故我在"这个著名主张的任何直接意义上的先驱。在作为生活艺术的哲学中,这种说法更接近于:我思考、感受、怀疑、失败、成功、梦想、分析,感激自然和人类同胞赋予我的存在,而不知道接下来会发生什么——所以我存在。古人所设想的自我实践可以帮助人们在自身的养成中发挥作用,以至于不管当地的规模多么有限,都能更加充分地参与到生活之中。换句话说,这种实践可以把生活变成一件艺术品,却不是可供展出的成品意义上的艺术品,而是在杜威(1989年)所描述的与世界进行持续交流——这可以通过对条件与可能性的更广泛的认识和更深刻的洞察来体现——的意义上的艺术品。对杜威来说,"艺术品"正是一种持续工作、努力、互动、理解和重新开始的过程。从这个角度看，没有什么理想化的事物。"艺术品"产生于对各个行业的人们在普遍情况下能够做什么的深刻的、批判的和同情的审视。对于杜威来说，艺术和艺术家（在这个术语的通常意义上）恰好以一种特别有启发性的方式展示了人们如何欣赏和创造性地参与不同阶段的生活。他也会第一个承认，无数教师在这里也发挥了作用。

在本章和前一章中，我着重强调了生活艺术哲学的世界主义色彩（cosmopolitan accent）。这种关注阐明了为什么深思熟虑的、回应性的倾听、言说、互动、写作等模式可以帮助人们认识自己的人格，并且可以帮助人们与观点以及价值观可能并不相同的人交往。无论是否如此描述，这些模式构成了世界上的一种教育姿态。因此，尽管这些模式具备达成目标的功能，但是它们并不只是达成目标的一种手段，还体现了一种世界主义取向。这些模式不仅使人们能够容忍他人——尽管这种成就很重要——而且要向他人学习。这就意味着，允许他人影响自己的生活。向他人的世界敞开的大门或港口并不意味着彻底放弃此前持有的观点和价值观，也不表示盲目地欢迎任何进入门内的事物。相反，此举意在表明，他们接受了这样的事实，也就是说，这些影响永远无法停止。用本章的话说，人类的变化和不可预测性是无穷无尽的。人类所采取的每一种抵抗形式本身就证明了外部影响无休无止的现实。世界主义的生活艺术有助于人们确定这些影响将对他们的生活产生什么样的意义和后果。

今天的人们真的接受这种取向吗？这里的技艺和实践不是为有闲暇和有资源的人解决问题而提出的吗？这些难道不像在某些情况下的古代和早期现代世界的某些地区一样，一定是为精英保留的吗？正如我们即将看到的那样，如果条件允许的话，这些问题的答案虽然明确但也有所限定：任何人都有可能运用这些技艺并开展这样的实践——这一事实首先催生了这些技艺和实践——但是人们要这么做，就需要支持和互相帮助。

如今的学校的现实情况如何？自上而下的问责制和官僚体系是否真的将教育机构变成了社会分类和就业准备的场所，而不是培养人的场所？追求生活艺术能对这种状况产生什么样的影响呢？

无论是在当下，还是在过去，对于教师而言，工作都不轻松。与此同时，历史记录证明了每一代教师的功绩：许多教师对学生的生活产生了显著的影响。至关重要的是，这里考察的技艺和观点(outlooks)可以加强教师的能动性。就他们在学校和其他环境中的影响而言，这一成就可以带来动态的和无穷无尽的影响。没有什么事物能够成功地抑制人类创造和交流意义的冲动，这是描述所有教育工作者的工作的另一种方式。可以这么说，这些言论并不意味着教师可以或应该单独行动。我试图强调他们的创造力——这本身很容易被忽视——以补充研究人员、政策制定者、改革者和教师自己正在为改善他们的具体工作条件所做的重要工作。

从艺术到历史再到科学，构成教材(subject matter of education)的事实和方法是什么呢？这里说明的实践适合这些学科的教学吗？它们能以任何有意义的方式成为正规教育的一部分吗？第五章也以一种坚定但有保留的方式回应了这些问题：任何教师和学生群体，在任何学科和任何年级，都可以将这些付诸实践。但是，要做到这一点，就需要意识到将生活想象成一门艺术意味着什么——一种对意义的追求，一种对发展人的可能性的诉求。我相信，这样的实践和技艺，在现实中，包括在许多学校和课堂中，即便不用那么多话来形容，也是鲜活的和美好的。挑战在于，要学会看到它们，这是维护它们的第一步。拿起世界主义的棱镜，可以帮助我们完成这项任务。

第四章　文化的十字路口与创造性

　　简要地说,本章探讨了人们在生活中如何实现对新事物的审慎开放以及对已知事物的审慎忠诚。通过描绘世界主义在当代经验中的表现和声音,或许也包括教育者自己的经验,本章能为教育者提供有益的参考。这幅图景也可以反过来为教育工作者服务,帮助他们朝着建构全书所追求的世界主义教育理念(cosmopolitan-minded pedagogy)的方向努力。我也希望这一章能够帮助到对全球化背景下的教学和教育感兴趣的研究人员,我鼓励他们认真对待世界主义研究的历史和现状(current trajectory)。

　　然而,在开始探究之前,我必须对世界主义作为一种取向的可能性本身提出严肃的挑战。

多样性在我们这个时代是否已经黯然失色?

　　在一些观察家看来,全球化破坏了世界主义赖以存在的条件。他们认为,考虑到当今的流动性和迁移模式,像"家"和"本地"这样的概念正在失去其长期存在的吸引力。批评者认为,身体移动的纯粹动力,加上互联网和其他媒体上常见的心理和文化运动,正在改变人类的意识,改变人类的时间感和空间感。如果这些说法是合理的,它们可能会动摇世界主义和地方主义的讨论基础，以及地方和全球之间的创造性的、有意义的互动空间的讨论。一些人认为，全球化如今已经渗透到几乎所有地方，不仅消解了传统的家和空间的概念——比如上一章末尾提及的那些——而且消解了与它们相伴随的对多样性的真实感受。

科尼利厄斯·卡斯托里亚迪斯（Cornelius Castoriadis）描绘了这样一幅图景，那就是，在当前这个时代，真正的人类多样性已经消失了：

> 如果回看一下13世纪的生活，从沙特尔到婆罗浮屠，从威尼斯到玛雅，从君士坦丁堡到北京，从忽必烈到但丁，从科尔多瓦的迈蒙尼德之家到奈良，从《大宪章》到拜占庭僧侣抄写亚里士多德的著作；将这种非凡的多样性与当今世界的现状进行比较，可以发现，当今世界各国的现状没有真正的区别——严格来说，每个地方都是相同的——只有考虑到过去，才能发现差别。**这就是发达的世界是什么样的真实写照。**
>
> （卡斯托里亚迪斯，转引自梅塔，2000年，第636页）

在一项关于中国香港和上海文化转型的研究中，阿巴斯（Abbas，2000年）深化了卡斯托里亚迪斯的观点。他认为，今天许多地区正在将它们的过去转化成商品。它们（或者在某种情况下是跨国公司）发展了阿巴斯所谓的"遗产产业"（第781页）——主题公园、博物馆、景观和历史街区，用以吸引游客和发展商业——与此同时，全球经济力量在当地人民的生活方式中发挥了它们的作用。所谓的"文化多样性"归根结底是当地语言的使用——凭借互联网和相关媒体的力量，英语和其他惯用语已经渗透到了各个地方——与食物方面的差异、一些古老的问候习俗等。

因为世界正屈服于明显的不可避免的、同质化的全球化浪潮，这些观点似乎使今天对文化可变性(cultural variability)的探究,包括通过世界主义的棱镜来探究文化可变性,变得毫无意义。卡斯托里亚迪斯和其他批评者声称,文化的过去(cultural pasts)确实有明显的差异,但是,文化的现状,包括其遍布全球的消费品、互联网服务、工厂、交通系统等,已经变得"到处都一样"。正如作家保罗·莫兰德(Paul Morand)在评论我们这个时代的历史的加速时所说的那样,"速度会消灭颜色。当陀螺仪快速旋转时,它上面的一切颜色都会变成灰色。"("*La vitesse tue La couleur; le gyro, quand il tourne vite, fait du gris*",转引自帕斯卡尔·布鲁克纳,2000年,第21页,我自己的翻译)全球化的棱镜似乎把一切都变得扁平起来。

这些说法的问题之一是难以进行自我评估。我们都太接近当前的趋势了,无法全面判断它们及其后果。此外,卡斯托里亚迪斯所召唤的研究过去的学生都知道,历史是不可思议的,文化的变迁不容易诊断。在我看来,最近关于世界主义的研究通过揭示世界主义的渗透性既催生又强化了可变性的表达,挑战了宿命论和多样性消亡的观点。易变性中的一部分可能缺少卡斯托里亚迪斯所强调的传统的恒常性,但是,即便有许多确实是短暂的,也并不意味着它们在定义上是肤浅的和粗略的。如果我们把文化——至少在它的某些迭代中——看作是创造力的体现,那么,无论是在熟悉的人类学层面(社区重建实践或理想),在新的形式和技术不断发展的技艺文化(医学、教学、建筑等)层面,还是在环境允许的情况下努力以有意义和认真的方式培养("培育")她或他自己的生活的个人层面,这种说法都会更加具有说服力。在本章的最后,我将提出,如此理解的文化在所有三个层面上都构成了一种教育的和创造性的经验。

今天,要感知真正的文化可变性和创造力,可能比感知卡斯托里亚迪斯生动描绘的13世纪的画面要更加困难。的确,与50年前甚至25年前相比,现在更不容易做到这一点。因此,世界主义评论家敦促人们小心而且细致入微地审视寻常事物,也就不足为奇了。比如,托宾·西伯斯(Tobin Siebers)在评论克利福德·格尔茨(Clifford Geertz,一位擅长对文化进行精细解读的杰出的学术工匠)的作品时讲的话:

> 世界变得越来越小,我们可能会不再期待种族多样性的例证孤立地出现在偏远的丛林或奇异的小岛上,转而期待其**生长**在我们中间。这个"我们中间"是什么意思都可以。格尔茨解释说,这个事实需要我们有更多的想象力,不过,不是编造多样性的想象力,而是挑出微妙的例证所需要的想象力。
>
> （西伯斯,1993 年,第 43—44 页,我总结的重点）

尼克斯·帕帕斯特吉亚迪斯(Nikos Papastergiadis,2007 年)认为,"要掌握世界主义的机构和社区的形式,我们需要一个不同的身份视角,一个更适应微妙之处的视角"(第 145 页)。乌尔里希·贝克(Ulrich Beck,2004 年,第 447 页)为这个建议增添了道德色彩,他写道,学术界通过翔实的田野研究,可以帮助我们增强世界主义实际上表现出的多种多样的、往往是低调的、总是改换表现形式的全球意识。

此外,有人可能会在回应卡斯托里亚迪斯的时候说,他在引述中提及的一些地方,从婆罗浮屠到君士坦丁堡,在 13 世纪(更不用说更早的时代)就有着充满活力的世界主义实践。历史研究表明,许多地方也存在类似现象,比如从古代到奥斯曼帝国(亚桑诺夫,2005 年 a;另见阿奇曼,1994 年)时期的亚历山大(埃及),以及沙皇长期统治下的敖德萨(俄罗斯)(理查森,2008年),都是如此。这并不是说,人类在过去构建了一个纯粹的文化宇宙

（universe），而现在的文化已经变得混杂而肤浅。

对于这个论点，批评者可能会反驳说，世界主义精神的存在本身就意味着文化独特性的淡化，甚至可能是消解。后一种担忧在历史上引发了偏执的部落主义和民族主义。对此，人们可以引用许多散居海外的非洲人和犹太人的经历来做回应。无数人一次又一次表现出世界主义情怀（sensibilities），既保留了传统、根源和文化连续性的重要特征，又同时借鉴了，甚至深度吸收了——实际上，有时还捍卫了——他们所处的地方的文化传统。在这样做的过程中，他们也以一种实质性的、持久的方式影响了这些传统。

想想在美洲的非洲人后裔，他们除了其他贡献之外，还为艺术、音乐、宗教实践、社会生活等带来了富有想象力的、经过重构和更新的形式（renewed forms），所有这些都大大增加了当地文化的创造性（杜·波依斯，1987年；恩万科沃，2005年；沃德尔，2000年）。事实上，对这些贡献，大多数人（取决于当地）有时态度冷漠。但是，从该地区和其他地区当前的文化生活中可以看出，人们态度冷漠并不意味着他们否定了这些贡献的持久意义。此外，尽管人们经常生活在受压迫的环境中——例如奴隶制——但是，他们仍然具有他们的地方意识和他们的意义感的源泉，这些最终永远无法从外部确定。

想想许多德国犹太人的经历，几个世纪以来，他们经常深入参与日耳曼文学、艺术、哲学和其他传统，并为这些传统作出了重要的贡献——即便遭到排挤，被许多"当地人"视作"非德国人"，他们仍然作出了这样的贡献。而那些"当地人"对传统的掌握却是肤浅的和支离破碎的（伊隆，2002年；关于在美国的犹太人的遭遇的分析，以及他们经常超越悠久的传统并保持世界主义的开放态度的复杂旅程，请参看海尔曼和科恩的研究，1989年）。持不同政见的作家哲尔吉·康拉德（Georg Konrad）在他的自传《客居己乡：一段匈牙利生活》（2007年）的标题中呈现出这些经历的复杂性和模糊性。正如读者在翻到第一页之前所感觉到的那样，"客人"不一定意味着"受欢迎"，康拉德果然反复而痛苦地证明了这一点。然而，他并没有把自己描述成一个犹太人，故事也不是发生在别人的国家，他写的是他在他的国家所过的匈牙利人的生活。尽管有很多机会，有些是被人邀请，有些是受到胁迫（当时的掌权者想让他离开），但是，他从未离开过自己的国家。

散居海外的非洲人后裔和犹太人历来受到歧视或压迫，这一事实反映出，世界各地具有世界主义精神的人反复遭受迫害，有时甚至是暴力迫害。无论是在希特勒、波尔布特、斯大林等人的手中，还是在地区部落主义者的手中，情况都一样。从共生关系方面考虑，这些目标人群的经历突显了世界主义和地方主义之间的反差，也突显了世界主义和狭隘主义、同质主义之间的反差。正如本书所论述的那样，世界主义和地方文化本身并不冲突，却与文化只能在与世隔绝的状态中生存（survive inside a bubble）的观点相冲突。

也正如一再强调的那样，与审慎开放和审慎忠诚相伴随的，有动态的紧张关系，以及真正的损失和收益。这个文化分类账本不仅难以制作表格，而且账本本身也在不断变化。曾经被认为是一种损失的——一种特定的信仰、实践或理想的损失——变成一种收获，一种人们对此心存感激的与更大世界的相遇。相反的情况似乎也经常发生。最典型的也许是，人们意识到，大多数变化都体现在损失和收益的方面。这种体验无法停止，但是，正如本书所强调的那样，存在比较好的和比较坏的应对方式。

世界主义揭示了为什么文化概念本身并不意味着封闭或自足。诚然，据我所知，无论在任何地方和任何时间之内，特别是外部压力不断增加的时候，文化都可以用一种封闭的方式来运作。这一点适用于从社会语言社区、社会实践到个人这三个层面上的文化理解。但是，这种轨迹从来都不是注定如此的。此外，正如第二章所强调的那样，世界主义并不是一种统摄一切的意识形态（totalizing ideology）。作为一种取向，它本身与无数其他的效忠模式（modes of allegiance）之间存在紧张关系。它的表达方式没有经过提前设定，它的精神气质并没有固定的形态，它对世界的回应也同样没有做预先的安排。

接下来的第一部分讨论了当今世界主义探究模式的历史先驱。这些文学先驱大多数掌握多种语言，游历广泛，表明世界主义者对世界的好奇心由来已久。他们的关注点与历史悠久的将哲学视作生活艺术的世界主义关怀相得益彰。第二部分将最近基于田野调查的、具有人类学视角的研究结果与哲学人类学对生活艺术进行反思的特征联系起来。目前的研究记录了为什么生活艺术的表达及其相关的、永远充满活力的实践可以自发地、有机地出现。它们不需要事先做出意识形态上的承诺，例如，不需要像古代的一些斯多葛派思想家那样，在关于人类在宇宙中的地位这个问题上持有特定的观点。与此同时，他们的自发性可能会使他们变得脆弱和不堪一击，而这正是正规教育的发展和支持可以发挥作用的地方。

第三部分和最后一部分，基于前面的分析，阐明作为世界主义基础的文化创造力这个概念。我们将看到，世界主义本身不是一种身份。"身份"这个术语可以让人联想到一成不变的同一性（unchanging sameness）。相反，世界主义指的是个人和社区完整性在时间和空间上的持续存在。完整并不意味着固定，打个比方说，它就像一层可以渗透的膜，即便经历转变（后者通常是微妙的和零碎的）时也能保持身体的完整性。实现连续性，意味着要做出创造性的努力，以应对世界的变化。

世界主义要求对文化本身的观念进行重建。它产生了一种可以公正地对待个人和群体之间的差异（porosity）的观点。因此，在讨论的过程中，我将回应这样的批评，即世界主义作为一个概念，缺乏足够的定义，无法在田野调查（fieldwork）和教育工作中发挥它作为一个有用的解释框架的功能。缺乏严密的定义并不意味着它是一个空洞的概念单元。相反，我或许会这么认为，概念的可塑性正揭示了它的分析能力和潜力。

当代世界主义实践研究的先驱

批判地欣赏"我们这个伟大的世界"

今天关于世界主义的田野研究在文化内涵（cultural substance）和研究方法方面都有着可供借鉴的丰富的历史积淀。想想那些有人类学思想的作者，如希罗多德（Herodotus，约公元前 484 年—约公元前 425 年）、伊本·白图泰（Ibn Battuta，1304 年—约 1368 年）、伊本·赫勒敦（Ibn Khaldun，1332 年—1406 年）和米歇尔·德·蒙田（1533 年—1592 年，我们在前几章中见过他）。前三位分别在今天的土耳其、摩洛哥和突尼斯的世界主义环境中出生和成长。希罗多德是一个博学的人，对文化、地理、政治、自然科学等感兴趣。他游历了整个地中海东部世界，并根据自己的经验和知识，撰写了著名的《历史》。这部著作以公元前 490 年和公元前 480—公元前 479 年的波斯-希腊战争为中心，对当时庞大的波斯帝国境内的风俗与传统做了广泛而引人入胜的描述。

伊本·赫勒敦出生于突尼斯的一个家庭，这个家庭在西班牙安达卢西亚地区生活和繁衍了好几代。他经常受雇于各种政治当局，广泛地游历了北非、中东和西班牙。基于自身的经验和持续的学术研究，他写下了著名的《历史绪论》（*Muqaddimah*）。这是他的《世界史》（*Kitab al-Ibar*）的第一卷。这本书融合了人类学、社会学分析、经济学、历史研究、对历史编纂和历史哲学的开创性思考等，并且特别关注马格里布的历史，被认为是中世纪出版的被今人称作社会科学的最精辟的作品之一（伊萨维，1987 年，第 ix—x 页，第 1—2 页；祖拜达，2002 年，第 33 页）。伊本·赫勒敦出版的自传《从西方与东方远航》（*Al-Ta 'rīfbi-Ibn khaldūn wa-Riḥlatihi Gharbān wa-Sharqān*）（连词"与"本身就可以触发世界主义的弦外之音）包含了关于他那个时代的地中海文化世界的丰富信息。

伊本·白图泰出生于丹吉尔，是一位学者、法官，也是前现代世界有史以来最伟大的旅行家之一。在大约三十年的时间里，他乘帆船、骑马、坐运货马车或步行，旅行了大约 73,000 英里（邓恩，2005 年，第 3 页），途经北非、西非与东非、东欧、中东，穿过亚洲，经过印度，一直到中国。他在《游记》（*Rihla*）里详细地记述了他的观察。这本书至今仍是对 14 世纪世界上许多"已知"的文化生活的珍贵的记录，那正是卡斯托里亚迪斯所提及（evokes）的时代。[1]

与希罗多德和伊本·赫勒敦一样，对伊本·白图泰而言，人类事务的每个方面儿乎都是他好奇和思考的对象。这三位作者的风格（temper）都很难归类，与他们遭遇到的人类多样性并无不同。他们以各自的方式展现出世故的、狭隘的、宽容的、批判的、有趣的和令人惊恐的形象。最重要的是，他们被他们所目睹的作为人类意味着什么的各种表达所吸引。

蒙田的旅行并不像这些人物那样广泛，但是，他有时也像他们那样参与政治和实际事务。例如，在他那个时代发生的困扰法国（以及整个欧洲）的

1　普雷德拉格·马特维耶维奇（Predrag Matvejevic，1999 年）写道："*rihla* 这个词既指旅程，也指对旅程的描述。这种描述构成了一种比［白图泰时代］更繁荣的体裁，并为学术——地理学和制图学——以及文学服务。它足够丰富，包括年鉴、日历、语法、十二生肖、星占、偶尔出现的地图（the occasional map），以及与穿越地中海及其他地区的漫长旅程有关的各种记载"（第 111 页）。

宗教战争期间，他通过谈判促成了几项和平条约的签订，为天主教和新教国王服务。他所做的服务与伊本·赫勒敦相呼应。伊本·赫勒敦除了做其他事情之外，还曾担任西班牙"残酷的佩德罗"基督教廷的大使（当时，穆斯林和基督徒为了争夺半岛控制权而进行了几乎无休止的战争），后来，帮助教廷直接与当时围困大马士革的可怕战士帖木儿（Timur）进行谈判。至于蒙田，则将自己在纵游德国和意大利时所做的精细观察发表了出来。他如饥似渴地阅读希罗多德以及其他许多旅行家的著作（从当今的学术专业的角度来看，这一类别很难定义，甚至难以想象），大量借鉴了这些作者对文化差异的见解，形成了他自己的世界主义观点。[1]

例如，他的随笔《论食人部落》（1991 年，第 228—241 页）对所谓的文明社会——也就是欧洲，尤其是他的祖国法国——以及所谓的未开化社会——这里指的是 16 世纪的巴西，进行了严厉的批判。对蒙田来说，文明并不意味着特定的物质或艺术水平，而是指残忍行为的系统性消失（布瑞奥，2007 年，第 77 页）。因此，"最简单"的社会可能比经济上最多变、最扩张的社会更文明。蒙田抨击了法国人的自命不凡，并巧妙地展示了在一个巴西人的眼中，法国社会的不平等是多么可恶。与此同时，他并没有像一些人所做的那样，把亲近自然的部落（这是一个典型的浪漫比喻）浪漫化或偶像化。他指出，他们无法质疑并且因此改变那些暴力习俗，如不间断的战争、酷刑和杀戮。从隐喻的角度来说，蒙田借鉴了他的具有人类学思想的前辈的做法，强调任何文化都不是天堂的镜子。所有这些都以复杂性、各种内

1　据我所知，在蒙田生活的时代，伊本·白图泰和伊本·赫勒敦的作品没有拉丁文或希腊文译本——尽管正是在阿拉伯学者的帮助之下，亚里士多德以及评论其著作的各种评论员才得以为欧洲人所了解。这种世界主义的姿态，一种文化从另一种文化中继承遗产的姿态，可以在人类的历史记录中一次又一次地被识别出来。例如，考虑一下非非洲作者在记录和宣传非洲历史方面所扮演的角色，这一过程帮助非洲人民形成反殖民冲动，最终导致了欧洲帝国的终结。

在价值观之间的紧张关系以及与逃避现实的倾向并存的变革能力为特征（这一点在第一章第22—23页讨论阿契贝的《分崩离析》时就已经有所强调）。这种观点适用于社会语言社区、社会实践和个体层面的文化。蒙田毫不吝啬地谴责了那些试图支配他人的更强大的物质文化，特别提到了西班牙征服者臭名昭著的行为（见他的文章《论马车》，1991年，第1017—1037页）。他感到遗憾的是，欧洲和美洲之间第一次不可避免的接触没有发生在古代希腊哲学家所生活的时代，他认为古希腊哲学家"会比我们更理解他们"（第232页）。

希罗多德、伊本·白图泰、伊本·赫勒敦、蒙田和他们那个时代的其他人的著作都被批评为道听途说和臆测之言。批评人士声称，他们不是原始人类学或原始历史学家，而是不可靠的记者，因此他们的写作不能为学术服务。有人怀疑希罗多德等人会觉得这一指控很有趣，就像巴黎当局在学院路（Rue d'École）大街上选定了蒙田雕像的位置一样有趣。蒙田似乎陷入了沉思，脸上带着沉思的微笑——他被安置在毗邻索邦大学的街道的另一侧。路过的人不禁要想，这段刻意制造的间隔究竟是意味着对蒙田的学术流放（他看上去当然没有怨恨情绪），还是意味着大学的损失。斯蒂芬·图尔敏（Stephen Toulmin，1990年）给出了一个颇具争议的答案：打个比方说，当哲学和社会探究选择遵循笛卡尔的方法而不是蒙田的方法时，就已经走错了路。格林（Green，2008年）认为，当他所谓的修昔底德的实证主义推翻了希罗多德的世界主义历史人类学时，学术界就出现了方向性的错误。

正如我们将在本章后面看到的那样，对这些先驱的批评反映了人们对世界主义研究的效用问题的质疑。先驱者对这些批评的回应与他们独特的探究一样中肯。他们理解并尊重学术标准。希罗多德在《历史》中直接谈到了"见证"（希腊语 *opsis*）和"道听途说"（希腊语 *akoê*）之间的有据可查的

(evidential)区别(斯图尔特·弗洛里,1987年;格林,2008年)。蒙田在《论食人部落》的开头煞费苦心地建立了他的资料来源的可靠性,以至于,正如卡罗琳·洛彻(Caroline Locher,1976年)所证明的那样,这篇文章可以被解读为对证据和合理论证的本质的持续思考。随后的研究证实了伊本·白图泰叙述的无数细节中的大多数都很可靠(麦金托什-史密斯,2002年,第xvi—xviii页;邓恩,2005年,第313—318页)。伊本·赫勒敦详细论述了史学问题。他阐明了历史编纂谬误的产生根源,如党派偏见、对信息来源的过度自信、不了解上下文以及夸大其辞的倾向(见伊萨维,1987年,第27—33页)。

这些作者认真地反思了证据、判断、批判性平衡(critical balance)等概念的意义和地位。他们曾意识到,自己有时会散布一些可疑的叙述和故事。但是,他们也表明,正是这些来源揭示了作为特定时代标志的人类情感和期望(hopes)。在一个审慎的观察者手中,这些来源揭开了关于人类的真相,可以增强解释性视角(the interpretive lens)的功能,反映确凿事实。斯图尔特·弗洛里(Stewart Flory,1987年)这样评论希罗多德:"(他)知道真理和谬误之间的区别,但是,他经常尝试以一种俏皮的方式证明,与一个表露更深层次真相的公认的虚构故事相比,实际发生的事实——真相——是微不足道的。"(第21页)希罗多德经常将看似矛盾的报告并列在一起。上一刻,他把特米斯托克利(Themistocles,公元前524年—公元前460年)描述成一位英明的将军;下一刻,这个人给人的印象就是一个真正的流氓。上一刻,薛西斯国王(King Xerxes)还为自己率领庞大的部队进军希腊而感到骄傲和开心;下一刻,想到一百年后这些士兵没有一个人能够继续活着,他就无法控制地哭了起来(参见弗洛里的作品,1987年,第17—18页)。希罗多德始终如一地揭示了人类的自相矛盾。

总而言之，这些人的高度详细的报告揭示了"混合的流动性"（the fluidity of mixture）的普遍存在（帕帕斯特吉亚迪斯，2007年，第140页）。事实上，从文化诞生之初，世界上许多地区的人们就已经与其他群体互动，并且吸收了来自其他群体的思想。在某些情况下，这个过程是自愿的；在另一些情况下，它是外部征服的结果；还有一些情况下，从事件的纯粹推动力（momentum）中分析原因并不容易。在这些过程的漩涡中，可以看到我所说的对新事物的审慎开放和对已知事物的审慎忠诚的融合。这种世界主义体验在时间和空间上可以追溯到很久以前。

　　本土和世界主义的共生关系在这些作者身上可见一斑。据我所知，他们从来不自称是世界主义者。什么是世界主义，对他们而言，恰恰在于具备穿越远与近、一般与特殊、宇宙和邻里的能力。他们既不贬低也不掩饰自己对本土的情感——有时，还直言不讳（例如，蒙田随笔中的《论阅历》，1991年，第1207—1269页）。他们忠于家，忠于所有给他们人生起点的人，忠于所有让他们从一开始就拥有反思立场的人。但是，对传统的尊重并没有让他们成为传统主义者。他们能够认真对待不同的观点、习俗和人生哲学——举例而言，以至于希罗多德因为同情各种波斯习俗而被一些同时代人斥责为"野蛮人的情人"（即崇拜那些非希腊语使用者的人）（弗洛里，1987年，第21页；哈托格，1988年，第204页）。在他们的著作中，这些人物带着教育意识（educationally）生活在世界之中：他们在不同程度上向他们观察、互动和阅读的世界学习；他们在不同程度上与他们观察、互动和阅读的世界一起学习。尽管有时他们会带有评判和排斥的态度（他们不是圣人），这是人类的普遍特点，但是他们的精神既不狭隘，也不属于普遍主义。他们各自以一种独特的而且是世界主义的方式将本土和全球紧密相连。

小说的演绎

除了这些历史记载之外，这些艺术品（the arts）还为今天的世界主义的田野研究和教育工作提供了有益的指导。孟德斯鸠（Montesquieu）的《波斯人信札》（*Lettres Persanes*，1721 年出版）是一部书信体小说，讲述了两位波斯贵族郁斯贝克和里加从今天的伊朗到欧洲旅行并在巴黎定居的故事。他们给家人写信，就他们的所见所闻而写下丰富多彩、充满道德评判意味的信件，针对法国的各种习俗表达了厌恶和钦佩之情。他们还用这些信件来质疑和评论他们祖国的文化、政治和宗教传统。孟德斯鸠显然是想讽刺他眼中的法国同胞的怪癖和弱点，但是，也清楚地表达了他对文化的持久力量的理解——所有这些讽刺，也同时适用于 17 世纪的波斯。他采用世界主义的方式，以一种文化的观念、理想和习俗为立场，批判另一种文化的观念、理想和习俗。他通过这两位波斯人之口，反复使用解释性的辩证法（interpretive dialectic），阐释了人们为什么会在逐渐亲近的过程中成为独特的个体，又为什么会在逐渐分离的过程中结成完整的集体。实际上，在过渡阶段和不确定该思考些什么的时刻，读者受邀以混杂的身份，比如，以在法国的波斯人（Persian and French）、在波斯的法国人（French and Persian）、波斯裔法国人（Persian-French）、法国裔波斯人（French-Persian），以及以上所有身份之外的身份进行思考。

同时，孟德斯鸠明确指出，理解自我和他人来之不易，事实上也很难做到。这些信件充斥着精美的文化误读，也表明了一个人要想掌握自己感知世界的方式是多么地困难。这两位写信人在许多方面并且以许多方式表现出，他们似乎无法意识到自己的态度——就像孟德斯鸠在这篇小说（very project）中所表达的那样，自己不容易辨别自己的文化观点。保罗·吉尔罗伊(Paul Gilroy，2004 年，第 77—79 页)认为，这些做法(steps)和其他做法使孟德斯鸠避免了今天可能被称为东方主义或欧洲中心主义的东西(另见文图里，1972 年，第 11 页)。对吉尔罗伊而言，孟德斯鸠的想象力使其超越了自己的边界，实际上也超越了任何文化的边界。他没有选择中立或无立场，而是看到了文化在人类生活中的塑造力。这种力量，不应该被谴责或赞扬，而应该被认真对待。

孟德斯鸠和本章提及的其他任何一位作者都不认为自己是他们或其他任何文化的最高权威。他们的目的不是要去捍卫或贬低什么，而是以一种轻松、有趣的方式呈现相关场景或形象，进而希望这样的写作兼具教育意义和娱乐性。毫无疑问，在他们所处的时代，就像我们的时代一样，很多关于文化的讨论都缺乏幽默感，似乎幽默是肤浅的和不值一提的，而不是奇迹——人们首先从哪里获得幽默精神呢？——和人类的表现——喜剧是悲剧的另一面。马尔科姆森(Malcomson，1998 年)基于他自己对人性的观察而总结到：“一种迷人的世界主义必须具有一种悲剧感、幽默感和局限性——也就是说，一种强烈的历史感。”(第 244 页)伊曼努尔·康德在他的世界主义著作中对这三点做了讨论。例如，他在颇具影响力的《永久和平论》(1963 年 b)的序言中回忆道，他的书名来自荷兰一家酒馆的招牌，招牌上画着一块墓地。康德调侃自己的计划(他显然很享受酒馆生活)——同时也象征着一个基本真理，那就是，没有和平，战争将导致人们过早死亡。

孟德斯鸠在他的《波斯人信札》中阐明了本土和世界主义之间的共生关系，以及这种关系如何帮助人们远离狭隘和普遍主义的选择。他的取向揭示了这样一个真相，即只有了解了他人之后才能了解自己，就像一个社区，只有了解了其他社区，才能更了解它自己。他的这本被广泛阅读的著作引发了很多志同道合的社会评论。在这些评论中，评论者采用了世界主义的方法,运用多种文化视角,以达到相互批评和理解的目的。与孟德斯鸠一样,这些作者也使用了书信体这种对话形式。以至于孟德斯鸠在晚年这样评价:"我的《波斯人信札》向别人展示了书信体小说的写作之道。"(孟德斯鸠,1991年,第513页;《随想录》,第1621则)比如,类似的作品有布瓦耶·德·阿尔让(*Boyer d'Argens*)的《犹太人信札》(*Lettres Juives*,1738年出版)和《中国人信札》(*Lettres Chinoises*,1739年出版),以及普兰·德·圣福伊斯(Poullain de Saint-Foix)的与孟德斯鸠的著作一起重印多次的《巴黎土耳其人写给妹妹的信》(*Lettres d'une Turque à Paris, écrites à sa sœur*,1730年出版)。另一个开创性的例子是弗朗索瓦·德·格拉菲尼(Françoise de Grafffigny)的《秘鲁女人的来信》(*Lettres d'une Péruvienne*,1747年出版)。这本书的主角是一名被俘获后押送到欧洲的印加人。他的信主要写给她在秘鲁的未婚夫。信件中经常出现针对法国当地风俗包括对待女性的方式的辛辣批评,也有主人公对秘鲁国内传统生活的局限性的逐步认识(相关讨论,请参阅马林森对格拉菲尼的介绍,2002年)。再说一次,由此得来的经验似乎不是某些文化比其他文化有更好的传统,而是所有文化都有自己的传统;这些传统原则上可以限制人,也可以解放人。

同一时期,住在英吉利海峡对岸的写作者拓展了探究和评论社会的世界主义模式。他们也从孟德斯鸠的著作中汲取灵感。这从奥利佛·哥尔斯密(Oliver Goldsmith)的《世界公民》(1760年—1761年,很快就在法国出版了法文版)中就可以看出。哥尔斯密的书中虚构了一位中国哲学家李安济·阿尔坦基(Lien Chi Altangi),他从伦敦写信回家,详细介绍了英国的风俗习惯,既包括他认为的十分荒谬的风俗习惯,也包括让他印象深刻的风俗习惯。孟德斯鸠深入阅读了可以找到的与波斯历史和文化相关的资料,哥尔斯密也同样阅读了可以找到的与中国有关的资料。在一封讨论自己的这部著作的书信中,他开玩笑地称自己为"欧洲的孔子"(见史密斯的作品,1926 年,第 ix 页)。他渴望通过阅读的棱镜来塑造李安济的感知力(sensibility),而不是不假思索地把他塑造成一个假英国人。因此,这些信件中也包含了对中国文化的各种批评意见。其中,有赞成,也有反对(史密斯—庞蒂厄,1971 年)。史密斯(1926 年,第 132—148 页)提供了一份这类作品的目录(annotated summary)。这类作品,比如乔瓦尼·保罗·马拉纳在 1687 年撰写和出版的颇具影响力的伪作《土耳其探子》,可能为哥尔斯密所知,也可能为在他之前的孟德斯鸠所了解。[1]

哥尔斯密的成就,就像这里提及的其他生活经验丰富的写作者一样,引出了教育问题。例如,人们如何切实了解或"接受"另一种传统或文化遗产的典型特征? 即便并不完美,我们也需要追问,希罗多德、伊本·赫勒敦和孟德斯鸠是如何从相反的视角看世界的? 从世界主义的角度看,这种教育可以变得像了解自己的出生地(natal roots)一样自然。在多元文化互动是日常的、和平的、确实是可以预期的环境中,这种过程尤其如此。在某些情况下,人们可以通过自学而接受他人的观点,并且以深思熟虑、严肃认真的方式融入其中。例如,这种经验可能来自对另一种思想和生活传统的密集而长期的阅读,或者来自一个人在陌生世界的某个部分的生活和工作。其他情况下,正规教育——丰富的课程和深思熟虑的教师的结合——可能是必要的。这些熟悉的过程并不意味着一个人必须放弃最初的取向,即便他

---

1   18 世纪还出现了虚构的航行类书籍激增的现象。在丹尼尔·笛福(Daniel Defoe)的《鲁滨孙漂流记》(出版于 1719 年)出版后,这类作品被称为"鲁滨孙式故事"。菲利普·巴布科克·戈夫(Philip Babcock Gove, 1941 年)列举了 200 多部此类作品,从英语到日语,从乔纳森·斯威夫特(Jonathan Swift)的《格列佛游记》(1726 年出版)到伏尔泰(Voltaire)的《老实人》(1759 年出版),再到许多匿名之作。

顺便说一句,阿拉伯的里拉传统或游记传统——伊本·白图泰的作品堪称典范——比这些著作早了几个世纪。另外,据我所知,考虑到地中海地区普遍存在的跨文化互动,欧洲人不一定不知道这些作品,但是,它们没有被翻被译成希腊语、拉丁语或其他欧洲语言。

们确实需要一定程度的蜕变，也不必放弃最初的取向。

一个相关的问题是：在什么基础上，一个人才可以有意义地运用另一个人或文化的立场来批评自己的观点，或者用自己的观点来批评他人的观点？从世界主义的角度看，这个基础永远是动态的。它是不完整和不完美的，也是奇妙的和有效的。就像上面提到的那样，在历史的时间和空间中，有无数的例子可以证明，一个"局外人"为另一个人或社区（或时代）提供了深刻的、切中要害的见解。我的脑海中浮现出阿历克西·德·托克维尔（Alexis de Tocqueville）（例如，在他关于美国文化的著作中）和罗宾德拉纳特·泰戈尔（例如，在他关于西方文化的文章中）等不同评论家的形象。[1]

此外，似乎到处都是如此：从两个或两个以上的观点相碰撞的那个时刻起，采取不同观点的过程就变得势不可挡。对许多人而言，至少在很多情况下，它似乎变得自发与自然（organic），就像呼吸一样正常（natural）。有些人即便可能不会承认这种冲动，但是，他们的确只是试图通过别人的眼睛来看自己，而不是完全相反。他们的动机可能是好奇、焦虑、同情或恐惧，也可能是纯粹的习惯。从世界主义的角度看，在这个过程中，人类可能会变得更加审慎（deliberative）和专注。换句话说，这个过程可以是更好的形式，也可以是更糟糕的形式。这就再次引出了教育问题。

1　玛丽·米奇利（Mary Midgley, 1991 年）和米歇尔·穆迪-亚当斯（Michele Moody-Adams, 1997年）提供了有说服力的解释，解释了为什么在一个相互关联的世界里对其他文化的批评不仅必要而且合乎道德。它们展示了这种批评如何超越不加批判的、以种族为中心的评判主义，成为创造性的、富有成效的交流模式的基础。

　　本章和本书所依据的解释学原则是，我们所说的偏见或成见是任何解释行为的必要基础。否则，这种行为就无法出现，人们在世界面前就会保持沉默和冷静。这些偏见是在社会化过程和生活经验中产生的。在与新事物接触的过程中，人们可以获得反思的距离，并开始掌握差异性和相似性。偏见成为做解释的先决条件。它是"预先判断"的另一种说法，为进入一个多样化的世界提供了出发点。它使人们能够以一种不断变化的方式获得一个更广泛、更丰富的判断平台。从这个角度看，人们应该感激当初将他们带入这个世界的偏见，没有这些偏见，他们将继续处在进退两难的境地；他们同样应该感激的是，这样的开始并不是结束。（我要感谢伍美莲女士在这一点上提出的宝贵批评。）

世界主义敦促我们记住这样一个事实,那就是,人有理由去追寻自己的思想(thoughts)和观念(ideas)(参见欧克肖特的作品,1989 年,第 20、35 页)。如果所有的观念都有其原因(无论是社会学的还是生物学的)这一假设占据主导地位,那么无论这些原因是愚钝的(weak)、肤浅的还是明智的、深刻的,我们都不可能找到它们。更好的操作办法是,考虑一下理由(reasons)和原因(causes)之间或者是理由和情境之间可能存在的关系。观念总是产生于特定的背景(settings),但是,这些背景并不能详尽的解释它们。托马斯·施勒雷特(Thomas Schlereth, 1997 年)指出:"观念不仅被付诸行动,而且还对其运作的社会起作用。"(第 xiv 页)这一点对世界主义观念和其他任何观念都适用。

当今实有的世界主义

方法与世界主义的棱镜

如第一章所述,当下研究世界主义的人迅速增多。学者研究世界主义这个概念,并且用它来理解当代社会生活的各种特征。克莱因盖尔德和布朗(2006 年)为研究许多文献提供了有益的启发。世界主义被区分为政治的世界主义、道德的世界主义、文化的世界主义和经济的世界主义。虽然它们的框架在理论上是有用的,但是,还需要一个更广泛的概念和方法论框架(tableau)来公正地对待实际上存在的世界主义的不同表现形式。在这一部分中,我将通过对世界主义观点和实践的具体而详细的(particularized)研究来说明原因。然而,在研究它们之前,让我先谈谈方法论问题。这些问题的答案可能会对如何处理研究文献产生影响。

在一些历史悠久的观点（versions）中，世界主义突出了人类的相似性，以之作为跨国和跨文化团结合作的跳板。研究者（commentators）强调了文化的普遍特征：奉行与生死、男女关系、年轻人和老年人之间的互动有关的仪式。他们指出，无论其表达方式如何多样，宗教在世界范围内盛行，舞蹈、歌曲、绘画、雕塑和电影艺术也同样。他们强调，人类在影响全球的暴力、环境退化和经济冲击面前不堪一击。他们指出，每个人都有一个共同的生物谱系，可以追溯到地球上生命开始的那一刻。人类的这些特征和其他特征构成了一个基础。至少有一些人会认为，在一个以不公正、战争和持续的不确定性为标志的世界里，它们是建立世界主义团结的基础。

相比之下，其他研究者认为，世界主义意味着各国人民之间的团结取决于承认文化的多样性（variability）。这些批评者没有强调共同的条件、做法或困境，而是将世界主义设想为一种对根本差异建立更深层次的认识和尊重的方式。世界主义者非但没有消除或忽视独特性，反而与各种价值观保持了富有成效的距离，这反过来又允许，或者有人认为是，更真实的共同栖居模式。

科斯塔（Costa，2005年）准确地观察到，"没有一套精确的规范性主张可以统一所有的世界主义的立场"（第258页）。阅读文献的人也会发现，关于这个概念的界定，没有固定且统一的描述。这些事实有助于解释为什么该领域的学者使用这么多不同的限定词来捕捉他们的焦点和问题。区别的范围从"实际存在的"（马尔科姆森，1998年）和"根深蒂固的"世界主义（阿皮亚，2005年，2006年），到"矛盾的""环境的""分层的""现实的""审美的""嵌入的""后殖民的""情境的""平庸的""可怜的""本土化的"世界主义。这些限定词不同于可能的理论结构，如"佛教的世界主义""波利尼西亚的世界主义"或"西方的世界主义"——实际上，所有这些理论实际上都混淆了核心思想的独到之处,甚至与核心思想的独到之处相互矛盾。[1] 与这些新造词不同,"本土化的"与"嵌入的"等限定词突出了特殊和普遍之间的特定关系。这些术语在对熟悉事物的审慎忠诚与对陌生事物的审慎开放之间产生了富有成效的张力,强调了渗透性和疏松度的演变模式。

今天使用的很多限定词都有更深一层的含义。例如,学者们用以形容世界主义思想和行动(cosmopolitan thought and action)的"强"与"弱"、"厚"与"薄",或"严格"与"适度"等等。如前所述,据说,从政治到文化、经济、艺术和教育,世界主义所要解决的问题和可能性也在成倍地增加。

乍一看,这些事实可能会让人怀疑这个概念是一种分析工具。在刘易斯·卡罗尔(Lewis Carroll)的小说《希尔葳与布鲁诺故事的终结篇》(Sylvie and Bruno Concluded)中,几个角色考虑了他们认为最有用的地图的成分。他们得出的结论是,这样的地图必须与世界一样大。他们的经验反映了绘制世界主义文献地图的难度。它也困扰着这个概念的历史:在考虑人类的普遍性和特殊性的冲动中,相关行为(gesture)可能会变得毫无意义。

蒙田在他的俏皮话中揭示(glossed)了这种危险,即,法国教育培养的人对一切都知之甚少,对任何事情都一无所知(1991年,第163页)。几个世纪后,他的同胞奥雷诺·德·巴尔扎克(Honoré de Balzac)表示,这种结果在冷漠中达到了最低点。"巴黎人对一切都如此感兴趣,"他写道,"以至于他最终对什么都不感兴趣。"(转引自福哈斯,2005年,第50页)类似于蒙田和巴尔扎克的讽刺言语可以在许多文化和时代中找到,它们在今天关于文化世界主义的辩论中占据重要的地位(见第一章,第18—19页)。茨维坦·托多罗夫(Tzvetan Todorov)将他所谓的真正的"文化对话"与肤浅的"折衷

1　相反,在佛教思想和实践中,或者在波利尼西亚的思想和文化中,或者在欧洲的实践和概念中,提及世界主义是有意义的。

主义和比较主义"进行了对比,后者的特点是"能够浅浅地爱一切事物,对每种选择都给予弱弱的同情,但是不会做任何一种选择"(转引自梅塔,2000年,第638页)。与之相关的是,帕斯卡尔·布鲁克纳(Pascal Bruckner,2000年)认为,尽管著名的万维网打开了一扇通向宇宙的巨大窗口,但是,它可能会侵蚀而不是充实道德情感。它可以成为人们所能想象到的最脱离实体的交流方式。基于这样的事实,这些机制带来了诡异的快感:与任何人在一起,却不是只与某些人在一起(布鲁克纳,2000年,第25页)。简而言之,世界主义把手伸向四面八方(far and wide),结果发现,或者说看起来,只是抓到了空气。

一些研究人员对他们所观察到的这个研究领域内的智力失序现象感到沮丧。例如,兹拉特科·斯科尔碧丝(Zlatko Skrbis)及其合作者(2004年,第115—116页)指责他们的同行在使用世界主义这个概念时失之模糊和草率。除其他外,这个特征巩固了贝克(2002年,第97页)的观点,后者认为,相关研究之间存在可比性的问题。这些作者对詹姆斯·克利福德(James Clifford)的说法表示异议。后者认为,没有一种"连贯的经验集群"可以被整齐地归因于世界主义,就其本质而言(至少克利福德这样认为),世界主义将有许多"不一致"的表现形式(转引至谢和罗宾斯,1998年,第362、365页)。斯科尔碧丝等人批评谢尔顿·保洛克和他的同事们的观点(2000年,第577页),即试图固化世界主义术语的行为将是"非世界主义的"。斯科尔碧丝将这种立场视作"反经验"的立场(2004年,第118页)。他们描述了经验和理论文献中存在的几个局限性,它们是:(1)概念含义的持续不确定性;(2)在观点和行为上缺乏对谁是世界主义者而谁又不是的明确辨别;以及(3)缺乏对世界主义倾向的切实的分类法。他们一致认为,这个概念具有必要的"流动性和复杂性",但是通过仔细的实证研究,它很容易获得更高的精确度(第 118 页)。他们指出,在他们看来,随着时间的推移,社会科学在完善社会阶级和种族等复杂性概念方面取得了成功,而且没有任何表面上的理由(prima facie reason)认为世界主义不能取得这样的成功。

其他批评者将他们对该领域缺乏学术精确性的担忧与政治抱怨融合在一起。例如,大卫·哈维(David Harvey,2000 年)认为,世界主义"已经获得了如此多的细微差别与含义,以至于否定了它作为一种统一伦理的假定角色,而正是基于这一伦理,我们才能建立必要的国际监管机构,在面对失控的自由市场的自由主义时确保全球经济、生态和政治安全"(第 529 页)。哈维的言论呼应了之前提到的批评:世界主义,就像以其名字命名的时尚杂志一样,构成了一种肤浅的、审美化的、脱离政治的姿态。

面对这样的担忧,为什么学者们坚持运用"世界主义"这个概念? 为什么有越来越多的探究者(inquirers)加入他们? 他们为什么还要继续创造新的限定词来搭配(accompany)这个概念? 我想到了许多可能的解释。一些探究者对哈维所谓"统一伦理"的驱动力的担忧与他们对失控的资本主义的担忧一样多。与后者形成鲜明对比的是,他们提出的不是统一的姿态,而是沟通、互动、对话、谦逊、耐心、信仰和期望(hope)等术语。他们认为,问题不在于团结,而在于保持字面意义上的接触,以便于人们解决问题,探究可能性,顾及那些价值观、习俗和愿望(yearnings)可能有差异的他者。就本书而言,挑战在于,学会在逐渐亲近的过程中彰显个体的独特性,在逐渐分离的过程中结成完整的集体。这一动态过程不仅仅需要在价值观上的统一,更需要认识到所有人都是价值判断者这一事实。他们共享评价的能力,并且通过教育,可以共享对价值的反思能力。[1]

1　关于世界主义视角下的价值观的讨论,参见汉森等人 2009 年的著作。

这个领域的许多学者似乎被世界主义所吸引,因为它长期以来表现出对知识、道德、审美和文化多样性的包容。这个术语以个人和群体的可变性为前提。如果支配人类看法和实践的都是趋同化的东西的话,那么"它"会像差异本身一样消失。因此,这些学者质疑"世界主义就是普遍主义的代名词"的说法。如同我们将要在下文看到的那样,他们似乎使用了世界主义这个概念,因为对他们来说,这个概念提供了一种灵活的、细致入微的方法来处理人类生活模式的复杂性和丰富性。正如卡米拉·福哈斯(Camilla Fojas, 2005 年,第 6 页)所指出的那样,一些学者对这个概念的历史变迁及其惊人的生命力(sheer endurance)印象深刻。他们发现,添加限定词是应对这个概念的语义挑战的最佳方式。其他作者不想消除这一术语的模糊性,转而寻求表现(represent)和表达(express)这些模糊性的方式。布鲁斯·罗宾斯(Bruce Robbins)认为,许多当代小说家都关注世界主义在人类事务中的"基调"(1999 年,第 79 页)。从这个角度看,限定词的激增反映的不是混乱,而是对语境的敏感;也就是说,正确处理事情,比探究分类规则更重要。

限定词的使用也反映了一个事实,那就是,来自许多学科和跨学科机构的学者正在研究世界主义。期待(expect)他们在理论观点上达成统一不仅不现实,而且有局限性,因为这个概念及其应用的新发展不断涌现,需要研究者具备理论上的创造力。还值得补充的是,实证研究仍然是一个足够新的领域,尚未被充分探索(unmapped),以至于学者们很自然地难以构思出合适的概念和语言来建构(frame)他们所看到、听到和思考的东西。一些人显然意识到他们所认为的概念是开放式的,因为这为构建新的人类互动形式创造了智力空间,而没有人,或者似乎还没有人对此进行描述,更不用说解释了。简言之,如果现象正在转变(in transition),那么落后于它们的概念也必须如此。

我赞同一些批评者的观点，他们指出，这个词有时只不过是一系列令人震惊的猜测和假设的统称。我同意，有些辩论似乎只产生了更多的热度而不是光芒——就像蒙田评价他那个时代的一些作品时所说的那样，"喧嚣多于意义"（蒙田，1991年，第192页）。或许，将其称为关于世界主义的研究领域并不合适，而更应该说是一系列不断变化、还常常不甚契合的探究行为的组合。

对我而言，这个概念的不稳定品质让我感觉既有吸引力又很贴近生活。在我看来，可以在文献中找到的丰富的文字使其足够有力，有助于推动研究者开展各类研究工作。这个概念提供了亚里士多德在很久以前就概念及其与研究对象的关系所倡导的非意识形态的精确性。亚里士多德认为，一个概念应该体现一定程度的特殊性和有限性，同时也意味着普遍性和开放性。它们是公正对待有关现象所必需的条件。如果亚里士多德本人奇迹般地重新出现在我们中间，他可能会批评该领域对其核心术语的处理。但是，他会拒绝所谓的理论优先于生活现实的说法。按照这个说法，学者们在"完成"他们的理论工作之前不应该观察世界并试图理解它。此外，今天的许多概念即使没有相互竞争的含义，也仍然具有对比的意义，仍然有助于研究、理解和教学。比如，道德、艺术和民主等概念，以及教育和课程等概念。再次重申亚里士多德的观点，一个领域的智力活力似乎主要取决于学者们是否足够好地描述了他们对核心概念的使用，而这又与能力、准备、气质和坚韧等其他因素有关。

来自现实的故事

本节中将要提及的最近的田野研究并没有使用建立第二章和第三章框

架的生活艺术这个习惯用语。尽管如此,这些研究以反映这些古老视角的方式说明了一种世界主义取向。这里的分析是提示性的,而非结论性的。要公正地评价每一项研究以及当前的世界主义研究的范围,需要一张更大的画布(take a larger canvas)。我希望实地描绘世界主义的图景(images),为教育工作者提供一些在他们的课堂、学校和社会中流传的经验。

以下评述的研究成果可以从广泛的政治学、社会学、法律学以及其他理论和方案的视角(lenses)进行富有成效的解读。然而,从研究中可以学到的东西不能仅仅通过这些熟悉的分类和阐释(explanation)模式来说明(account)。换言之,将世界主义视为解决由全球化和其他强大力量产生的当代问题的一种方案的提议(a proposed solution),当然是可能的。这种经得起考验的方法允许人们将世界主义作为分析和改革的工具(tool)或手段(instrument)。但是,我们同样可以不把世界主义视角看作解决任何问题的方案——从有争议的角度看,生命好像仅仅是一个工程问题——而将其视作一种生活方式或存在方式。它回应(answers to)了生活中难以想象的可能性,以及生活中所有明摆着的困境(too determinant predicaments)。因此,在接下来的论述中,我将强调人们在应对不同情况、条件和紧张局势时的技巧。

例如,胡安·瓦德尔(Huon Wardle)对牙买加金斯敦一个街区的经济上受压迫的居民的生活哲学和日常经历做了广泛的民族志研究。尽管居民们过着一种经常不确定的、勉强糊口的物质生活,但是,他们享受着以出生、死亡、友谊和宗教仪式为中心的高度创造性的文化生活。与此同时,他们以高度多样化的方式展示了对来自其他地方的影响的认识和开放态度,创造性地将这些影响融入到自己日常的面对面的互动中。许多家庭都有一个或多个成员"走向世界"——移民到美国或英国工作几年,寄回资金,最终,在很多情况下，会返回街区重新开始他们的生活。面对一个脆弱的几乎不存在的、几乎没有为他们提供任何支持资源的地方政治架构，当地居民居然有能力培养"超然物外"的意识。这让瓦德尔感到震惊。他们的行为并不像来自某个国家——这个概念对他们来说没有什么意义——而是来自世界。

瓦德尔放弃了人类学家常用的"信仰体系"这个惯用概念，因为他发现，当地居民并没有拥有大量共享的意义，而是充满活力地参与到对意义以及对创造意义的持续追求之中，参与到对被倾听以及对倾听他人的持续追求之中。他们创造了一种高度程式化的表演性的交流模式，并且通过使用这种模式而巧妙地生活在当下。这是一种高度社会化、开放式模式。在这种模式中，人们为了自我表达和相互联结（connectedness）而不断修改礼仪形式。瓦德尔刻意避免将他所看到和参与的事情浪漫化，他并没有淡化物质生活的不可预料、政治的缺乏稳定以及当地居民——就像地球上其他任何社区的居民一样——共有的偏见和成见。尽管如此，他发现，他们的世界主义在其他方面也都有所体现，其中的一个表现就是，有能力不断重塑对家园和场所的感知，而不会在这个过程中被存在本身所消解。

丹尼尔·希伯特（Daniel Hiebert，2002 年）对"世界主义生态"做了阐释，他认为这种生态构成了当今不断变化的城市环境。他利用一个广泛的田野研究项目，调查温哥华的移民的经历和看法。他考虑到日常经历，比如不同的人群建立后门联系、形成邻里园艺文化。在这种文化中，他们交流了来自世界各地的实践经验。在更广泛的范围内，他考虑了移民在社区基础上互动的动态。这些数据表明了移民社区融入新移民的方式。当然，新移民有时也会以新颖的、出人意料的方式拓展他们的社会关系。这个过程在年轻人那里尤为明显，他们经常培养不断变化的跨文化友谊和网络（并不总是让他们的父母高兴）。

希伯特提出了一种可以称为经验丰富的世界主义的概念。他描述了来自不同种族社区的年轻人的状况,他们成年后回到各自种族所在的社区——例如,重新沉浸在母语中——但他们并没有放弃以前在跨文化交流中形成的自我认知(第220—221页)。他们以这种行为阐释了栖居于世界主义空间的意义。他们的经验表明,世界主义取向的培育不是线性的或单向的,而是动态的和不断发展的。它取决于背景和经历,取决于期望(hopes)和期待(expectations)。在自己的研究的基础上,希伯特将世界主义观念描述为"一种生活方式……欣赏其他文化背景的人并与之互动",这可以形成"接受多样性并使其变得普通"的生存环境(第212页)。"普通"并不意味着微不足道。恰恰相反,就像简单和优雅一样,它象征着一种非凡的人类成就,这种成就往往深深地植根于人类的过去。

陈国贲(Chan Kwok-bun,2005年)认为,移民到加拿大、泰国和新加坡的许多中国人同时避开了他所说的传统主义、同化和多元文化主义。基于系统的访谈,他认为,许多人过着真正的实验性的生活。从某种意义上说,他们不断地与自己原来的家乡、与当地的移民同胞、与当地大多数人和其他当地文化群体以及自己进行协商,以便建立亲密关系。他们生活在新与旧、熟悉与陌生不断转换的空间之中。他们发现,这个空间既迷人又令人不安,既吸引人又令人反感,既热情好客又充满敌意。

陈国贲被他从众多声音中听到的世界主义自信所打动,他认为这种自信比"跨国"这个概念通常传达的更具有实质意义和变革意义。例如,曼谷的一位居民对自己的取向做了如下解释:

> 它就像牛奶和咖啡。当您将牛奶倒入咖啡中并搅拌时,它们会混合在一起,很难区分牛奶和咖啡。但是,它们仍然是两回事。我可以像

其他泰国人一样说泰语，但是我是中国人。身为泰国人并不意味着否认我的中国身份。强调中国身份并不是要否认我的泰国身份。

（陈国贲，2005 年，第 33 页）

在地球的另一端，秘鲁作家何塞·卡洛斯·马里亚特吉（José Carlos Mariátegui）在以下关于 1920 年代尝试新形式的阿根廷诗人的评论中阐释了这位诗人的观点。"尽管他们沉浸在世界主义之中，"马里亚特吉写道，"尽管他们对艺术抱有普遍主义的看法，但是，在这些先锋派诗人中最好的诗人仍然是最阿根廷的。吉隆多（Girondo）、吉拉尔德斯（Guiraldes）、博尔赫斯（Borges）等人的阿根廷主义并不亚于他们的世界主义。"（引自所罗门，1979 年，第 104 页，只提供了重点）

布罗尼斯瓦夫·色钦斯基（Bronislaw Szerszynski）和约翰·厄里（John Urry）（2002 年）从他们针对英国各类型的成年人所做的团体深度访谈（focus-group interview）项目中得出结论，认为从今天的日常思维中可以辨别出"对世界主义文化的反思性意识"（第 461 页）。接受他们访谈的人将这种文化描述为基于人们的"同甘共苦，齐心协力"的基本感觉而产生的相互意识和团结一致的融合。一位退休男子评论说："我认为我们生活在一个不断缩小的世界里，不是吗？我认为，你知道，做任何事都不可能不对其他人产生环境上的影响。"（第 472—473 页）一位职业女性说："我是一名全球公民，因为我了解人们，了解文化，了解其他国家，在一定程度上也了解我对这些国家的影响。"（第 473 页）受访者表达了超越国家的道德上的团结（moral solidarities）。他们面对媒体铺天盖地（pour over the transom）的道德悲剧时，没有感到麻木或"免疫"（参见玛斯切雷恩和西蒙斯，2002 年），而是设想了一些非常具体的帮助方式。其中包括帮助特定的儿童或群体，而不是向一个大型的非个人的慈善机构捐款，以及参与当地组织的抵制活动，以帮助地球另一端的工人（第 475—476 页）。

色钦斯基和厄里的许多访谈对象似乎将这种新兴的世界主义文化现象设想为与恐惧和怀疑他人的风气相对立的事物。吉尔罗伊（Gilroy，2004年）在分析他认为的各个城市社区中新兴的"世界主义依恋"时，阐明了他的观点。他写道，这种依恋让人们"在接触他人的过程中发现了公民和道德价值"。它以普通的美德和讽刺——倾听、观察、谨慎、友谊——为荣，当日常接触差异变得有益时，这些普通的美德和讽刺就可以得到培养（第 75 页；另见厄斯克因 2000 年对世界主义互动可能产生的和平结果的比较分析）。

在一项关于"世界主义公民"的含义和可能性的研究中，奥黛丽·奥斯勒（Audrey Osler）和休·斯塔基（Hugh Starkey）（2003 年）对英国莱斯特四所学校的 600 名 10 至 18 岁的年轻人进行了问卷调查。随后，他们与每所学校的年轻人合作举办了一系列有针对性的、以讨论为基础的工作坊。他们试图了解年轻人如何解释和应对当下经常迅速变化的地方和全球环境。他们的核心成果（core finding）与色钦斯基和厄里（2002 年）所提出的一种世界主义文化相吻合，这种文化不仅强调对多元生活方式的认知，而且倡导对人类在世界上的不同生活方式的批判性欣赏。"在我们的研究中接触到的年轻人，"奥斯勒和斯塔基写道，"展现了多重和动态的身份特征，他们接纳并融入了地方、国家和国际的多元视角。"（第 252 页）作者表明，这些年轻人的自我报告和观点不能直接归因于他们的阶级、民族、种族、宗教、民族意识或其他熟悉的因素，也不受这些因素的控制。作者得出的结论是，除其他观点外，"国家的公民教育不太可能为［青年］提供足够全面的情境，使其融入自己的经验和身份"（第 252 页）。奥斯勒和斯塔基认为，世界主义指向的是"更加全面的情境"。

在一项类似的研究中,凯瑟琳·米切尔(Katharyne Mitchell)和沃尔特·帕克(Walter Parker)(2008 年)对美国西部一个城市的青年进行了团体深度访谈,以了解他们对"9·11"和随后的世界发展的回应。作者的目的之一是检验一种观点的可信度。这种观点就是,人们必须在国家观和世界观之间做出选择,因为,至少有些人会认为,这两者之间的冲突不可调和或无法平衡。他们特别引用了玛莎·努斯鲍姆(2002 年)和一系列值得注意的评论家(其中包括夸梅·安东尼·阿皮亚、朱迪思·巴特勒和希拉里·普特南)之间的一场重要辩论。这场辩论讨论了在一个仍然由民族国家及其忠诚拥护者所定义的世界中持有世界主义取向的可能性。(有关这场辩论的有用评论,请参见巴德 1999 年和沃尔德伦 2000 年和 2003 年的著述。)在本书中,我评论了世界主义和本土之间的所谓差异或不可调和性,并且认为两者可以共生,而不会对立。与之相关的对比,一方面是世界主义和地方主义的对比,另一方面是狭隘的观点和普遍主义的观点之间的对比。

　　米切尔和帕克报告说,在他们的研究中,一些年轻人在先前没有接受过任何正式的世界主义公民教育的情况下,采取了作者所描述的"多元、灵活且注重关系"的观点来看待地方和全球。年轻人的道德、政治和文化忠诚不能被收纳到任何预先确定的框架内,无论是所谓的多元文化、多元主义还是民族主义,都无法收纳。作者认为,除其他外,世界主义是理解和欣赏年轻人不断发展的观点的一个有效用的棱镜。就像本文回顾的其他研究一样,他们的研究揭示了细密入微地关注人类如何以世界主义模式回应实际体验(to experience on the ground)的价值。

　　琼·埃德蒙兹(June Edmunds)和布赖恩·特纳(Bryan Turner)(2001年)也研究了民族主义"与/或"世界主义的问题。在一个以访谈为基础的研究项目中,有七位活跃的英国职业女性参与,他们将所谓的"世界主义的民族主义"视作一种新兴的当代观念。基于受访者的观点,作者将世界主义的民族主义描述为:一种动态交织的地方承诺,比如,与威尔士人或英格兰人的团结;宽泛的亲和力,比如,感觉自己既是多元文化社会的一部分,又是欧洲的一部分;一种以人格的动态本质为特征的反讽的敏感性(sensibility);一种反对军国主义和家长式民族主义的姿态;以及最后但同样重要的是,深度参与,试图实践更开放的观点。前文提到的作者马里亚特吉在著作中为这种分析提供了背景视角(background perspective)。他写道:

> 当代历史不断地告诉我们,民族(nation)不是一个抽象的存在或神话;但是它也告诉我们,文明和人性也不是神话。民族的现实决不能否定国际的现实。简而言之,民族主义作为一种肯定是有效的,但不能作为一种否定。
>
> (引自所罗门,1979年,第104页)[1]

米歇尔·拉蒙特(Michele Lamont)和萨达·阿克萨尔托娃(Sada Aksartova)(2002年)对美国工人阶级白人和黑人男性进行了焦点访谈(focused interviews),同时对法国工人阶级白人和马格里布男性进行了系统访谈(systematic interviews)。他们研究了他们所指称的"不同的普通世界主义"——每一种世界主义都有一种特定的道德普遍主义的语言为依据——如何使人们在日常生活抵制种族主义(第18页)。在一定程度上,他们所指的普通的世界主义表现在人们用来描述自我、他者和世界意识的不

1　关于"世界主义的民族主义"的另一种生成式处理,见路易丝·布莱克尼·威廉姆斯(Louise Blakeney Williams)(2007年)对罗宾德拉纳特·泰戈尔和叶芝的世界主义观点的比较研究。与埃德蒙兹和特纳的努力相类似的是艾玛·塔洛(Emma Tarlo, 2007年)基于访谈的研究,该研究调查了三位工作在伦敦的既成功又知名的穆斯林女性的具有世界主义精神的实践状况。

同比喻之中。美国人强调,努力工作、展示能力(competence)和获得稳定收入为一个人提供了跨文化的正当性、话语权和团结一致的力量。法国人分享了这些关于如何生活的价值观,但是也强调了社会主义和共和主义关于人类尊严的基本理想,认为这些理想摧毁了种族主义的预设。所有人都毫不犹豫地以一种普遍的方式发言,他们强调了自己的信念,即所有人都在寻求有意义的生活,而且每个群体都有好人和坏人。他们还高度推崇对待生活的道德严肃态度(参见邓奈尔,1992年)。

拉蒙特和阿克萨尔托娃被这些男性的世界主义视野与他们所认为的学术界对文化相对主义、差异的颂扬和多元文化主义的关注之间的对比感到震惊,但他们发现所有这些观点在受访对象的话语中都明显缺失。他们建议研究种族主义及其应对措施的学者,应该将重点从身份认同转移到他们所说的"边界工作"上(第18页)。他们将世界主义视作生活在不断变化的边界中的生活方式的一种名称,在这些边界上,人们巧妙地寻求各种形式的团结,以此强化自我意识,并赋予他们公正生活的力量。他们的研究揭示了学者们所说的根深蒂固的世界主义的特征:不仅在道义上忠于"自己人",而且忠于更广泛的人群。

普尼娜·韦勒(Pnina Werbner,1999年)对英国的两组属于巴基斯坦移民的工人进行了系统访谈。其中一组被她称作"跨国"群体,这些人几乎原封不动地从巴基斯坦移植了他们的民族文化,却忽略了与他们抵达后所处的文化环境的重要互动(参见希伯特,2002年,第215页)。韦勒报告说,这种自我封闭有时以宗教观为中心,有时以婚姻模式为中心。这种做法与其他工人阶级移民形成鲜明对比。其他工人阶级移民有时会自由地参与(partook)新的文化表达形式和文化认同形式。韦勒所描述的他们的世界主义生活模式有时会让他们与那些选择更自给自足的生活方式的人产生紧张关系。作者讲述了一些案例。在这些案例中,无论是以自我封闭的形式还是以体验的形式,或者实际上从一个群体移民到另一个群体,个体都找到了过上有意义的生活的方式。她报告说,人们敏锐地意识到,这些选择(choices)和选项(options)截然不同,因此,无法真正保持置身事外的态度(a truly sheltered posture)。

在本书中,我重点关注的是那些进行实验的人——实验这个词被理解为一种杜威式的脚踏实地——这些人认真尝试应对蓝图和处方不足甚至根本不存在蓝图和处方的生活境况。我所触及的世界主义指的不是那些与过去或者先前的根基切断联系的人——他们是流浪者,"唯一真正的归属地是迁移(movement)本身"(斯科尔碧丝等人,2004年,第117页)。相反,这个概念描述的是这样一种人,他参与到更大的世界中,并在这种参与中发现了一种更新的、重新焕发活力的、创造性的模式,直接通过协调一致的行动,或者间接地以一种可见的方式,增强地方的完整性(并非固定不变)。这样的行为,反过来可以支持更巧妙、更人性化、更和平的互动。

韦勒批评了一种常常不做检验的假设,即世界主义只是精英美学家对待世界的态度(请参看相关批评,比如贝克,2004年;谢和罗宾斯,1998年;沃尔德伦,2000年,2003年)。她认为,在她的研究中,工人阶级男女的世界主义既有对其他文化的了解,也有对其他文化的开放态度,而且它有一种灵活性和广泛性,有时比在特权阶层中看到的要更具活力。韦勒还回应了研究人员所描述的文化世界主义,她的结论是,世界主义"并不一定意味着没有归属感,而可能同时属于一个以上的种族和文化的地方主义"(第34页)。

哈里·英格伦(Harri Englund,2004年)对马拉维的五旬节派基督徒进行了多年的田野研究。与世界其他地区相比,五旬节派基督徒几乎都处于物质贫困的状态。英格伦的框架部分源于关于家乡在人类情感中的位置的理论争辩,特别是在全球化和大量移民的背景下的相关辩论。这些文献回应了努斯鲍姆和上面提到的她的同行之间的关于世界主义和民族主义的争论。然而,这里的两个阵营是:(1)那些认为世界主义者就是无家和无根的人;以及(2)那些把家和根源看作是创造性的、动态的心灵和地方观的人。这些人不会将家和根源视为一种与身俱来的固定状态,不会将一个人的任何迁移宣判为事实上的异地流放。英格伦发现,与他一起生活的五旬节派基督徒保持着一种流动的家的感觉。他们迁移到了一个城市——真实地感知到离开了家,始终专注于作者所描述的世界主义的项目,即学会在他们现在所处的环境中进行互动式生活。

然而,他们并不排斥他们的根,经常定期返回农村,即使这些根与新的意义和价值来源交织到一起,也不在意。作者报告说,尽管他们敏锐地意识到价值差异,但总体而言,他们并不认为诸如乡村与城市、传统与现代、我们与他们、近与远等自我认定(self-understandings)的二元对立有什么用处。他们唯一接受的二元对立是天堂和他们眼中充满魔鬼的世界之间的对立。在充满魔鬼的世界里,人类一次又一次地被推向分心和迷失的境地。尽管没有一个"信徒"会升天,也没有一个"非信徒"要受到惩罚,但是,他们还是采用了一种普遍主义的话语,讲述了一个人类受苦受难的故事。他们与作者分享了他们的愿望:如果有资金的话,他们就会向欧洲派遣传教士,这些传教士的任务不是将那里的人转变为五旬节教徒,而是帮助他们揪出(grasp)他们认为的冲突和不幸福的根源。同情心影响了他们的生活,使他们能够在他们所居住的混杂的城市中建立一种根深蒂固的世界主义道德。

黑泽富树(Fuyuki Kurasawa,2004 年)对"另类全球化"运动的研究展示了针对世界主义的另一种基于田野研究的探究模式。黑泽将这场运动描述为"一个松散的跨国'次级反公共组织',催生了新兴全球公民社会的进步的方面"(第235页)。这些"反公共组织"的活动包括,从墨西哥支持穷人地方经济自治的萨帕塔运动到世界贸易组织会议上的有组织的抗议活动,到2001年发起的世界社会论坛,到反对美国入侵伊拉克的有组织抗议活动,再到各种各样的反对血汗工厂、支持环保主义和其他活动家的活动。这些团体以独特的方式反抗他们所认为的全球资本主义的文化、环境和政治掠夺。

黑泽通过查阅媒体报道、网站、采访、出版物等,勾勒出他所说的"自下而上的世界主义"的生动画像。他不赞同这场运动中特定群体的目标。相反,他试图将他们的努力与他所认为的过度强调涓滴理论(trickle-down theories)形成对比。这种理论认为,全球团结首先取决于参与式民主和人权等普遍原则,而这些原则必须扎根于国际法和机构(institutions)中,才能实现有效的变革。黑泽承认这些法律和机构的价值,但是他在另类全球化运动中发现了大量证据,证明当地人并没有等待自上而下的方案,而是在实施他所说的"以实践为导向"的世界主义(第234页)。[1]

根据黑泽的说法,从事各种活动的人们似乎正在建立具有"网络特征"的社交网络,从底层滋养世界主义(第235页)。与吉尔罗伊(2004年)所提醒的许多人都尊重文化差异相呼应,黑泽写到了这种实地互动的游戏维

---

[1]　另见彼得·尼尔斯(Peter Nyers,2003年)对支持难民、寻求庇护者和无证移民的需求的自下而上的法律倡议的补充说明。邦妮·洪妮葛(Bonnie Honig, 2006年)和吉尔伯特·梁(Gilbert Leung, 2009年)对世界公民身份的制度化类别以及权利优先于日常生活中的自下而上的和横向的世界主义经验展开了激烈批评。洪妮葛戏剧化地表达了她的担忧。她写道,如果正式机构在人类努力的领域中享有不适当的特权,就有可能成为"我们的主要发言人(principal addressees)、监护人、背后发号施令者(ventriloquizers)、模仿者,以及声音、欲望、愿望和团结的塑造者和审查者"(2006年,第120页)。对于黑泽来说,实际存在的世界主义的"社会自我建构特征""是其健壮和活力的来源"(2004年,第252页)。

度——游戏被理解为一种相当严肃但是缺少规划的工作形式(参见杜威,1985 年,第 202—214 页)。"与他人分享这些欢快的公共空间和时刻,与他们讨论共同关心的问题,或者再次站在某个城市街道上的游行队伍中,可以培养跨国的团结。"(第 251 页)他认为,随着距离的不断缩小,跨国关系可以演变成世界主义的关系。

我将提及的最后一项研究是尼可斯·帕帕斯特吉亚迪斯(2007 年)对他所谓的"艺术的世界主义情怀"的丰富而且协调的考察。他描述了一个在希腊塞萨洛尼基的一座古老建筑中举办的国际合作艺术展。这座建筑在历史上的不同时期曾被用作清真寺、犹太教堂、难民收容所和博物馆。除其他事情以外,他感兴趣的是了解各种参观者——无论是艺术家同行,还是前来观展的当地工人阶级、专业人士或老年人——对展览的反应(reaction)。他从他们的回应(responses)中辨别出他所说的世界主义者的"瞬间"。他引用了一位走到他面前对展览发表评论的当地妇女的话:"人类的共同之处在于我们的多元混合。正是这种多元混合超越了任何狭隘的民族身份认同,并先于它而存在。"(第 140 页)帕帕斯特吉亚迪斯被这位女士话语中的谦逊和"温顺"(一个远非消极的术语,他取自诺伯特·博比奥)所打动。与以世界主义精神进行的全球政治或经济协调的尖锐呼吁相比,这些话语的平凡之处更能打动他,不是因为前者不重要,而是因为它们缺乏后者的日常自发性和有机性(参见沃尔德伦,2006 年)。帕帕斯特吉亚迪斯被这位世界主义者的这一瞬间和其他脚踏实地的瞬间所感动,因为它们为他从这个项目中获得深刻见解提供了契机:"是什么让艺术在处理政治主题时如此精致,以至于能将其与政治区分开来?我一直认为,艺术家并不提供揭示世界主义状况的文献,而是在世界主义的出现过程中发挥了积极的中介作用"(第 149 页)。

与他人一起学习

在回顾这些不同的研究时，人们可以争辩说，工人阶级、退休人员、青年、准备充分的专业人士、新移民、活动家、虔诚的宗教人士以及其他许多人——包括教师和校长——都可以发挥中介作用，将世界主义敏感性带入生活，也就是说，融入到他们自己的生活和周围的人群中。换句话说，在这些研究中，我们看到了世界主义技艺的指标，看到了倾听、言说和互动的实地实践的指标；也看到了接受新事物又不否定已知事物的指标。指标并不是无懈可击的证明。跨学科的学者在对世界主义进行田野调查时，因为这一研究领域仍然是新颖的和开放的，通常会强调他们的研究发现是暂时性的。尽管如此，他们的努力正在帮助我们扫清障碍，让世界主义理念得到深入思考。

对我来说，这项研究之所以引人入胜，部分原因是它的结果与哲学作为生活艺术的悠久传统动态地结合在一起。这种哲学和田野人类学的交叉融合反过来又为教师提供了丰富的工作视角。这种视角包括以下问题：

- 如果不是用那么多话来形容，让自己的学生参与到一个自我养成（self-formation）的道德项目中，意味着什么？
- 正如我们在这里叙述的既有研究中的男性和女性所做的那样，激发和帮助他们以一种巧妙的方式对待他们的生活意味着什么？
- 将学生视为本书所描述的具有实质性创造潜力的文化存在意味着什么？
- 对于学生来说，认为自己拥有这些能力并采取行动意味着什么？

再次强调一下，这里的文化概念在三个层面上发挥作用：社会语言社区

（人类学的常见焦点），它通过个人和亚群体所采取的举措——无论多么微观——而发生变化；技艺共同体（communities of art），从医生到教师再到航空公司飞行员，再强调一次，任何参与者都可以对其实践技艺的发展产生影响；人类个体（the individual human being），在环境允许的情况下，尽可能充分地"培养"他或她自己——这个过程将个人带入世界，又将世界带给个人——并间接地使他或她能够为更大的社区作出贡献。

世界主义的文化创造力（请原谅我的这个略显生硬的表达）很容易从前面提及的文献中辨别出来。世界主义不仅因为这种重新构建的文化框架而不同于多元文化主义，还有一个原因是，其关注点并非文化身份本身。相反，它关注的是文化的连续性和完整性，这两者完全依赖于文化的创造力：也就是说，依赖于社区和个人在审慎开放地接纳新事物和审慎忠诚地对待已知事物的过程中所经历的成长。

我明白，将爱比克泰德对 2 世纪地中海世界自我修养（self-cultivation）的伦理实践的关注与 21 世纪南非五旬节派的行为联系起来，似乎有点牵强——甚至可能是异想天开和不合时宜。然而我并不是在暗示他们的观点和行动是相同的。相反，做比较的主要意图是，凸显他们的世界主义取向如何反映出对以审慎的方式行事的有意识的关注。这些行事方式存在于陌生和熟悉的交汇处，存在于惊喜和期待的交汇处。它们出现在变革与稳定、不可理解与轻易可知的十字路口。它们促使人们考虑如何与他人交谈，如何倾听他人，如何与他人互动，如何尊重与对待他人。简言之，它们促使人们思考那些即使没有明确表述，也构成了他们的生活方式的行为和技巧。下一章的主题是正规教育，它可以在帮助人们培养对这些巧妙实践及其效果的认识方面发挥积极作用。

像所有人一样，爱比克泰德的学生和马拉维五旬节派也有（或曾经有过)他们的偏见和道德盲点。但是,偏见并不意味着排斥。它成为任何适宜的生活方式的必要基础,也是与其他不同的人进行有意义的接触时所必须的条件。如果没有这种本土的根基(local rooting)——可以扎根于地理意义上的土壤里,也可以是在精神、专业或职业(vocational)的努力的土壤中——采取世界主义取向就会变得更加有问题。从这些章节所涉及的文献来看,爱比克泰德《手册》的持有者和五旬节派《圣经》的持有者会发现,这些教学资源是通往他人心灵之门的钥匙(openers of doors),而不是在他们之间建造墙壁的材料。

并不是所有使用它们的人都是如此。一方面,《手册》和《圣经》可以被用作逃避生活的工具;另一方面,它们也可以是迫使他人模仿特定行为准则的工具。回想一下,"手册"(handbook)在希腊语中最初有"切割工具"(a cutting instrument)的意思,后者可以用来表示破坏,也可以用来表示建造。这种差异与生活中的存在感的品质有关,也与对生活的挑战和变迁的回应能力有关。上述各章节中描绘的具有世界主义精神的人在价值观、信仰、期望(hopes)及其他方面有着无数的不同。但是在我看来,他们坚持自己的价值观和信仰,又对他人的关注点和观点持有开放的态度。想象一下,地中海边上的斯多葛派和马拉维的五旬节派将会有实质性的话要对彼此说,他们展现的是相互体谅(consider)的姿态而不是发号施令的样子,他们愿意因为倾听而适度地改变自己的行为。这,不仅仅是浪漫。

因此,正如我试图展示的那样,他们的行为体现了可以通过世界主义棱镜辨别出来的文化的创造性维度。无论是在社会语言社区层面、社会实践层面,还是个人层面,文化生活都可以包含对新事物的审慎开放,在这个"硬币"的另一面,则是对已知事物的审慎忠诚。生活可以成为正式的和非正式的教育。人们可以在他们遇到的各种差异的十字路口拓宽(broaden)、扩展

（widen）和深化他们的思维方式与行动方式。正如塞缪尔·谢弗勒（Samuel Scheffler）所说，具有世界主义取向的人在他们所占据的任何地方或更大的生活层面上，都"展现出了人类创造文化的根本能力，并且能够通过更新可供其他人借鉴的文化资源库来丰富整个人类"（2001年，第113页）。谢弗勒的言论呼应了一种说法（见第一章，第15—16页），即人类共同的能力如思考和讲故事的能力是建构具有世界主义精神的人际关系的基础。世界主义不是我们所熟悉的社会学意义上的一种身份认同，也不是某个专属俱乐部的徽章或名称。它是一种取向，帮助人们通过变革（change）来维持其文化完整性和连续性，而不是稳固性或纯洁性。

斯科尔碧丝等人（2004年，第117页）认为，学术界未能从观点和行为方面明确界定谁是世界主义者，谁不是世界主义者。对我来说，这种"失败"是一种可取的成就（a redeeming achievement）。它承认了几千年来对世界主义的反思所形成的来之不易的洞见：每个人都"是"世界主义者，又没有人"是"世界主义者。我大胆地猜测，大多数人，至少在某些重要时刻，都会对新鲜事物持有审慎开放态度，并且愿意受到它的影响——无论新事物是以来自另一种文化的新人或新思想的形式出现，还是以新习俗的形式出现，都是如此。同样是这些人，在其他重要时刻则是思想封闭的人，他们实际上捂住了自己的眼睛和耳朵，回避与新事物的接触。我很难想象一个人能与圣洁或者邪恶的形象形成鲜明对比。

正如我们所看到的那样，正如许多研究和本书试图要做的那样，描述和推崇世界主义取向是完全有可能的。这么说吧，一个研究者可以围绕这个概念转圈，也可以带着这个概念环游世界。在带着这个概念环游世界的整个过程中，研究者不断地澄清这个概念的用途和应用价值，但是从不试图掌握或拥有它。相应地，研究者可以与概念保持一段反思的距离，以避免被概念扭曲出自己的轨道。这与爱默生的比喻相呼应。任何概念都可以拥有自己的力量，并巧妙地使人们从最初可能引导他们产生这种概念的东西上转移出来。因此，研究者与这个概念发展出了一种互动的（transactive）、亲密的关系。他或她与它纠缠在一起，反思它，并想象这个概念本身如果像苏格拉底的守护精灵那样突然发声，会提出什么问题。

当研究世界主义概念的实践转变为试图以一种终极的方式来定义它——尤其是定义"谁是"以及"谁不是"世界主义者——时，我们已经离开了世界主义本身的领域。需要强调的是，斯科尔碧丝等人（2004 年）呼吁在理论上构建一个原型，并认为，可以用这个原型分析经验数据。他们并没有在讲大道理。尽管如此，这里仍然潜伏着严重的危险。如果不小心，我们可能会发现自己——即使没有明确说出来——在玩道德记分卡，计算一个人所拥有的我们认为是世界主义的倾向，并将它们与我们认为是非世界主义或反世界主义的倾向进行衡量比较，然后将世界划分为世界主义者的世界和被世界主义排除在外者的世界。这场道德数学游戏将产生什么样的人道结果？谁是能够策划这场游戏的足够聪明又有足够知识的人呢？可以肯定的是，对偏执、心胸狭隘和残忍的批评永远都是至关重要的，这一点迄今为止已经得到大量文献的证明。但是，在我看来，最明智的做法可能是，开展批评时要一只手拿着镜子（另一只手也许要拿着一本类似爱比克泰德的《手册》那样的参考书籍）。

"你认为，因为你理解了一，就能够理解二，因为一与一相加等于二。但你也必须要理解'与'（and）。"（这句话出自一位古老的、未具名的苏菲派老师，转引自斯塔默，2009 年，第 1 页）这些章节的方法论中心是试图居住在连词"与"中——比如，世界主义与教育、世界主义与地方主义、离家与在家、接受新事物与忠于已知事物。从哲学层面理解（conceive）这个连词，不容易;在日常生活中占有它,也不容易。来自外部的社会、政治、文化、经济与其他压力,以及来自内部的心理压力,不断将人们推向标志着人类事务的连续体的一端或另一端。通常成为可行性条件的是"或"而不是"与"。"你支持我们,或者反对我们":这句话所承载的残酷历史是多么的漫长。"你支持我们,同时(and)反对我们":这是一句更接近世界主义理想的具有煽动性的名言。这意味着人们在努力建设有意义的生活时尽其所能地相互支持。这让我不得不说:我反对停滞不前。考虑到我们这个时代的生存环境,并且"考虑到考虑本身"——存在于此的礼物——我反对那些不假思索就拒绝学习、成长和参与的"你"。无论规模如何,无论是作为教师、家长、朋友、邻居,还是新来者,[1]我都支持你享有自己的权利,在这个世界上努力开展创造性行动(to move creatively in the world)。连词"与"在世界主义中激增:赞成与反对、在逐渐亲近的过程中成为独特的个体与在逐渐分离的过程中结成完整的集体、教师与世界。

正如我们所看到的,世界主义不仅包括战略性地利用环境,也不仅包括适应变化(尽管这两种能力始终是有用的,但是它还有更多内涵)。世界主义意味着作为一个代理人、行动者参与多元主义变革,而不是被动地或仅仅对事件做出反应(reactive)。"与'全球化'不同,"鲍勃·怀特写道,"……世界主义不是发生在人们身上的事情,而是人们会做的事情。"(2002年,第681页)在这里引用的文献中,我们可以听到各种声音,无论是年轻人还是

---

1 哲学家弗里德里希·尼采(Friedrich Nietzsche)通过区分他所谓的两种平等来阐明这一理想:"对平等的渴望可以用两种方式表现出来:或是(通过贬低他们、监视他们、绊倒他们)使大家都下降到自己的层次,或是(通过认可他们的美德、帮助他们、为他们的成功而欣欣鼓舞)和所有人共同上进"(1996年,第136页)。尼采所说的成功,并不是指以财富或声望等为标志的传统意义上的成功。相反,回想一下爱默生的比喻。尼采心目中的成功是在有时要求苛刻的教育过程中画出一个新的圆——也就是说,成为一个对生活的可能性和局限性有更广泛、更丰富、更深刻认识的人。从这个角度来看,另一个人的成功不应该引起嫉妒,而应该激发做类似举动的欲望。

老年人,不管是在比喻意义层面,还是在字面意义层面,他们都挺身而出,在资源和实力允许的情况下与世界相接触。他们思考自己所处的境地(settings)和整个世界。他们对所处环境(environments)的疏松度的要求不同于只为了渗透岩石的泉水对岩石的要求。

第五章　世界中的课程与教学以及面向世界的课程与教学

　　我们在前几章中已经看到,社会包含多种教育机构。它们包括家庭、学校、书籍、其他印刷媒体、万维网、电子邮件、广播和电视,也包括协会、俱乐部和无数其他团体。正如劳伦斯·克雷明(Lawrence Cremin)所说,这些机构普遍寻求"传播或激发知识、态度、价值观、技能与情感"(1970年,第 xiii页),就说明了为什么教育(education)和学校教育(schooling)不是同义词(另见瓦雷纳,2007年)。教育发生在更广泛的范围内,并且更具持续性(onging)。当然,它通常可能不如学校教育那么结构化(structured)和系统化。

　　尽管其他机构也很重要,但是,中小学校、大学、教室和教师仍然继续在全世界年轻人的生活中发挥着广泛的作用。因此,在本章中,我将重点讨论这样处境(settings)中的课程和教学。我将努力展示包含在其中的正规教育的过程,展示这种教育过程如何能够激发世界主义取向。

　　"世界主义取向"这个术语改变了我在一项关于教学的道德意义的研究中使用的另一个概念,即"道德感知力(moral sensibility)"(汉森,2001年)。在那个研究项目中,我寻求一个术语,用它来捕捉一个融合了专注的思考、情感的共鸣和对教育的奉献精神的特质。这种特质在正规教育系统内的各个层级、所有学科和教育学领域内的一些教师身上可以看到。道德感知力这个概念将这些元素结合到了一起，我试图通过一些例子来说明这一点。世界主义取向是前一个概念的自然延伸。它呼应了第二章的主张，即世界主义体现了一种融合道德和伦理的尝试——这也就是说，将自我修养（伦理）融合在与他人和世界（道德）的人文关系（humane relation）之中。

具有世界主义精神的教育并不需要彻底改变小学、中学或大学的教学内容，并不意味着要废除或淡化艺术、历史、数学、科学和其他学科——实际上恰恰相反。这种教育模式也不依赖于或必须模仿公民教育、全球教育或道德教育等正式课程（formal program）。世界主义取向并不必然要和一般课程或者这些特定课程相冲突。然而，世界主义教育不仅融入典型的学校课程，而且与其并行发展。典型的学校课程的特色在于，它按顺序教授多门科目，并分布于一天和一周的不同时段。正如我们将会看到的那样，这种理念确实需要在重点上做一些转变，并不时增加一些新的课程元素。有些新课程元素是计划好的，另外一些则在预料之外。世界主义的视野（outlook）突显了与课程合作的不同方式。

换言之，这种做法（approach）强调，要把视角（perspective）理解为一种方法（method）。这是一种观察方式，它阐明了课程如何成为所有人的潜在的和充满活力的遗产。课程体现的不仅仅是一系列事实和理论，当然，它们也很重要。无论是在艺术和文学领域，还是在科学领域，课程都反映了人类反复出现的、历史悠久的理解世界以及在世界上安家的尝试。从这个角度看，课程面向教师和学生，向他们"发表讲话"（address），呼吁他们在从事自己的意义建构时对先前的建构意义的尝试做出回应。

在本章的第一部分，我将用一种呼唤（address）的理念作为考察遗产的出发点。这里其实有两层含义，一层植根于社会化，另一层则植根于教育；我试图指出这两个过程存在什么样的差异。然后，为了说明对遗产的接受——它的意思是"接纳它"——我用一种新洗的调色板描绘了世界主义取向。这个术语变成了另一种表达方式，可以捕捉到前面章节已经阐明的对新事物的审慎开放与对已知事物的审慎忠诚的融合。与世界主义取向相伴随的是，在逐渐亲近的过程中彰显个体的独特性，在逐渐分离的过程中结成完整的集体。教师和学生参与课程的方式能够产生这样的取向。我还将回到第二章和第三章的讨论，指出教师可以采取的练习，从而在他们栖居的世界里将自己塑造成教育者，将自己塑造成他们所栖居的世界的教育者，塑造成一心为了他们所栖居的世界的教育者。

回应世界的呼唤

世界主义理念要求教师从课程中提取出教学内容（subject matter）所表达的人类追求意义的方式。这种追求表明，除了追求工具和科学意义上的知识以外，还有更多的东西值得关注。尽管这些事业可以同时并存，但是对意义的追求更加重要。追求的概念反映了将课程作为对经验的生动回应的理念：是尝试理解、欣赏、融入生活（to become at home）的体现。对意义的追求尽管可以为生活带来新的奇妙的见解、工具和方法，但是，这种追求不是姿态上的壮观，也不是目标上的获取，而是开放意义上的参与。这种参与意味着对所看到和学到的东西持开放态度，并愿意接受其影响，而不仅仅是被动接受（be informed）。

用比喻的话来说，对意义的追求让成长中的人面对世界的呼唤（the address of the world）敞开了心扉，世界好像正在向她或他提问：

● 你对我有什么看法？对你来说，身处此地而不在其他类型的宇宙中，你的感觉如何？

- 你以什么方式栖居于此？你与你周围的世界有什么关系？你正在创造什么关系？

- 你为什么要问问题？提出问题的你是个什么样的存在？岩石会提问吗？星星呢？青蛙曾经向宇宙提出过问题吗？我知道人类会这样做。你也这样。为什么？

这些问题类似于第三章（第82页）在人类那难以了解的多样性的背景下提出的问题，也与第四章（第135页）结尾探讨向他人学习时所提出的问题相呼应。这些问题体现了哲学即生活的艺术这一理念。在这种观点中，生活就是对经验的积极回应。人类的生活不仅仅是存在，也不仅仅是对过去的简单重复。就像人类自文化诞生以来所做的那样，个人和社区都可以赋予他们的生活以形态、实质和意义。文化创造力与社会层面、特定实践和个人层面的水平有关。我们已经看到，追求有意义的生活是如何与言说、倾听、参与、互动等技艺或巧妙的方法联系在一起的，所有这些方法都可以在学习任何教育科目的过程中培养出来。[1]

除了具备世界主义的视野（outlook）之外，教师们还将继续与学生合作，培养阅读、写作、计算、学习新语言和探究的技能。他们会鼓励学生收集资源来追求特定的兴趣以及满足特定的需求。然而，在世界主义者看来，课程的作用不仅仅具有人们熟悉的社会化、知识获取以及为经济生活做准备等功能——这些功能仍然很重要——它还是一种遗赠给全人类的关于意义创造的世界遗产。因此，它为培养学术技能（academic skills）提供了一种新的视角。它赋予了学术技能以全新（reconstituted）的深度、意义和社会影响力。

1　2009年，在我与其他合作者撰写的《从世界主义的视角看教育、价值观和价值评估》（Hansen et al.，2009年）这篇论文中，我们描述了世界主义关于期望（hope）、记忆和对话的艺术，或者说方法。

描绘一种教育遗产

　　作为世界遗产的课程并不是各部分的总和。它与多元主义方法截然不同，这一点在全球和多元化课程中表现得尤为明显。多元主义方法虽然不是最终的或自给自足的结局，但是可以作为教育的一个必要的开端。在当今世界中，让学生了解具有鲜明特征、目标和抱负的文化史和社区历史，是非常重要的事情。同样重要的是，让学生尊重宽容。一些批评者可能会争辩说，这些目标加起来就是一种世界主义教育（希特，2002 年；努斯鲍姆，1997 年 a，2002 年）。然而，在我看来，这个结论掩盖了问题的本质，因为它把世界主义看作是一个预先确定的问题解决方案，而不是针对尚未确定的体验的一种邀约。回想第一章（第 14—16 页）的观点，在世界主义中（in cosmopolitanism），出发点不是个人或社区本身——就像他们在自由主义和多元文化主义中所表现的那样——而是通过对新事物的审慎接受与对已知事物的审慎处理的融合，他们可能会成为什么样子。因此，在世界主义中，与多元主义的区别不在于课程内容本身，而在于视角或取向，因为它会影响到人们对内容的参与。下面，我将通过思考"遗产"这个术语而阐明这个观点。

　　一个初步的观点（第一章也提到过）是，教育和社会化不是同义词。社会化是一个历史悠久的过程，它把年轻人吸引到一种生活方式之中，并使他们有能力维持这种生活方式。如果没有社会化（还有包括涵化〈文化适应〉和濡化〈文化内化〉在内的其他术语），人类的生活方式就会消亡。只要文化在，社会化就仍然是人类的必要活动。通过它，年轻人学习理解、沟通和互动的方式，以及不断发展的文化知识体系，这些共同构成了他们的生活方式。在社会化背景下，遗产恰恰意味着：既定生活方式中的一个要素。它不是在不加反思或缺乏想象力的意义上被不加批判地接受的，而是指社会化首先使得批判成为可能——也就是说，能够从存在论的角度退后一步，审视观念、价值观、信仰和实践，而不仅仅将它们付诸实施（enact them）。如果没有被社会化为一种生活方式，就无法想象会有这样的退后一步，也就不可能有这样的批判经历。没有这样的批判经历，就没有什么是可以退后一步的，就像没有什么可以站立一样。一个未被社会化的人会发现，自己不可能与他人打交道，就像自己无法与他或她自己打交道一样。

世界主义教育理念认识到社会化的必要性，而社会化反过来又需要认识到本土（the place of the local）在人类生活中的地位。教育依赖于社会化，依赖于进入一种生活方式并成为其中的一部分。然而，从世界主义的角度来看，教育涉及对世界的新理解、新体验以及在其中行动（moving）的新方式。这些模式可能与社会化进程相一致，但是，它们并不简单地复制社会化进程。它们通常伴随着社会化，有时可能很难将它们与社会化区分开来。不过，当社会化的要求与教育的关切相抵触时，它们之间的差异可能会造成紧张和困难。在任何时候，教育既需要保持距离（standing back），又需要深入其中（standing in）。在教育体验中，学生即便全身心地投入学习，也会与学习对象保持一程度的疏离（detachment）或距离（distance）。换言之，学生意识到它是一个学习对象，而不仅仅是一个路过的对象；之所以成为学习对象，是因为学生经常通过教师和课程的引导而关注到它。

学生的意识反映了这样一个事实，即教育是有目的的，而不仅仅是功能性的。社会化完全是功能性的：其目的在于维持文化，同时使人类能够适应文化。教育既有功能性，又有目的性：其目的是为本书在三个层面上理解的文化做出创造性的贡献。在教育领域，回答问题、追求兴趣以及根据好奇心采取行动（acts）等方式都是无剧本的，没有预先确定的方案。欧克肖特

（Oakeshott）认为：

> （教育）没有预先设定的路线可以遵循：人的每个想法和行动都会在系泊点被放行，以一条自己选择的但是在很大程度上不可预见的路线驶向大海。它没有预先设定的目的地：没有真正完美的人和生活，没有这样的模仿对象。这是一种困境，而不是一种旅行。
>
> （欧克肖特，1989 年，第 23 页）

困境不像可以解决的问题或可以完成的旅行，它是一种生活状态，是以一种或另一种方式参与的生活的特征。欧克肖特还将教育描述为一种令人不安的和未经排练的"冒险"（第 23 页），试图前往一个从未有人去过的地方，因为没有哪两个人可以用完全相同的方式理解这个世界及其元素，从这个意义上说，教育的体验在重要的时刻涉及真正的惊喜、期待（expectations）破灭以及不可预测性。相比之下，社会化是一种经过精心排练的、不断发展的系统，它使人类得以在已知的和熟悉的环境中安居乐业。

因此，在教育情境中，遗产具有与社会化不同的特征，即使他们的最初载体可能是相同的。也就是说，在这两种情况下，载体都可以是我们所说的书籍、方法、设备、练习和行动等等形式。它可以采取所谓的木工、数学、体育等形式。然而，在教育中，遗产并不像是遗留下来的一件财产或一堆物品。这不是学生被要求记账时可以从口袋中掏出来的东西，也不是学生轻易可以描述的对象，即使他们长时间浸润其中——或者，也许，经过特别长时期的投入之后，仍然无法描述。[1]

1 　安德鲁·阿伯特（Andrew Abbott）阐明了这一点："教育是就学年限吗？是特定领域的可测的知识吗？是快速把握新材料的能力吗？是对'经典'文本的理解吗？是世界经验？这 （转下页）

例如，一个人学习艺术或哲学的时间越长，课程这个遗产就可能变得越深刻、越丰富、越令人困惑。艺术的界限是什么？艺术从什么时候开始？它是从一个人拿起画笔的那一刻开始的吗？或者象征性地说，只有当这个人转过弯来，意识到是什么在第一次呼唤她或他去画画时（不一定是用语言），它才开始？与理论或意识形态相比，什么才算哲学？我们如何将哲学与修辞手法区分开来？哲学什么时候"发生"？每当我们思考时？每当我们提问时？还是强调了特定类型的思考和质疑？

在教育中，遗产是问题、价值观、思想、实践、怀疑和渴望的动态混合体。在教育上吸收（assimilate）遗产是一个过程，它的形式和内容变动不居。这个过程包括思考、想象、探究、沉思、学习和决策。学生们参与到一项教育遗产的继承活动时，不仅仅是吞下它，或者像博物馆里的参观者那样悠闲地转悠，对每件展品都瞥上一眼。从这个角度看，遗产总是与显而易见的或官方的课程（或者是上文提到的"载体"）不同。它也不同于分别被称为"法定的"和"隐藏的"课程，尽管它可以被理解为通过它们具体化，但是它和它们的区别不容忽视。学者们将法定的课程（enacted curriculum）描述为教师和学生实际上所做的与教学内容（subject matter）有关的工作，而不是他们可能打算做的或为他们规定的工作（布辛等，1976年，斯奈德等人，1992年）。隐藏的课程指的是理解、观点、习惯等等。这些反过来又都是法定的课程的无意中的结果（杰克逊，1968年）。

课程作为世界主义遗产是一种教育理念。它表示学生与最初为手头的

（接上页）些可能是教育指标，但是并非教育本身。当我们说，'她离开校园后，开始接受真正的教育'，此时表现出了我们关于教育本质的深层的矛盾心理。这种矛盾心理将教育定义为间歇性的、新兴的职业，而不是就学年限、经验或其他东西。教育是这些东西的交叉（intersection），或者是这些东西所指向的、超越它们之上的某种东西。"（阿伯特，1988年，第318页）

教学内容(subject matter)赋予生命的东西之间的一种交易(transaction)，这种交易即便不可预测，也是动态的、有目的的。以科学课上的一位学生为例，当学生不再只关心考试是否合格，而开始关心她或他自己的体验时，科学就从一个对象(object)彻底转变成一个学习对象(object of study)。例如，与"对象"相关的问题的是，哥白尼(Kopernik)关于太阳系是日心说的证明；当学生意识到和思考下面那样的问题时，它就成了"学习的对象"。这样的问题包括："哥白尼最初是怎么想到这个想法的？是什么让他有了那样的想法？他接受了什么教育？他为什么要关心太阳系呢？他如何用自己的语言描述自己的发现？他当时的情绪是什么，他的想法、问题、猜想是什么？他和谁就这件事进行了沟通？那些人的批评性回应(critical response)是什么？他对自己采取的方法有什么遗憾吗？他的所作所为如何影响了人们看待地球及其在空间和时间中的位置的方式？它对我看待这些事情的方式产生了怎样的影响？我要不要也成为天文学家？"如此等等。哥白尼在500年前的努力正在成为这位学生的遗产。这位学生不仅获得了关于哥白尼和太阳系的信息，还在学习上文中已经用艺术和哲学的例子说明了的质疑、好奇、困惑等思维方式。在这个例子中，这名学生正在回应在哥白尼的学说和天文学中体现出来的来自世界的呼唤(address)。这个过程包含持续的社会和交流元素。

回应这种呼唤的理念有助于区分作为世界主义遗产的课程与人们熟悉的作为"文化素养(literacy)"的课程（赫希，1987年）。作为"文化素养"的课程理念以一种特别直言不讳的形式出现在20世纪80年代和20世纪90年代，是对美国多元文化主义的回应。批评者担心，如果没有共同的事实背景和理解——从诗人和剧作家的名字到政治机构的名称和运作方式——国家的政治文化就会瓦解并失去团结意识。这个想法也与关于教学的一场长期争论联系在一起。这个争论就是，是否应该要求学生在思考问题和参与项目之前学习相关事实（此举被理解为一种素养模式），或者是否应该立即将他们吸引到问题和相关过程之中。在此过程中，他们自然可以获得相关的事实。这是支持这么做的人长期以来的主张。

文化素养完全属于社会化的过程。因此，不仅在美国，而且在任何渴望保持诚信的政体中，都有充分的理由去认真对待它。但是，当它在教育思想中占主导地位时，批评它也有同样充分的理由。一方面，这样做的话，它会让人们认为他们所获得的有限的文化知识是全球化世界所必需的知识（参见高迪利，2003 年）。因而可能削弱他们寻求新文化知识的积极性，而寻求新文化知识的积极性正是世界主义视野的一个显著特征。另一方面，值得强调的是，作为教育遗产的课程不仅仅是一种信息库，也不仅仅是文化习得的过程。正如劳拉·德西斯托（Laura DeSisto）所指出的那样，遗产"是值得研究而不是获得的东西"（第 104 页）。她的观点让人想起欧克肖特的提醒（1989 年，第 45 页），一个人可以购买（即获得）一幅画，但不能购买到对它的理解。理解涉及自我的改变，无论与一个人的性格、经验、知识和观点的总体相比是多么微不足道，理解都值得重视。它需要质疑、探究和惊奇。它可能导致一个人"忘却（dis-acquire）"最初吸收的东西。用本章的话说，理解意味着将自己视为与世界对话的主体，而不是把自己想象成为等待填充的预先成型的容器。这些观点呼应了第一章（第 20 页）中首次提出的主张，即，具有世界主义精神的教育具有变革性，而不仅仅是附加的或量化的结果。

把课程视作世界主义遗产的理念表明，在上面例子中阐述的学生的问题，或者与之类似的问题，可以是这个星球上任何时间、任何地点的任何学生的问题。因此，虽然关于哥白尼和天文学的学习（study）是世界上许多国家、地区和地方课程的一部分，但是作为世界主义遗产，它总是超越这些正式的、制度化的界限；总是超出它们所能指代的事物范畴。此外，所有可以想象的教授和学习这门学科的方式都无法准确描绘前面提及的那位学生的体验。换言之，无论两个学生多么迷恋哥白尼和他的成就，都不会以完全相同的、逐点对应的方式做出回应。教育过程中，任何一位学生的未经排练而且不可预测的冒险都不会被另一位学生复制。

教育与新声音

因此，作为一种世界主义遗产的课程不是一个传统主义的或普遍主义的概念。这并不意味着不加批判地看待过去的成就，以及不加评判地吸收其思想内容。世界主义也没有规定来自哪个时代的、来自全球哪个地区的哪些人类成就应该被纳入课程。

在本书的章节中，我一直在为研究、教学和教师教育构建一个不断发展且内涵丰富的世界主义典范（cosmopolitan canon）。这些典范包括柏拉图和马可、蒙田和古尔内、泰戈尔和杜威的著作。我把典范想象成一个追求意义的人所推崇的对象。它包括以持续方式教授的文本或类文本（如音乐作品、绘画）。它们是不断地为与它们共处的人带来洞察力和理解力的创造物。这些创造物具有启发意义；它们深化、拓展和丰富了人们的视野。人们以熟悉的方式崇敬它们，某些诗歌、小说、歌曲和谚语成为人们的挚爱和生活指南。[1]

何塞·恩里克·罗多（1988 年）在其著作《爱丽尔》（*Ariel*）中为这个观

1　达里尔·德·马尔齐奥（Darryl De Marzio, 2007 年 a，第 23—27 页，另见其他各处的论述）以理查德·罗蒂（Richard Rorty）的观点为基础，讨论了如何将哲学文本的研究理解为"典范形成"的模式——德·马尔齐奥（De Marzio）认为，这一过程与教师，就像它与哲学家或其他任何人一样，密切相关。

点提供了一个富有启发性的且具有世界主义精神的例证。这本书于1900年在他的家乡乌拉圭出版，很难归类。它融合了小说、历史、哲学和文化评论的要素。就像莎士比亚笔下的《暴风雨》中的角色一样，这本书似乎在盘旋和飞翔（swirl and fly）。它深刻地体现了对世界主义取向的承诺，并对可能阻碍其出现的许多狭隘态度和习俗进行了冷静分析。它有时也非常固执己见，看上去是片面的；书中充满了让读者感到紧张的时刻。罗多特别关注唯物主义的趋势，以及在经济压力下抛弃"诗意"生活方式的趋势。他借助一位名叫普洛斯帕罗（Prospero）的老教师之口来讲述故事——再一次受到《暴风雨》的启发——这位老教师在学年结束时，向学生发表了最后的讲话。（罗多将《爱丽尔》献给"美国年轻人"，既包括南方的年轻人，也包括北方的年轻人。）这位年长的教师缓慢而耐心地向他的学生传达了将世界的创造力视为人类共同遗产的意义。在艺术、文学作品、社会机构等中间捕捉到的社区创造力并不是私有财产，而可以提供信息，帮助任何地方的人形成自己的观点和实践。正如我在这些章节里强调的那样，这样的姿态并不意味着拥有他人的创造物。这也不意味着听取它们的呼唤（address）并回应它们是一件简单的事情。

普洛斯帕罗通过对各种欧洲小说、历史、哲学、随笔和其他艺术作品的广泛评论，详细阐述了这些观点。他满怀爱意地谈论它们，阐明了他所看到的它们的长处和局限性。他表明，要接触这些对象，需要仔细研究、批判性接受，并致力于与它们进行对话以及就它们与别人展开对话。可以说，在字里行间，他承认了个人和社区对某些作品的依恋将会消退。它们会被搁置一旁，但是终究有一天会有人再次听到它们的声音。普洛斯帕罗是一位年长的教师，他似乎在献上苏格拉底式的绝唱，而不是岁末的祝福。通过他那一贯优美的嗓音，罗多捕捉到了创作出作为意义创造者的典范的意义：这一系列不断增添（evolving）的作品能够教导、激励和陪伴一个人或社区，通过自身的创造性努力而在这个世界中栖居。[1]

每一组教师和学生，其中的每一个人，都可以在开展学科学习的过程中不断地形成和重新形成自己的典范。它们的大部分内容都将理所当然地来自中小学校或大学课程。教师和学生将在他们认为合适的时候从其他地方的经验中汲取元素。构思有价值的学习对象（objects of study）的持续过程会有无穷无尽的收获，也充满了挑战。典范比单纯提供娱乐或一时兴起的内容更丰富、更深刻和更复杂。换句话说，典范照映了第二章对手册的讨论。回想一下，这些作品要随身携带，随时可用——它们如此有价值，以至于它们仿佛把人掌握在自己手中，指导他们处理好生活中的困惑、怀疑和可能性的问题。我将在本章后面的章节中再次探讨为什么教师可能希望不断地重新讨论哪些典范或哪些"手册"对他们来说很重要，以及这些方面如何帮助他们避免体验那种规制化的感觉（institutional feeling）（毫无疑问，今天全世界的教师都很熟悉这种感觉）——他们就像台球桌上的台球一样经常被随意摆弄。

只要这种参与是深入的和系统的，世界主义教育理念（cosmopolitan dispensation）将鼓励人们在课程选择上尽可能实现多样化。系统参与需要选择那些有望引发学生深入、持续参与的成果或对象——诗歌、历史事件、科学探究、一项新的运动等——这些对象能对学生和教师都构成一种有意义而非肤浅的呼唤（address）。这些对象必须有分量。换言之，它们必须有足够的丰富性，以之挫败肤浅的或油嘴滑舌的回应，同时呼吁教师和学生提

1　卡米拉·福哈斯（2005年）通过世界主义棱镜对《爱丽尔》进行了富有洞察力的、公正和全面的研究。除了赞扬其成就之外，她还强调了卡洛斯·富恩特斯（Carlos Fuentes）为玛格丽特·塞耶斯·佩登（Margaret Sayers Peden）的译本所做丰富而傲慢的介绍的局限性。富恩特斯认为，除其他外，《爱丽尔》忽视了拉丁美洲的来源，对拉丁美洲文化也缺乏批评。

升审美和智力水平，以应对它们的呼唤。有鉴于此，作为世界主义遗产的课程重视审慎的接受过程，而不是预先确定的内容本身。正如德西斯托（DeSisto，2007年）所展示的那样，透过世界主义的棱镜，教师和学生能够看到为什么"传统的对象（即遗产）并不代表对世界的明确陈述，恰恰相反，它是对那个世界的回应"（第115—116页）。

教育的一个重要因素就是学习如何回应（respond）他人对世界的回应（responses）。打个比方，全班同学将如何回应从前的世世代代的科学家给我们留下的我们称之为生物学的知识呢？要具备这种接受能力，就需要培养在第二章和第三章中通过生活艺术哲学阐述的倾听、沉思、思考和表达的方法。学习如何与他人交谈是一门技艺：从字面上看，正如词根所暗示的那样，"与"他们一起说话，而不是对着他们说话，或者将话传给他们。因此，这里的方法旨在为所有学生提供机会，让他们在教育中体验当地的和更广泛的传统，而不仅仅是从社会化的角度开展教育。这种接触意味着对话。学生应该能够提出问题，对事物的起源感到好奇，并将自己的学习与其他传统进行比较，所有这些方式都可以尽可能多地从他们的反应（reactions）和他们的长辈的反应（reactions）中获得（参伯顿伍德，1995年）。学生对课程中体现的人类经验的基本回应（responses），如果被扼杀而不被发展、不被表达、不被分享，那将是一种伤害。正如我们将要看到的那样，他们的回应（responses）可能是富有成效的开端。教师和课程可以帮助他们变得成熟，以实现教育目标。

乍一看，这里的前景可能会让人联想到与既定信仰和习俗——简而言之，与社会化的轨迹——之间可能存在无尽的紧张关系，甚至可能存在实际的冲突。在我看来，它反而需要一种有经验的洞察力。这种洞察力是敬业的教师在面对这些紧张关系时培养出来的。如果一个孩子问为什么人们相信宗教、民主或科学,我们没有理由回答"因为世界就是这样,仅此而已",或者说"这是多么深刻的问题,让我们抛弃我们的传统,重新开始"。然而,如果留心倾听,孩子的提问,无论在事务的框架中多么微小,都有可能以更明智的方式思考宗教、民主或科学。换言之,孩子的提问可以帮助她或他的社区重申其完整性——对宗教、民族和科学的信仰——同时,也能使其在价值观多元且难以预测的世界里以一种更有效、更正义的方式生存。

因此,让孩子沉默不仅会伤害她或他的尊严,而且还会伤害社区本身。比以往任何时候都重要的是,随着当代世界的发展,儿童比以往任何时候都更不可能不了解人类变化无常(variability)的现实。今天,只要走在几乎任何一个城镇或城市的街道上,孩子们就会接触到一个不断变化的文化万花筒,包括景象、声音、气味和人类的其他表达方式。因此,提倡听取儿童的回应并不意味着个人主义的种族中心主义,即这样做"更人性化"或具有"道德上优越的姿态"。相反,它构成了关于世界主义常识的一种尝试:凭直觉而言,在我们这个伟大的世界里,人们必须不断更新传统和实践,才能生存下去。假装孩子对经验没有回应(response),并因此压制它,这是人性的损失,因为它将剥夺人们——无论是在地方层面还是全球层面——始终需要的新兴的和重构的文化资源。超越习俗的盲目束缚,并不意味着超越习俗而生活。

遗产与教学法

世界主义作为一种教育取向,可以使人们对世界各地的人们的创造性遗产和能力有更丰富的认识。正如我们在第四章所看到的,这种认识可以产生重要的、充满活力的互动和相互支持的模式。

将课程视作教育遗产的实践可以推动世界主义取向的出现。取向意味着针对体验的情感反应（emotional responsiveness）和理智反应（rational responsiveness）的融合。如前所述，它类似于人们熟悉的术语"感知力"（sensibility）。它可以是一种充满活力的、警觉的、活跃的、精细的感知力，也可以是一种麻木的、封闭的、被动的和狭隘的感知力。乍一看，这个词可能意味着原子心理学，好像每个人都带着一种自给自足的、私密的、遥不可及的心智（mind-set）或心态（mentality）昂首阔步。但是，这个概念的法语词根"*sens*"的含义包括"价值"（meaning）和"意义"（significance）等。这些事情都不是私人化的，而依赖于社会互动。关于意义，想拥有一种纯粹私人的标准，与想拥有一种私人语言一样荒谬。情感、理性、开放性、灵敏性（responsiveness）以及直觉等决定取向的元素都是在与世界的互动中形成的。它们不是由世界决定的，也不是自我生成的。

世界主义取向出现在对已知事物的审慎忠诚和对新鲜事物的审慎开放的十字路口。它没有预先设定的、具体的形式，也不能直接通过教育而获得。它既不能被强制产生，也不能按照预设的课程蓝图而产生。然而，它是可以培养的。在本节中，我将借鉴前几章的成果，进一步阐明世界主义取向的含义，然后转向一个课堂实例来说明它的形成过程。

世界主义取向的轮廓

两句耳熟能详的话语将为接下来的讨论奠定基础。第一句话出自罗马剧作家和诗人泰伦提乌斯（Terence），这句话我们在第二章中已经看到过："*Homo sum；humani nil a me alienum puto*"——"我是一个人；我对人类的一切都不感到陌生。"这句话（诺顿的翻译，1904年，第175页）出自泰伦提乌斯写于公元前166年至公元前160年的戏剧《自我折磨的人》（*Heauton timorum-enos*)的第 77 行。第二句话出自美国哲学家约翰·杜威（1985年）。他在 1916 年首次出版的《民主主义与教育》的最后一句中写道："从所有生活遭遇中学习的兴趣是最基本的道德兴趣。"（第 370 页）

　　泰伦提乌斯的措辞提示了这样一种观点，即在阐述一个人的人性时——无论使用了什么样的措辞——一个人都在表达这样一种理念：其他同样通过言语和作品表达自己人性的人，都不是异类。用辩论的术语来说，没有陌生人。人们可能会发现别人和他们自己都是奇怪的、令人讨厌的、神秘的和不透明的。但是，这种回应（reponse）不同于将这些特征视作人性藩篱（pale of the human）之外的事物。实际上，它们只是性格的标志。这种态度表明，不需要认可其他的无论是个人还是社区的习俗和信仰，更不用说采用它们了。然而，这确实意味着不要把别人的生活当作来自另一个宇宙的陌生事物来回避。[1]

　　杜威强调从所有生活遭遇中学习，而不仅仅是从那些熟悉的、愉快的和确定无疑的经历中学习。在他看来，这种"兴趣"具有道德意义，因为它使跨越差异以及在差异内进行有意义接触的每个可能性变得具体化，从而得以维持。从每一个遭遇中学习的意愿并不意味着这种学习会很容易或者总是有可能的。对自我和他人的理解很少会得到保证，而且无论如何总是不完整的。但是，这种"兴趣"确实假设没有穿不透的墙，即使人们在逐渐亲近的

1　泰伦提乌斯的措辞也让人想起了第四章（第 71 页）中提到的幽默在任何适宜的生活方式中的重要性。这其中，也包括世界主义生活方式。事实上，这句话出现在克莱默（Chremes）的口中。他是一个爱管闲事而且性格相当不稳定的角色，一直在窥视邻居的院子。当邻居叫他时，他就用泰伦提乌斯的现在已经为人熟知的那句话来回答！罗马作家和演说家西塞罗（公元前 106 年—公元前 43 年）显然是第一个将俏皮话转化为世界主义主题的评论家（努斯鲍姆，1997 年 b，第 33 页）。在我看来，泰伦提乌斯精彩话语的这种双重框架是不可思议的。它说明了为什么幽默感表示的不是轻浮，而是对人类状况的成熟而严肃的看法（托泽，1907 年）。电影制作人克日什托夫·基耶斯洛夫斯基（Krzysztof Kieslowski）显然也认同这样的看法。伊莲娜·雅各布（Irene Jacob）所扮演的角色通过第一章第 1 段提及的世界主义棱镜眺望外面的世界。这个棱镜实际上是由塑料制成的，可以像球一样弹来弹去——就像她在电影后面所做的那样。

过程中成为独特的个体,也不会永久阻止人们在逐渐分离的过程中结成完整的集体。人们可以学会辨别在不同生活形式中起作用的价值观(参见伍美莲,2006年),也可以从持有价值观的不同方式中学习,即使是相同的价值观也无妨。

　　尽管这两句话的写作时间相隔两千多年,讲述者所处的环境也截然不同,但是,泰伦提乌斯和杜威的话语在世界主义取向上是一致的。正如我所提出的,这个术语具体体现了接受和沟通的模式。这些模式可以在关于生活艺术的哲学思考中看到,也可以在最近关于世界主义的田野研究中看到。请允许我讲一讲另外两个人类行为领域的情况吧。在这两个领域中,人们可以见证世界主义取向的确立。一个是由知名的和受人尊敬的公众人物占据的世界舞台,另一个是相对不那么公开的课堂。

　　当我想到莫罕达斯·甘地、纳尔逊·曼德拉(Nelson Mandela)和埃莉诺·罗斯福(还有其他许多人)这样广受钦佩的享誉全球的人物时,我见证了他们同时做到尊重并公开承认自己的文化传统和其他传统的现实的能力。我从他们的所作所为中观察到他们对人的浓厚兴趣,不仅对“他们自己”,而且对世界各地的人们都充满兴趣。这种兴趣还体现在明显的耐心、反思、敏锐的回应和自我批评的能力等特质之上。我见证了从他人的遗产中吸收和形成自己的思想和价值观的意义。这些人物以一种大胆的方式展现了一种鲜活的、充满活力的信念,即作为个体,他们不仅仅是内部或外部物质力量的符号,而且具有实质性的能动性和自主性,即自由的存在。与此同时,在他们显著展现的能动性中,表达了另一种信念,即他们所有的听众、所有的对话者,乃至所有的人类同胞都是能动性的存在,都能够以更好而不是更坏的方式影响生活事务。

　　以上就是对世界主义取向的非凡表现的简要概述。这里的介绍包括对他人的真实情况及其传统、遗产和关切的明显的兴趣和尊重。这包括愿意公开谈论自己所珍视的事物,同时倾听、等待、思考、琢磨和接触那些可能持有不同志趣(commitments)的人。这里面还包含了以一种审慎而非轻率的方式吸收、消化新思想和新价值观的倾向。

然而,这份对甘地、曼德拉和罗斯福在他们的生活中所展现的世界主义取向的概述,并没有完全反映出他们的过去、现在的为人以及他们的行动(actions)的真实面貌。我明确指出这一点,是为了强调一个事实,那就是,个人的整体感知力不可能以最终的、完整的方式加以确定或分类。正如本书所建议的那样,这些人物以引人注目的方式阐明了世界主义取向的构成要素,例如尊重他人的道德和伦理现实,这种尊重超越了任何国家、地区、民族、种族、阶级、宗教或其他可以想到的边界所能包含的范围。但是我们也知道,这些杰出的人物有时也很狭隘,为"他们自己"做辩护。此外,他们在任何时刻都具有强烈的苛刻的批判性。他们给一些亲近的人带来了悲伤,有时在制定政策时表现得不负责任和疏忽大意,还会在紧急关头怀疑自己的方向感,并因此感到困惑和痛苦。

这一观察的结论表明,至关重要的是,不要将世界主义取向的理念具体化。换一种更积极的方式来说,世界主义取向的另一个构成要素是,无论多么模糊或难以言表,人们都会意识到,如果一个人宣称"我是一个世界主义者",或者对他或她的社区说"我们是世界主义者",那么,这种说法就会显得有些不妥、尴尬,甚至与生活经验相悖。如前所述,世界主义不是一种财产,不是徽章,不是既定的成就(accomplishment)和专长(achievement)。它从根本上取决于一个人与他人、与世界以及与自己之间持续互动的品质。就像教育——或者像民主,或者像做一个有道德的人那样——它永远是不完整的,永远是新兴的,永远容易解体。[1]

世界主义取向的范例可以在艺术和文学领域找到。这些人不是以消费者和观众的身份而是以意义最丰富的学生的身份接近他人和世界。例如,我想到的是持久不衰的求学精神;人们可以说,这种求学精神是由孔子和苏格拉底创造(enacted)的。如果我们考虑一下在这个不断变化的、令人愉快的有争议的名单上增添候选人,他们可能包括简·亚当斯、汉娜·阿伦特、威廉·爱德华·伯格哈特·杜·波依斯、西格蒙德·弗洛伊德(Sigmund Freud)、乔治·奥威尔、温弗里德·格奥尔格·塞巴尔德、苏珊·桑塔格、罗宾德拉纳特·泰戈尔、弗吉尼亚·伍尔芙和斯蒂芬·茨威格等人物(其中一些人之前提到过)。一方面,这些人深受特定社区和国家的文化熏染,对它们非常了解。他们对当地的一切(the local)有深厚的感情。另一方面,他们似乎接受了泰伦提乌斯的邀约,不把任何人看作异类。他们听从了杜威的劝告,接受生活中的所有遭遇(contacts),这意味着对潜在的变革性影响持开放态度。此外,这些人物还展示了如何能够保持对新鲜事物甚至更多事物的自发回应,使这种品质成熟并在一生中信任它。这种看似违反直觉的过程——即培养自发性的想法——有助于解释为什么这些人不能从特定意识形态的角度进行分类或限定。就像奥斯勒和斯塔基(2003 年)以及米切尔和帕克(2008 年)采访的年轻人(见第四章,第 127—128 页)一样,这些人物表明了为什么世界主义指向个人、社区和世界之间的一个活力空间,而不是

1　因此,与那些在工作中带着世界主义取向的教师相比,创建一个名为"世界主义教师"的类别可能是不合时宜的,并且具有潜在的危险性。不合时宜之处在于,人们预设,任何层级的教师都能像任何流派的作者一样完全掌握世界主义理念及其后果。几年前,我在与许多教育工作者一起工作的过程中见证了这种危险。那时,我与许多教育工作者在一起工作。在一个小组中,我遇到了一小部分特殊教育教师,他们对同龄人的可恶、傲慢的态度让我意识到,他们已经将自己的头衔——特殊教育教师——变成一种存在主义的假设(existential assumption),即他们是特殊的,因此有权全权决定他们自己的行为(conduct)。在房间里的其他人看来,他们特别粗鲁。令人高兴的是,在与我一起工作的众多的通常非常敬业的特殊教育教师中,他们是例外。

他们中任何一方的独有空间。

　　教育工作者可以提出自己的个人名单，选出以一种或另一种方式彰显世界主义取向的人物。在他们的提名建议中，可能有约翰·杜威、玛丽亚·蒙台梭利（Maria Montessori）和阿尔弗雷德·诺斯·怀特海（A. N. Whitehead）等人。就像其他具有世界主义精神的典范一样，这些各具特色的人物深深扎根于一个特定的传统或遗产之中。然而，在受教育过程和人生阅历中，他们体现了更广阔的视野，因此能够跨越熟悉的人、地点和思想类别。值得注意的是，就像前面提及的其他人物一样，他们的影响力不限于特定的国家，向外传播得更远更广。

　　前几章回顾的研究表明，无论表达得多么谦逊，世界主义典范实际上在任何地方都可以找到，包括在许多人的精神气质之中。这些人可能会惊讶于自己居然和这么一个历史悠久的丰富概念有关联。回想一下拉蒙特和阿克萨尔托娃（2002 年）采访过的工人阶级男性，或者是那些用言谈举止教会了瓦德尔（2000 年）世界主义含义的当地人吧。正如我们所看到的，世界主义不是一种身份的徽章或标志，而是对生活的倾向性和能动性取向的启发。这种取向以接受性、表现力和转变为特征。这种行动方式并不以局外人/局内人、外国人/同胞或其他固定的划分来运作，即使体现这种观点的同一批人在无数场合也会以任何数量的社区（家庭、国家、专业、宗教等）局内人的身份思考和行动（act）。世界主义描述了一种开放的精神，从生活中存在的种种接触中学习，尤其是从那些新的接触中学习。这些新的接触看起来可能让人感觉到奇怪、不安、忧虑，甚至可能是恐惧。鉴于这种姿态会带来不可避免的紧张和模棱两可，世界主义的表现往往是低调的、零星的、不一致的和不可预测的。

　　这些事实并没有削弱世界主义的愿景（promise），反而证明了它的适宜性(inhabitability)。正因为如此,我们不应只关注上面提及的那些著名榜样的生活。这一点很重要。这些人的确具有普遍的魅力,并且有助于我们深思(contemplate)。他们为批评当前的人类安排(human arrangements)提供了宝贵的框架,并激发了对可能性的期望(hope)。因为他们的巨大成就是罕见的,他们的榜样变得更加珍贵。正如希赛拉·博克(Sissela Bok)有力地指出的那样,

> 一个典范的生活令我们感到惊讶,不是因为从道德观角度看,它具有某种意义上的完美品质,而是因为它存在于这样一种信念中,即,思考一个人应该如何生活,应该为什么样的目标而奋斗,以及认真对待它们意味着什么。

(博克,2006 年,第 259 页)

然而,这里提到的这些人同样可能会首先这么说:如果他们的感人案例把日常生活置于次要地位,那么就会扭曲现实场景(scene)。现实中的世界主义,包括在学校和课堂里的世界主义,尽管确实需要努力和想象力,但是,并不需要全球层面的英雄主义。此外,正如我们在第四章中所看到的那样,尽管不断增加的资源总是在推动人们从事新的活动,但是,世界主义并不取决于财富、特权和权力。"普通的"工人阶级、新移民、城市青年和其他人可能会比最富有和最有优势的人表现出更多的世界主义倾向。教师和学生在日常互动中也是如此。

培育取向

我在这里提供的课堂中的案例尊重艾丽丝·默多克(Iris Murdoch,

1970 年)、伊莱恩·斯卡里(Elaine Scarry，1998 年)等人提出的观点，即想象或理解他人的真实情况可能是一项艰巨的任务。幻想之网、利己主义的引力、比人更重要的理想的诱惑，以及挥之不去的失望的力量，都会让人对他者的看法变得模糊，甚至使其失明。对默多克而言，这种观点让她将谦逊提升为道德生活的核心美德。对斯卡里来说，这让她高度怀疑我在这本书中提出的代表世界主义教育的那些论点。她暗示，教育在形成道德想象力方面的能力是微不足道的，也是脆弱的；同时敦促人们关注强大的国际机构的建设，以促进人类福祉。正如第一章所强调的那样，鉴于当代问题和关切的规模，这种关注是非常宝贵的。但是，问题不是非此即彼。如果没有世界各地稳定、耐心、专注和持续的教育工作，国际社会对善的承诺就没有可以生长的土壤。

在下文中，我将假设谦逊构成了一种动态条件，也是真正了解世界、他者和自我的结果(汉森，2001 年，第 167—191 页)。我不同意这样一种假设，即成功地想象他人的现实和他们所关心的事情是不常见的。这种富有想象力的成就不只是世界上那些道德英雄的专利。深入观察日常生活，就会发现，这种情况发生的频率要比表面看起来的样子要高。尤其是当我们带着悲观的看法，认为误解和暴力主宰着人类事务时，情况更是如此。

想一想在世界上任何地方的一个当地的学校里的音乐教师和学音乐的学生吧。[1] 学生们喜欢听来自世界各地的音乐。有一次，一些人被某一特定曲目中的弗拉门戈旋律吸引住了，以至于想将其声音融入到自己的刚刚萌

---

[1] 我以多年来在各种课堂上目睹的情况为基础而举例。我选择音乐课堂上的案例的部分理由是，它在人类文化中具有永恒的普遍性。弗拉门戈是一个具体的例子。小时候，父母带我去看伟大的舞蹈家玛丽亚·贝尼特斯(Maria Benitez)和她的伟大的歌手和吉他手时，就向我介绍了弗拉门戈。我从未从那次体验中缓过神来，对此我一直心存感激。我希望这个例子能说明，世界主义维度原则上可以伴随任何学科的教学，我请读者用自己心目中的任何课程来代替这里提及的音乐课程。

芽的作品中。如果有人问为什么,他们可能会非常简单地回应:"因为我们喜欢它!"教师赞同他们的决定,但是同时提出了一系列他们必须缓慢而持续地思考的问题。它们中有一些是技术方面的问题,有一些是哲学方面的问题。这种音乐形式的历史是什么?它运用了哪种类型的演奏乐器?这些乐器的历史是什么?这些乐器是用什么材料制作的?谁制造了它们?关于弗拉门戈的起源,它可能是对人类生活或自然界中的什么东西所做的回应(response)?弗拉门戈的传统究竟以何种方式——如果你愿意,可以称之为嬉戏的(ludic)方式——回应人类特定的欢乐、痛苦、价值观、抱负等?反过来,这种回应如何帮助我们思考怎样通过音乐——也许还有广义的艺术——表达我们的欢乐、痛苦、担忧和期望(hopes)?弗拉门戈传统中蕴含的回应是否暗示了重新认识或者重构我们的关心和愿望(desires)的途径?

简而言之,通过提问、指导、推荐资源等方式,教师帮助学生从可能只是一时兴起的,或者是消费主义的、旁观者式的或贪婪的尝试,转变为一种参与式探究。在这种探究中,意义和观点得到了明确的体现。可以肯定的是,老师不会一次提出所有这些问题。这种断继续续的方法(staccato approach)会让学生不知所措,无疑会抑制他们的好奇心。这可能会导致他们回头盯着老师,对她正在描述的地形或地点感到困惑。

教师的任务是帮助他们抵达那里。因此,她的问题至关重要,因为教育有时需要不适感、紧张感和冲突感。在互联网时代,当一个人被迫在一个新的按键上思考问题时,无论是从字面意义上还是从精神层面上讲,简单地"再点击一次"都太容易了。马可·奥勒留认为,"行动的障碍推动了行动。挡路的就成了路"(2003年,第60页,第5卷,第20则)。这个看法与孔子的观点相呼应。因此,教师说话、倾听、等待和行动,就好像学生最初的喜悦火花,如果经过精心的培养和刺激,可以上升为一种更高、更丰富、更持久的审美、道德和智力意义模式。换句话说,教师的行为就好像弗拉门戈的音乐传统不仅是西班牙文化的象征,而且是留给世界各地人们的世界性遗产——包括在空间和时间上与弗拉门戈的发源地相去甚远的那位教师所在的课堂。

此外,想象一下,像这里描述的那样,这位教师帮助学生实现了一系列的接触(encounters)。这种教学方法以日常而且可持续的方式传达了一种明确的信念,即她或者他的学生栖居于某个地方,而不"仅仅"是当地——或者"仅仅"是全球,他们也不仅仅是"唯一"在当下出现的那个人。更准确地讲,这位教师的行为暗示,地方、全球和人格的意义始终处于动态变化之中,并且具有丰富起来的可能性。换言之,持续参与作为遗产的课程,学生有可能重新想象和重新接受在世界上任何一个地方栖居都如同在自己家中生活一样的感受——也有可能是第一次领会这种意义。这种意义与回应、参与和创造有关。

在第一章中,我曾预计将会使用隐喻——比如"十字路口"——来阐明作为教育取向的世界主义。在关于这个取向的评论中,路易丝·普赖尔·麦卡蒂写道:

> 因此,十字路口是针对当代课堂或学校的恰当比喻,不同背景的个人或群体在其中互动。十字路口是暂时的停留之地,在这里可以回顾我们来这里之前的熟悉的地方。这些十字路口指向不确定的和未知的道路。这些地方可能会为我们的未来之旅做好准备,为我们提供营养和装备,比如地图,还有良好的祝愿和鼓励。我们在这里遇到陌生人,我们谨慎而好奇,同时容易受到即将要承担的风险的影响。
>
> (麦卡蒂,2009年,第16页)

音乐课堂上的这些学生已经走到了一个十字路口，他们的知识和经验与重要的文化遗产交织到了一起。他们与他们的老师还有其他人一起分享这个十字路口，每个人都给它带来了独一无二的审美方面和反思方面的感知力。这个十字路口展现出（constitutes）一个动态的互动、迷茫和发现交织的场景（scene）。

学生们进入了他们所在的十字路口：他们被一段音乐吸引住了。但是，他们去了其他地方：他们将对世界各地的人类遗产的回应融入了自己的取向之中。无论这种转变在他们不断发展的人性中是多么微不足道，但是，它的意义非凡，不仅在技术和音乐意义方面值得注意——当下的学生和教师比以前更了解弗拉戈了——而且在他们所经历的与之相伴随的哲学、道德和伦理意义方面也值得注意。学生们仍然生活在他们当地的世界里，但他们不再只是属于这里。他们有机会更深入地理解认真对待这个世界的意义，以及从世界的现实性中学习并欣赏它的意义。重复我以前讲过的话，他们栖居之处位于当地——过去和现在生存的地方——和全球或全宇宙（universal）之间——原则上可以接受和变成全球或全宇宙的居民。如果他们能像资深艺术家或物理学家那样讲话，他们也许会说，他们不再十分确定如何界定局部（the local）和普遍（the universal）之间的界限。

此外，这些学生所学到的东西，以及他们作为一个人在其不断发展的取向方面已有的变化，都将影响他们所处的当地的世界（local world），因为他们无论走到哪里都会带着这些取向。这种说法反映了一个事实，即在融入弗拉门戈的生活哲学和艺术哲学的过程中，他们并没有放弃自己的音乐传统以及相伴随的价值观，即便这些都受到了影响，也没有放弃。他们的学习不是全有或全无的问题。这是新事物与熟悉的旧事物之间的互动

（transaction）。通过这样的互动，两者都注入了新的活力（杜威，1991 年；罗森布拉特，1978 年）。因此，他们的学习也将影响宇宙（the cosmos）不断变化的形态和实质，也就是说，这些学生的创造力和经历不仅仅对他们本人而言前所未有和不可复制，对他人和世界而言也是如此。无论这一切看起来多么微不足道，但是，他们以重要的方式拓展、深化和丰富了人类的图景（tapestry）。当他们通过随后的遭遇（encounters）而巩固了自己的经验（experience）时，他们不断发展的成就本身就可以在微观上为他人提供潜在的遗产。

重新审视教育的世界主义

课程作为一种世界主义遗产，反映了其在社会语言层面、实践层面以及个体的意义上对文化创造力的理解。教师并不认为弗拉门戈是一种纯粹的有界限的遗产，它的意义也不是先验的包含或耗尽于一个特定的意义框架。教师也不认为，从弗拉门戈传统中学习一些正宗的东西，实际上就是那些居住在弗拉门戈诞生地的人的专利。然而，教师们不会假装学生同样可以体验到弗拉门戈创作者所体验的意义，更不用完全站在他们的视角来看待问题了。弗拉门戈作者最初的、巧妙的创作仍然保留着一种神圣的品质；它诞生于独特的痛苦、欢乐和渴望之中。但是，这种崇敬之情反映了世界主义者对属于这个世界的纯粹事实的尊敬，并没有将这些作品变成无法真正与他人共享的财产。世界主义教育理念有助于培养一种好客意识，让人们可以接纳并欢迎其他传统融入自己的生活。通过这一理念，人们可以逐渐理解世界各地的人们如何回应世界的呼唤（address）。

正如我们所看到的那样，这个过程既不简单，也不会自动完成。梅塔（2000 年）通过引用蒙田和哲学家大卫·休谟（David Hume）的观点阐明了为什么会这样。梅塔写道：

> 真正的反思意识的标志是去除(subvert)了以反思意识为傲的心
> 理……准确地说，世界主义需要的不仅仅是愿意或有能力采取一种允
> 许与自己的预设保持距离的反思立场，它还可能要求一种基于以下假
> 设的先验的伦理：在处理诸如生命的意义和呈现这种意义的实践等重
> 要议题时，反思的结果必然是多变的和不确定的，而反思只会增强这种
> 感觉，却不会超越它。它可能需要一种感知力，使人不相信自己可以轻
> 易地拥有与众不同的东西。
>
> （梅塔，2000 年，第 627—628 页）

世界主义的理解不同于占有，这正如教育不同于社会化一样。在这个例子
中，教师假设学生需要时间和空间来参与新传统。他们将会需要它，因为这
涉及学术上的挑战，也因为这个过程将把他们自己通过社会化形成的传统
观念公开化，并使其受到真正的人类可变性的影响。

阿皮亚(2005 年，第 252—272 页)正确地认为，关于基本价值观的哲学
共识不需要把社区间或国际政治谈判作为基础。他表示，一开始，了解特定
的关切、环境(circumstances)和选择就足够了。然而，在世界主义教育项目
中，至关重要的是让学生接触哲学多样性，比如，接触不同音乐传统中的哲
学多样性。形象地说，这里的教师不仅帮助学生理解学习弗拉门戈意味着
什么，而且引导学生把它想象成提问者，正在向他们提出关于他们是谁以及
他们希望(wish)成为什么样人的问题。教师正在帮助学生理解在一个不断
变化的世界里做人意味着什么的问题，以及他们如何帮助自己形成
(constitute)自己的人性。教师鼓励学生理解为什么所有的课程原则上都

是他们的遗产；即便这些遗产最终的影响可能难以单独识别和评估，他们在适当的时候也可以为之作出自己的贡献。

此外，他们都在了解——教师和学生都一样——更多的关于成为批判性守护者而非偶像崇拜式守护者的意义。他们需要守护的是意义、目的以及对世界的回应的遗产（汉森，2001 年，第 114—156 页；同时可参看霍根1996 年的成果）。他们正在培养，至少在萌芽中，一种阿伦特（1961 年）所描述的关心世界的姿态。这种关心从当地开始。就他们的实际情况而言，这种培养起步于课堂。当他们辨别他们中的每个人如何对课程做出回应时，这些原本逐渐分离的人就会结成完整的集体。当他们意识到对他们而言属于新传统的深度和意义时，他们这些原本逐渐亲近的人就会越来越彰显出个体的独特性。同时，他们也体验到了作为世界主义创造者的价值和奇妙之处。他们为自己和他人而学习、建构和提供文化资源。他们认为，承认弗拉门戈传统的价值不仅仅是"另一种美妙的声音"，而且具有教育意义，并且具有潜在的启发性，因为它对人类体验做出了独特回应。这种不断涌现的、始终充满活力的感知力（sensibility）可以帮助他们更积极、更有建设性地参与他们身处其中的生活事务。

正如布莱恩·费里（Bryan Ferry）和罗克西音乐（Roxy Music）在他们的歌曲《不止这样》（*More Than This*）中所表达的那样，人类无法扭转大海的潮汐。但是，无论是孩子，还是成年人，都不需要随波逐流。他们可以利用自己潜在的审美和智力能力，从而将自己的精力转化为建设性的因素（constructive account）。正如在前面引用过的杜威的一句话所言，"从所有生活遭遇中学习的兴趣是最基本的道德兴趣"（第 370 页）。这种兴趣在一定程度上是道德的，因为它在任何层面上都强化了人们对创造力本身的关注、责任和创造性监护。

教师在世界中的自我修炼

为了准备和练习这里讨论的世界主义取向，教师可以自己开展（absorb）第二章和第三章中描述的练习。这些练习构成了一种伦理：一种培养一个人的审美、道德、反思能力与观点的方式。因此，它们与自我牺牲和克制的模式形成了鲜明对比。后一种模式有时是由对"无私"的教师的刻板期待所（expectations）引发的（希金斯，2003 年）。这些练习将教师带入本书中提到的连词"与"之中：审慎开放与审慎忠诚、教师与世界。请允许我根据目前的讨论简要地列举几项练习吧。

我们在上一节中遇到过手册或典范如何识别的问题。这些手册或典范都是有意义的作品，可以帮助教师在始终复杂的、充满争议的和具有救赎性的（redeeming）教育领域中游刃有余。这些作品可以是哲学文本、诗歌、历史、自传、小说、电影、绘画等。它们不提供蓝图或具体而详尽的建议。它们不能这样做，是因为每个教师的情况都是唯一的（unique）和独特的（distinctive），而且，这样做也不是它们的职责所在。它们所提供的是充满智慧、勇气和想象力的声音。实际上，它们会对老师说："你真的会惊讶（surprised）于教育虽然很难但也很奇妙吗？你真的会震惊（shocked）于你的学校被相互竞争的议程束缚住了手脚但同时也能让你走向成熟吗？你真的会惊愕（stunned）于亲眼目睹的人性的好与坏吗？你，教师，生活在人、地方（places）、机构等的十字路口。那儿没有预定的边界可以排除人性的多种表现形式——但是也要记住，人性本身不断变化，没有人可以做标记或计算，因为我们都离它太近了，以至于看不到它。每一天，每一小时，也许每一分钟，你都会遇到问题与希望（promising）、挫败与解放、消沉与愉悦。"

手册在提醒教师要面对现实而不是逃避它的同时,也能够起到安慰、抚慰和平静心绪的作用。它们可以使人恢复活力和重新振作起来。它们成为值得持续交往的好伙伴,这让人想起文学学者韦恩·布斯(Wayne Booth,1988年)的一个比喻。布斯几乎是用字面意思说明了文学作品如何成为我们的朋友和伴侣。它们会成为内心的声音,与人交谈,充当一种富有同情心的观察者和评论者。就像在个人生活中扮演手册角色的任何文本或类文本一样,它们有自己的作用。我鼓励老师们尽早找到(identify)他们的手册,并密切关注它们,即使这些手册被亲密地带在身边,同时也要寻求新的指南。在不知不觉中,这种做法可以加深一个人对世界本身的关切。毕竟,正是在这个世界之中并为了这个世界而发挥的创造力才催生了如此鼓舞人心的作品。反过来,这种关切可以贯穿于教师的日常工作之中,与其说是显而易见的,不如说是体现在任何一位敬业的教育工作者所展现的微妙而坚定的能够鼓舞人的姿态之中。

　　如果手册和典范不能提供具体的建议,那么值得你信任的同行可以。因此,另一种练习就是专心地与同事建立友谊,大家可以在同一机构或其他地方工作。这项练习与入职培训计划的精神相得益彰,同时也与当前对教师提出的传统而合理的建议相契合,即合作、互动、分享想法,并学会以团队的身份进行交流。它通过突出友好谈话的语气和基调来做到这一点。这种谈话不仅仅解决最新的问题和挑战,而且可以反映出女性在400年前开始创造的沙龙中为自己和他人创造的可能性。他们为思考、反思、批评和想象创造了一个空间,挑选出了要解决的阅读材料、主题和广泛的问题。教师也可以这样做,从而创造出知识的庇护所、一个独立(apart)的地方,一个属于他们的地方。他们在这些"避风港"——可能是同事的家中、咖啡馆、公园里——的交谈可以练就他们在教室和办公室中必须使用的有用的即兴思维模式（the modes of practical，on-the-spot thinking）。

他们的谈话可以从一起大声探讨（thinking out）各自的教育哲学的意义上变得哲学化。教育哲学可以理解为价值观的体现、伦理和道德的指南以及实践思想的源泉（汉森，2007 年，第 7 页及其他）。例如，教师可能重视与学生的对话，以及围绕教学内容（subject matter）进行的关于解释性问题的交流与探讨。这种价值观反过来又为他如何行事提供指引。它以伦理的方式指向内在，引导他培养创造性地提问、倾听和回应的技艺，同时加深他对相关教学内容（subject matter）的理解。它还以道德的方式关注外在，引导他注意那些可以在课堂上开展更充分地讨论的事件，以及那些可能会分散或破坏注意力的因而他必须要参与的事件。重视讨论就是为了发展一种实用的"雷达"，一种时刻警觉的能力，以便于在课堂上随时提出问题，引导学生研读文本或类文本，激发个体之间的交流，并捕捉到学生脸上出现的疑惑表情。当教师大声探讨教育哲学时，他们可以无休止地相互学习，同时提供真正的快乐。

另一项练习是，与同事和学生一起训练等待的技艺——或者换言之，可以称作沉默的技艺。孔子和苏格拉底这两位生活艺术哲学的奠基人都展示了他们对沉默美德的敏锐关注。在他们与他人互动的许多时刻，他们都会倾听，同时保持沉默，等待时机。他们的沉默成为一种积极的不作为的方式，正如耐心作为一种教育美德所表明的那样，这是一种高度积极的专注和警觉的姿态。

一个相关的练习是仔细而系统地思考一个人在教学中遇到的特定事件、人物和问题。在这里，思考不仅意味着思考相关事件，而且意味着想象它们（think them）。这也就是说，在脑海中描述这些事件，尽可能生动地呈现它们，并且尽可能细腻地感受它们。这种想法可以体现在写作中，无论是以熟悉的日志(journal)形式还是以其他方式都可以。然而,它并非为了记录本身而存在。我提出这一点时,想到了我担任教师教育项目主任时曾经在一起学习的教师候选人。有一天,他们向我抱怨说,几乎所有课程都要求他们写日志(!)——这无疑是时尚之风压倒了理性的明显迹象。那些将哲学视作生活艺术的写作练习更符合思维教学的思路。它们不一定需要像传统的日志或日记(diary)那样定期进行记录。它们更像是在沉着地创作一幅画作或熟练掌握演奏某首特定曲目的技巧。

回想一下马可·奥勒留那精明而审慎的描述吧,他讲述了自己一生中从亲人、教师、政治家和其他有影响力的人那里学到的东西。他在开篇描述的那些微型的片段(miniatures)似乎以富有成效的方式(generative ways)影响了他后来的思考。另一个例子是帕特里夏·卡里尼(Patricia Carini)及其同事多年来开发的"描述性回顾"(例如,参见希姆利和卡里尼,2000年)。这个术语指的是,花时间记录下特定学生的行为(doings),以便于(1)更深入地了解这位学生,从而可以更精准、更有效地提供帮助和反馈,以及(2)以更新颖、更全面的方式审视课堂氛围。教师可以在一整年的时间里进行这样的思考,将自己的写作从一个学生(或班级,这要视情况而定)转移到另一个学生(或班级)。卡里尼所称的回顾部分与分享和讨论相关描述有关,主要是与同事展开分享与讨论,但是,原则上也可以包括家长和学生。我建议教师密切关注与课程有关的某个特定方面,将它们记录在精细的、散文般的小品(miniatures)中,以此来补足这一富有成效的练习。通过这种方式,他们慢慢但肯定更充分地接触这些遗产,最终将它们从头脑中转化为实际的行动,用于课堂教学。

尽管很难找到时间——或者更好的是,腾出时间——进行这些自我练习,但是很难想象,如果没有这些练习,如何打造(craft)有意义的教学生活。

这些练习增强了戴杰思(Christopher Day)和顾青(Quin Gu)在一项关于教师生活的重要研究(2010 年)中所描述的教师在面对挑战和困难时所表现出的那种韧性(resilience)。这些练习需古人所说的"otium"(悠闲),我们将其翻译成"休闲"(leisure)(参见伊德方索,2010 年)。但是,"otium"指的不是空闲时间、业余时间、下班后的时间、娱乐以及当代休闲概念中的其他内涵。它不仅仅是一种对工作的反动,一种摆脱工作的方式,一种恢复和放松的方式。"休闲"(leisure)意味着朝向一个目标前进:更全面地融入这个世界。它通常意味着创造性地利用孤独,而不是与孤独混为一谈。这个想法是为了平衡一个人生活的各个阶段——鉴于现代生活倾向于将工作及其衍生的娱乐置于优先地位,并使其他所有事物都成为它们的附属品,如今许多人常常难以做到这种平衡。此外,在没有 otium 和这里回顾的其他练习的情况下,教学本身可能会成为一种无情的、吞噬一切的野兽,而不是当一个人给它带来一个平衡的取向时,它可以成为的那种奇妙(即快乐与痛苦、沮丧与满足)的人生体验。

这种关于自我练习的谈话对于当代的耳朵(contemporary ears,呼应一下尼采的比喻)来说,听起来如果不是陌生的话,也可能有点儿古怪(quaint)。参考互联网上和随处可见的实体书店里的无穷无尽的自修(self-help)资料是一回事,想用那种能够让自己栖居在世界上并且拿自己为世界服务的精神来锻炼自己是另外一回事。然而,正如我们所看到的那样,重振古老的自我修养之道并不是倒退。恰恰相反,从比喻的角度来看,这些修养实践作为一种献礼(offering)则来自未来。它们使人们能够超越当前时代精神中的具有诱惑力的方面,并提出本章开始时提出的问题:你在这里干什么? 你住得怎么样? 你是如何与自我、他人和世界联系在一起的? 这些都是人类自古以来就一直在问的问题,他们要么试图用自己的方式来回答,要么让别人为他们这样做。如今,技术的迅猛发展,使每个人通过无数种方式紧密相连,便是这样一个答案。这也是教师的答案吗?学生自己的答案也是这样吗?也许是这样吧。但是,不假思索地接受答案是一回事,通过自己的创造性的思考和行为(conduct)而做出这样的回应则是另一回事。让众多的技术奇迹和其他奇迹如花绽放吧。但是,也请教师和学生借助适当的技术和其他资源来经营自己的花园。

这里重新构想的练习构成了一种方法。它们构成了一种自我教育(self-pedagogy),一种可以将自己塑造成为人和教师的持续过程。它们使心灵(mind)、情感(heart)和想象力持续复苏与重新焕发生机和活力成为可能——考虑到今天众多教师都受到冲击的管理压力,所有这些都至关重要(戴杰思和顾青,2010 年)。通过这样的练习,教师以一种持续的方式自我教育,越来越深入角色,越来越深地融入这个世界。反过来,在大中小学和其他背景(setting)中,教师可以将练习以重新配置的形式注入到他们的课程、教学、建议和指导之中。

教学、课程与世界主义的棱镜

在本章中,我试图阐明作为一种独特课程观的教育的世界主义的方方面面,以及它在教与学中的实施方式。作为世界主义遗产的课程强调了对意义的寻求,这里的意义,从原初意义上看,可以被理解为熟悉所谓的教学内容(subject matter)。作为世界主义遗产的课程是一种教育理念,它预设了社会化,但与之并不相同。这种课程可以激发一种世界主义取向,这种取向体现了对自我、他人和世界实际情况的尊重。这种取向驱使人们与他人以及其他传统和遗产进行交流。它使人们不仅对新的价值观和想法持开放态度,而且一方面将它们视为对世界的回应,另一方面视为世界对他们的呼唤。

这种取向能够以一种反思的精神,伴随着学生在知识、信息和技能方面的不断成长。换言之,它不是课程的替代物,而是对其深远意义的重新构想。它的优点是可以在教育系统内部任何层级的任何学科中实施。这个特点反映了前言中提及的世界主义的优点:它作为一种专注且开放的生活哲学所展现出的灵活性,对变化做出创造性回应的历史持久性,以及部分源于对人类追求意义这一无法消灭的渴望的认知的期待性。

直接与间接

这种取向能够让那些以世界主义精神开展教育的人知道该怎么付出自己的努力。尽管这些举措只能让人一窥其中的可能性,但是,好戏才刚刚开始。沃尔特·帕克(2007年)构想了"一个批判性的、超越国家的、世界主义的学校课程"。该课程旨在加强学生作为帕克所说的"世界公民"的感知力。它致力于培养一种日益增长的对世界的责任感,而不仅仅是局限于本地环境的责任感。帕克承认传统的国际和全球课程的价值,这些课程通常旨在扩大学生对世界的了解,促进民主思想,并加强对非暴力表达的差异的容忍。事实上,他提供了一套重构的国际课程,将它命名为"比较研究",并且认为这套课程将有利于推进这些目标的达成。

然而,他将这一提议与一门名为"世界研究"的课程相提并论,这里的"世界"代表"宇宙",即所有的难以计数的人类互动领域,这些领域无法简化为国家特征或利益的表现。该课程将侧重于全球化的案例研究、地球研究(以《地球宪章》为基础[1]),最重要的是从世界公民的角度出发,培养和发展

1　要从世界主义角度讨论《地球宪章》,请参阅麦格雷戈(Macgregor,2004年)的文章。

全新的视角和认知。这些要素体现了努斯鲍姆(1997 年 a)的观点,在她看来,在全球范围内"培养人性"需要自我反省,学会将自己视为世界公民,并发挥她所谓的叙事想象力(narrative imagination),也就是能够对他人的处境进行明智思考并学会妥善应对的能力。就像努斯鲍姆(1997 年 a,2002年)和其他批评者一样,帕克认为,美国——尽管其仍然拥有强大的力量——不仅需要一门国际或全球课程,而且需要一门明确以世界主义价值观为中心的课程。

斎藤弘夫(Hiro Saito, 2010 年)采用了一种并不相同但是与之平行的策略。他所谓的"世界主义—国民教育"的核心理念围绕情感教育展开,从这个意义上讲,它呼应了儒家和斯多葛派的哲学主题。[1] 斎藤从日本的几所学校网站中收集了一系列详细的案例,阐明教师如何协助学生扩展他们与世界各地的人们的情感与认知关联。他并不认为世界主义是民族主义的对立面。在他看来,每个观点都会影响另一个观点。他批评了世界主义的普遍主义观念——也就是陈国础(Kok-Chor Tan, 2004 年,第 24 页)所说的"极端世界主义"——这些观念强迫人们以世界团结的名义超越他们的本土根基。斎藤弘夫用一种更加务实的世界主义来反驳这种观点,就像第四章所阐明的那样,在这种世界主义中,人们学会了跨越(move across)而不是超越(rise above)当地的边界(borders)和界限(boundaries)。与帕克的提议一样,斎藤弘夫强调了对话在世界主义教育中的力量。他强调了它如何产生更广泛的

1　然而,就像一些研究世界主义的社会科学家一样,斎藤似乎(错误地)将哲学与普遍化理论联系在一起,而没有意识到本书中提出的实际实施模式(modes of practical embodiment)。可以肯定的是,一些关于世界主义的哲学著作是高度抽象的,远离了在地面上的日常生活所需要的范畴。但是,有些人的出发点恰恰是始于对这种生活的密切关注。这些评论让人想起一种区分哲学的方法。前者是作为理论的哲学,解决问题(例如,知识是什么?)的答案不会以任何明显的方式影响人的生活;后者是作为生活艺术的哲学,对问题(例如,我该如何生活?)的解答直接影响到一个人的观点和行动。几千年来,教师一直从这两种哲学模式中获益。

情感关联,而这种关联反过来又可以成为关于跨国正义的智力、道德和终极政治抱负(commitments)的基础。

伦纳德·瓦克斯(Leonard Waks,2008年)提出了政策取向,并且详细阐述了扩大个人、学校和社区之间的沟通机制,以此作为一种方式,增强具有世界主义精神的共同的责任感。"一个世界主义公民教育项目,"他写道,

> 旨在软化对立的身份,为世界主义交流(cosmopolitan exchange)提供平台。通过参与这种交流,人们形成并强化世界主义的态度、兴趣和忠诚度。因此,无论是在正式的学术环境(settings),还是在"现实世界"的环境中,来自不同群体的人们之间习惯性地积极合作,在现有的世界主义环境中发挥着非常重要的作用。故而,该项目的主要目的是:(1)提升学术环境的世界主义潜力,以及(2)在学术环境和城市之间建立通道。

> (瓦克斯,2008年,第213页)

瓦克斯讨论了学校多样化的前景,比如,向能够利用世界主义网络资源的成年人敞开学校的大门,允许当地学校之间的交流(exchange)和互动(movement),以便于建立具有世界主义精神的合作关系,等等。

尽管有很多理由突出我们熟悉的"全球(世界)公民"这个概念,但是,这本书采取了不同的策略。我把希腊语单词"*kosmopolites*"译作"世界居民"而不是"世界公民"。这个术语的词根之一是"*polis*",它的意思不是指某个国家或民族,而是一个渴望共同栖居(dwell)的人类社区。"dwelling"一词在此处就表示"居住"(inhabiting)的意思。

对我来说,学习场所的教育优先事项是让学生融入这个世界:成为其中

的一员，找到归属感(becoming at home)，并在人类跨越时空的意义创造的溪流中(the stream of human meaning-making)深深扎根，同时对此有所认识。这种取向强化了对新事物的审慎开放以及对已知事物的审慎忠诚的核心价值。如果没有这种取向，关于公民身份——甚至是我们所说的世界公民身份(cosmopolitan citizenship)——的要求可能仍然难以满足，甚至难以想象。它们可能会变得脆弱且流于形式，也有可能会忽略(override)或掩盖(put in the shadows)这些页面中描绘的关怀和参与的深层模式。自相矛盾的是，他们可能把教育变成是仅仅达到目的的一种手段，这与学习如何栖居在这个世界上的目标正好相反。如果我没有培养出这种在空间和时间中的栖居模式，怎么能被指望(expected)具有所谓的世界公民的心态和习惯呢？怎么能真正学会倾听、反思、认真对待他人的主张和需求呢？我只能部分地听到它们，只能偶尔地看到它们，只能间歇性地受到激励。虽然这两个概念之间没有本质的或注定的对立关系，但是在我看来，学习以本书所描述的方式居住在世界上，就是学习成为负责任的、响应灵敏的(responsive)公民的先决条件。

格林达·赫尔(Glynda Hull)及其同事(2010年)本着一种我理解的"栖居"(inhabitation)精神，描述了在线国际社交网络的创造性运用。这种网络与旨在培养具有世界主义精神的倾向(dispositions)和能力的线下本地项目相辅相成。这项研究关注一群十几岁的印度女孩，她们都生活在贫困之中，每天要靠工作养家糊口，但是每周也都有几次机会去参加有组织的教育项目。除了其他活动之外，这些女孩与来自挪威、南非和美国的年轻人互动，并且交换了基于数字技艺的手工艺品。赫尔及其同事对这些数据进行了解读，据以展示女孩子们如何重建自我意识和世界观(sense of self and world)。她们更加深入地思考和接受来自当地以外的观点，同时增强了他们的个人能动性和创造力。通过对他人作品的"热情阅读",以及她们之间自发的交流,女孩们创造了有意义的跨文化交流。作者将这种交流描述为"日常的世界主义"(第349页),这是他们从科尔普斯·翁(2009年)那里发展而来的一个术语(a term of art)。赫尔及其同事细致入微地阐述了这种日常存在方式的教育内涵和意义。

本书中的论点让人联想到一门从童年到大学都有的课程。除了其他更熟悉的东西以外,这门课程还以持续研究当地遗产和传统为特色,这些遗产和传统可以追溯到很久以前。与此同时,它还将在几年的时间里对至少一种其他文明进行深入研究,考察其在历史进程中出现的艺术、经济结构、政治、教育实践、宗教制度等。教师将循序渐进地鼓励学生深入学习这两种文化,了解它们各不相同的哲学基础,了解它们是如何体现对意义追求的回应的,并因此向学生提出他们将如何过自己的生活的问题。这样做的目的不仅仅是为了扩大知识面,或者仅仅是为了信息或知识。信息和知识的确有价值,但是它们并不是这样做的全部目标。鉴于民族国家本身形成的时间太短这个事实,这样做的目的也不是复制民族历史的教学,后者在学校课程中的特权扭曲了人类在世界上的经验。其真正的目的是(1)了解跨越时空的不同地方的生活,以及(2)充分体验这些生活,进而探究自身对新事物的审慎开放程度,以及对已知事物的审慎忠诚程度。

作为这一观点的反映,安娜-玛丽·德鲁安·汉斯(2006年)认为,正如在法国的北非移民青年应该学习蒙田和孟德斯鸠一样,在这片土地上扎根数百年的法国青年也应该学习伊本·赫勒敦和其他重要的阿拉伯学术著作和文学作品。所有人都可以从长期、认真地浸淫在艺术、宗教、哲学、建筑等双重宇宙中受益。萨拉宁德拉纳特·泰戈尔(SaranindraNath Tagore,2003年,第87—91页)概述了哲学入门课程(大约面向16—20岁的青少年)

如何在教育范围内真正具有比较性和世界主义特性。它通过不断制造交叉点或十字路口，克服了一些多元文化教育项目中的"自助餐厅"问题。在这些交叉点或十字路口，不同的遗产得以相遇相识。泰戈尔称他的方法可以培养一种"深刻"而非"肤浅"的世界主义（第89页）。就本书而言，它不仅仅提供有用的信息，而且对学生的视野（outlooks）具有变革性的影响。

　　课程开发（curriculum-making）的另一个指南是选择在世界主义环境（circumstances）中形成的对象。例如，音乐学家推测弗拉门戈产生于中世纪晚期的安达卢西亚。这个地区位于西班牙南部，几个世纪以来，一直由穆斯林、基督徒、犹太人以及各种混合群体（various mixtures thereof）共同占有。几个世纪中，这里的冲突几乎从未停止过，但是，在许多时刻和许多地方，这里的人们从文化差异中获得了真正的世界主义精神。15世纪末，西班牙宫廷转向原教旨主义，最终对摩尔人发动了进攻，抹杀了这种精神。弗拉门戈似乎体现了这段历史的大部分内容。在发自内心深处的歌声中，在令人着迷的朴实舞蹈中，弗拉门戈将遭受歧视而心碎的人们所经受的痛苦化作艺术创作的力量。同时，它表达了对意义、快乐以及全身心投入当下生活的不懈追求。艺术、科学、音乐、建筑、诗歌、数学、体育等学科的形式数不胜数，教师可以从中找到全球各地的具有世界主义精神的人类努力的成果，并汲取其中的灵感和智慧。

　　本着为教师提供练习的精神，还有许多基于课堂的活动可以激发这样一种态度：既对新思想、新价值观和新接触到的人保持审慎开放的态度，又对已知事物保持审慎的忠诚。在我教的一门课程中，一位听课的小学老师解释说，在她的课程中，她与学生一起理解窗户和镜子之间的关系：将他们在算术、阅读、写作、艺术等方面的学习视作打开世界的窗户，同时也举起镜子让他们凝视，从而了解各自的思想运作方式。另外一位老师经常会带来与学术主题相关的各种人物肖像，用这种方式来让学生想象教材（subject matter）中的基本的人类起源和轨迹。我认识的其他老师也会使用"你从哪里来"这个熟悉的问题，帮助学生将自己视作世界上多元文化"空间"（通常也是跨文化"空间"）的参与者。这样的空间包括家庭、友谊、各种活动和兴趣，更不用说城镇、城市、地区、国家、大陆了。老师们还会将这个问题转化为具体的疑问，诸如"您认为他们（其他个人和社区）认为自己来自哪里？""我们需要什么才能尝试理解他们是如何应对关于根源（roots）、起源（origins）和归属感（affiliations）的问题的？"正如第三章所讨论的那样，欣赏家庭的多元性为欣赏人类的多元性打开了一扇门。这样的问题，就学生的具体情况而言，可能会很微妙和敏感，因此一如既往地需要以审慎的方式参与进来。

每一个学科都蕴含着类似于之前勾勒的音乐课案例的契机。难以计数的当代作品（artifacts）——一首诗、一种科学解释、一首歌曲、一次辩论、一幅画作、一篇小说、一种几何证明——可以成为契机，引领我们深入到过去，探究起初究竟是什么促使它们能够成为现在的这个样子。它可以引发思考，即，什么东西能够让这件作品在未来继续存在。这种方法揭示了另一种在世界上安家的模式，即，通过与人类过去的生动、有机的联系而在这个世界上安家。在这种练习中，过去不再仅仅是过去，而变成了鲜活的现在。这种练习可以帮助学生想象这些过去的作品为什么可以在未来与我们对话，又怎样与我们对话：就像我们自己的可能性一样，它们的可能性仍然在我们的前方等待我们去探索。

学校里不断变化的具有世界主义精神的教育工作似乎无穷无尽。其中许多事业的成本不会超过孔子和苏格拉底向经常围绕他们的年轻人提出问题时的付出。这样的工作激发（evokes）或召唤（calls）一种精神状态，并促使其在与其他人和世界遗产的互动中发挥作用。世界主义取向鼓励教师和学生共同从倾听到他人转变为与他人一起倾听。诚然，学习倾听他人的意见是宝贵的，这种学习构筑了通向宽容的道路。然而，与这个成就同样重要的是，世界主义作为一种教育理念，鼓励与他人一起倾听：这是一种富有想象力的而且具有审美意义的练习，试图以他们的方式看待世界，试图理解形成他们自己的观察和认识方式的潜在价值观、信仰和抱负。所有人都生活在同一个世界里，并且都发展出了感知模式。但是，人们对同一个世界的看法并不相同，这取决于他们的成长背景、人生经历和关注焦点。与他人一起倾听，就是试图辨别他们对身处的同一个世界的回应。这种取向超越了宽容——一种我可以倾听他人却不受这种经验影响的姿态——进入了形成性学习（formative learning）的领域，在这个领域里，"我是谁""我是什么"开始发挥作用。我敞开心扉，接受新体验（my encounters）带来的影响。

　　上面这几页纸中所提出的一些具体想法都是理想主义的。但是，理想即便无法实现，也能带来光亮（light）：它们能给人指明方向，并带来与这个方向相一致的变化。需要强调的是，与教育工作一样，每一步都需要谨慎（care）、机智和耐心。上述研究中展示的各类正式计划（formal programs）可以与本书在其他部分强调（feature）的有机方法相互补充。这种互补性将教育实践中始终存在的直接与间接、显性与隐性、形式与过程联系在一起。在教学中的各个独立时刻（at discrete moments），通过程序化方式表述的内容，相较于工作中那些通常被认为是理所当然的日常言行，影响力往往不够持久（参见杜威，1977 年）。正如现实中的世界主义不会等待自上而下的方案来激发活力，具有世界主义精神的教育也不会等待它们。在上文描述的音乐课堂的案例中，尽管教师并未正式使用"世界主义"这个术语，但是，展现出来的课堂体验却充分体现了这个术语所蕴含的意义。

作为世界主义共同体的教师

世界主义指向的是一种生活方式。这种生活方式不是要掌握可以向他人吹嘘的终极真理（final truths），而是要强调对真相（truth）的深深尊重——也就是深深地尊重世界、他人和自我的现实情况——以至于能够领悟有教育意义的生活（dwell）的真谛。在作为生活艺术的哲学传统中，以及在实地的世界主义研究中，我们已经看到了这些理念的具体实践，或者更确切地说，看到了它们的源头。这种哲学和田野人类学的交织催生了通过教育培养言说、倾听和探究技能的理念。

这些技艺在学校教授的不同科目中一直以具体而独特的方式长期发挥着作用。世界主义的棱镜照射出它们所蕴含的另外的意义。换言之，它揭示了它们的双重特性。一方面，这些技能使学生能够学会解决问题并且构建知识体系。另一方面，它们为参与世界的深刻变革（very transformation）打开了一扇门——社区和个人的每一个创造性行为都会促成这样的变革。换言之，这些技能不仅仅是为了观察世界或者在世界中与人相处（尽管这些能力始终不可或缺），而且是为了参与进世界，融入其中。学生可以明白，在分析一个句子、解析一个方程式、进行实验、开展一项体育训练或创作音乐作品的过程中，他们所获得的不只是技术性的技能，还有对世界的不断拓展的认知。这个过程可以促使他们在时间、资源和力量（strength）许可的范围内，尽可能富有创造性地参与世界，融入世界。

在教育系统不同层级的许多（如果不是大多数的话）学校里，都有一些教师和管理人员，可以为学生示范如何做到这一点。这些男性和女性可能在幕后（radar screen）默默无闻地工作，日复一日、每时每刻都在关注学生的福祉。在我的生活中，遇到过许多来自不同社区、文化、国家、地区等的教育工作者,他们能够就教育问题展开有意义的交谈。当他们见面时,他们很快就能找到共同话题,流畅自如地交谈。这种共同点的存在并不是因为他们在课程、教学、评估等问题上达成了一致,而是因为他们能够用语言表达上述问题的重要性,能够阐明以教育的名义所做的努力的意义。套用汉斯-格奥尔格·伽达默尔(Hans-Georg Gadamer,1984 年)的一句话,可以将这种现象描述为一些(显然不是全部)教育工作者对哲学的天然倾向。他们的努力维持了一场持续的、全球性的对话,这场对话在许多领域(registers)展开,其中涉及作为一名教师意味着什么、是什么让教学不仅仅是使他人社会化,以及其它许多相关问题。

这种对话不仅仅是其国家、文化和个体身份的总和。不难想象,如果参与对话的教师没有明确地表明她或他自己的身份,比如说,究竟是中国人还是尼日利亚人,是天主教还是穆斯林,是数学教师还是艺术教师,那么,对话的局外人可能很难确定这个人的"出身背景"(origins)。这种常见的现象并不能反映普遍存在的同质性。相反,这表明一些教育工作者既对本地领域的情况了如指掌,又能够同样深入且审慎地接受新观点和新思想。在共同追求教育真谛和卓越教学的过程中,这些教育工作者既立足于普遍规律,又关注特殊实际;既放眼于全球,又关注邻里社区。他们徘徊于天真无邪(naive)与玩世不恭(cynical)之间,游走于本土性与狭隘性之间。他们生活在世界主义的空间里。

教师教育者可以帮助教师候选人认识到,接近这个空间需要时间、经验和一定的思考。他们可以帮助这些教师候选人播下他们正在形成的教育哲学的种子,因为他们知道,以一种相互启发、充满活力的方式将愿景和实践结合在一起需要花费数年时间。这一事实反映了第一章的主张,即所有形式的教育都不能急于求成和强行逼迫。相反,它可以在遭遇挫折和有所满足的时候得到培育、滋养和支持。

世界各地的教育工作往往有着不可思议的发展轨迹。大量证词和研究表明，世界各地都有一些教师，他们不愿意被塑造成官员和雇员，对此加以抵制（戴杰思和顾青，2010 年）。他们并没有摆脱社会化的责任，这是他们工作的一个关键方面。然而，他们也认同一个长期存在的事实，那就是，教育意味着要探索全新的、无剧本的、意想不到的、未规划的以及不可预测的事物。这不仅仅关乎这里所讨论（in question）的个体，而且关乎整个世界。也就是说，每一个经历这个过程的个人、每一个课堂或者学校社区——在这个过程中都要对这个世界的存在做出创造性的回应——都因此而为宇宙中的人类丰富性做出了贡献。与整体相比，他们的努力可能是微不足道的，而且可能与他人的努力如出一辙（have a family resemblance to others' gestures），但是，每一次真正具有教育意义的经历都包含了独特的且不可化约的维度。

教师构成了一个早已存在的世界主义共同体。许多人都有一种持久的倾向，那就是愿意跨越各种文化界限，分享彼此的思想、方法和哲学。他们中最认真和最有趣的人似乎从这种跨社区和跨个人的交流中获得了乐趣、洞察力和教益。他们之所以能够如此，是得益于孔子和苏格拉底等先驱者的影响——他们至今仍然通过自己的言语和遗产进行教学。在我们这个时代，教师在培养对新事物的审慎开放以及对已知事物的审慎忠诚方面发挥着不可替代的作用。

结语：宇宙、民众与教师

　　赫尔曼·黑塞（Herman Hesse）在 1930 年首次出版的小说《纳尔齐斯与歌尔德蒙》（*Narcissus and Goldmund*）中描绘了两种生活方式。深情的、充满迷人的艺术气息的歌尔德蒙体现了游牧民族、流浪者和冒险家的精神。他的生活充满了热烈的情感——无论是喜悦还是悲伤，无论是爱还是恨——以及几乎不间断的顿悟，因为他遇到了非凡的人，并创造出美丽的艺术作品。他过着充满无尽风险（risk）、危险（danger）和希望（promise）的生活，让人想起亨利·菲尔丁对命运发出的挑战："明天，有什么就尽管来吧（do thy wost），因为我已活过了今天。"与之相反，纳尔齐斯住在一所修道院中——从字面上看，那是一个与世隔绝的世界。他教导和统治那个世界。为了寻找存在与时间的真谛，他沉思默想，在学习中，以及在每天的平凡时光所给予的一切中找寻深意。激情（intensity）与顿悟，风险与危险，都不是他的日常生活的常态。但是，他的使命（vocation）具有独特的创造性维度，给他带来了歌尔德蒙无法想象的满足感。黑塞的成就体现在令人信服地展现了每种生活模式的价值。他之所以能做到这一点，部分原因是，尽管这两个角色仍然有很多不完美之处，但是，他能够用非常巧妙的手段，让读者轻易地爱上这两个角色。

　　歌尔德蒙和纳尔齐斯的不同的人生轨迹揭示了在家（home）与出行

（road）、地方与世界、熟悉与陌生之间的紧张关系。他们在这个世界上的行动（moving）方式揭示了任何生活轨迹都会出现的约束和损失，以及机会。与此同时，他们之间真挚的、终生的友谊反映了这些显著的矛盾——旧与新，近与远，一个与多个——如何在隐喻中成为伴侣。它们不一定会相互抵消。透过世界主义的棱镜可以看到，它们通过彼此间无法消除的存在而变得更加丰富和强大。歌尔德蒙和纳尔齐斯在逐渐亲近的过程中彰显了各自的独特性，因为他们更清楚地看到彼此之间存在差异的现实，以及由此产生的对生活的影响。同时，因为他们学会了——如果不用太多的语言来解释的话——承认、理解和欣赏彼此之间的大相径庭（very differences），他们又在逐渐分离的过程中结成完整的集体。

世界主义取向缺乏歌尔德蒙和纳尔齐斯分别体现出的游牧式和修道院式生活中的纯洁、恒久和诗意的英雄主义。然而，正如我们所知，它有一种独特魅力，呈现出的生活画面富有教育价值、意义和互动性。回想一下陈国贲的比喻，这样的生活让人联想到根源（roots）与路径（routes）的可能性——一处场所与多处场所的可能性，已知与未知的可能性，记忆与期待的可能性。在教育领域，它为人们拓宽视野带来了可能性。正如本书所述，这种开拓并不一定需要身体本身的移动，而关乎审美、伦理、道德和智力的变化。无论每一步看起来多么地微不足道，都会有所拓展。这种取向鼓励人们去表达和创造，对世界做出慷慨的回应。

人类是否天生就具有这种创造力？当他们生活在一个可渗透的世界里，当他们接受并真正培养这种疏松度而不是要封堵这些孔隙的时候，他们是否感到最为充实？尽管存在充分的证据支持这种观点，但是我们对人性的理解仍然不够全面。历史和现实事件都表明，人类同样可能将这种形象彻底颠覆——变得极端部落化、暴力，甚至致人于死地。

诚然,纵观历史,那些攫取到权力的人一直宣扬自己是信仰的守护者。这信仰可能是种族的、政治的、宗教的信仰,也可能是其他信仰。他们通过煽动人们恐惧、仇恨和杀害无处不在的"敌人"来造成可怕的破坏。我所说的"无处不在"是指人类有能力在原本只有邻居、同事甚至同志和朋友的地方制造敌人。想一想 20 世纪 90 年代波斯尼亚一个饱受战争蹂躏的城镇的新市长所说的一句话吧。该镇长期居住的穆斯林居民彼时刚刚被驱逐出境,礼拜场所也刚刚被全部摧毁。在接受外国记者采访时,这位市长宣称:"兹沃尼克从来没有清真寺。"(转引自贝文,2006 年,第 7 页)人们对这种蛊惑人心的"领导"感到厌恶。它在世界各地的不断出现或许是"恶"这个概念产生的原因之一。小说家埃里希·玛丽亚·雷马克(Erich Maria Remarque)描绘了许多个世纪以来人类都确定会做的梦。在他的著名小说《西线无战事》(*All Quiet on the Western Front*)中,几名在战线后方休息的步兵——他们刚刚在一场由当权者指挥的可怕战斗中幸存下来——沉思默想:如果将那些所谓的"领导人"脱得只剩下内衣,把他们关进笼子,让他们进行决斗,而世界的其他部分则继续照常运转,那么,世间所有的问题或许都可以得到解决。

但是,煽动者不会从宇宙中突然冒出来。就像所有人类一样,他们也是文化的产物。他们以特定的方式吸收和形成了他们与其他人所共同享有的时代的精神。他们能够轻易触动人们的心弦。有时,这种触动真是太容易了。大多数人在大多数时候并不像他们那样行事,这一事实为教育和政治工作提供了持久的期望(hope)。尽管如此,人类对新事物的开放能力并不总是胜过同样可见的拒绝未知和不同事物的能力。由于涉人类生物学的进化因素,情况(the scene)变得更加复杂。根据许多科学家的说法,这种进化是无法阻止的,它影响但不决定上述两种能力。这让我想起了深受人们喜爱的鸽子。作为和平的普遍象征，如果不将它们分开关在不同的笼子里，鸽子有时也会相互攻击。

历史记录表明，几乎是从文化诞生之初，世界主义的能力和成就便已显现，但这些能力与成就一直很脆弱，很容易被部落主义和民族主义冲动破坏掉。此外，如前所述，具有世界主义精神的人经常在世界各地受到迫害。他们被当作社会弊病的替罪羊，或者被视为违反所谓的人类准则的异类。最后，虽然我们已经看到，实际存在的世界主义并不依赖于财富、权力和特权，但是一位富有同情心的批评者可能会指出，今天的精英可能会非常愿意得出这样的结论：好吧，让他们成为世界主义者和穷人，让我们成为狭隘的富人吧。

出于这些发人深省的原因，本书的教育重点（educational focus）与秉持普遍正义这一基本价值观的民主政治承诺紧密相联。虽然所有人都是脆弱的，但是他们不以同样的方式脆弱，也不在同一时间里脆弱（费希尔，2007年，第161页）。此外，并非所有的社会条件都支持人们有意义地生活在世界主义引发（evokes）的充满矛盾的变革的空间中：既离开家又留守家园，既与陌生事物建立关系又接触熟悉事物，既见证又参与。正如雪利·彭德尔伯里（2009年）观察到的那样，"普通与日常并非处处相同"（第21页）。因此，当前围绕世界主义的文献和讨论（energy）的一个重要方面就是，关注制度建设，以支持本书所阐述的那种取向。这些文献似乎与杜威对康德及其18世纪同时代人充满活力的世界主义想法（cosmopolitan thinking）的警告相呼应：

民主社会的教育以及为了民主社会的教育的基本问题之一，是由民族主义目标和更广泛的社会目标之间的冲突决定的。早期世界主义与"人道主义"概念既含糊不清,又缺乏明确的执行机关(organs)和管理机构(agencies)。在欧洲,特别是在大陆各国,教育对于[普遍的]人类福利和进步的重要性的新观念成为国家利益的俘虏,并被用来实现其社会目标,然而,这些目标显然是很狭隘和排外的。教育的社会目标和它的国家目标被混为一谈,其结果就是,模糊了社会目标的意义。

（杜威,1985 年,第 103 页）

对于杜威而言,社会目标始终是跨越个人和跨越社区的目标。这个社区可以是家庭、邻里、城市、地区和国家,也可以是任何其他类别。他一再主张以最全面、最具人际互动和跨社区交流的形式向所有人提供教育。

我在第一章中谈到了政治的世界主义的制度建设问题,又在下文定期回到这个问题的讨论之上。今天,许多学者和活动家都认为,世界主义理念要求持续构建宪法机制、国际协议、开放式交流、正式的服务架构等等,用以支持在不公正的限制下受苦的人。一些作者重视经济方面的问题,设想在世界范围内重建制度,以至于让所有人都能够过上创造性的和人道的生活。例如,前文提及的实现社会经济发展的可行性能力的方法(capabilities approach)采用自下而上的策略,而非自上而下的策略,同时呼吁建立正式的国际协议和支持架构。学者和活动家们都在为当今最富裕的国家树立一面镜子,敦促这些国家重树道德观念(consciousness)。这种道德观念也与一种关于所有生命所栖居的共同的、受到威胁的物质环境(environment)的新意识联系到了一起。这些事业及其相关事业都是无价的,而且因为世界变得越来越拥挤,它们也会越来越宝贵。

与此同时,在我看来,尽管需要所有的词和相关的行动来改善世界的前景,但是,以比喻的角度讲,对制度建设的关注是最后要说的一个词,而不是首先要说的词。对我来说,第一个词必须送给那些在日常生活中为自己的开放冲动创造空间,并遏制住关闭大门的诱惑的人。他们可能是工人阶级、专业人士、年轻人或老年人;他们可能是出租车司机、艺术家或高管;他们可能是教师,也有可能是学生。他们在我们中间无处不在,如果我们允许他们自由呼吸,他们也许就在我们身边。世界主义的互动在起源上往往是自发的,在实践中具有感染力,无需预先建立制度就可以实现这一目标。在历史上,它伴随着或先于每一种已知的政府组织形式而存在:从帝国到王国,从城邦到自由民主国家。在全球各地,一些人对新思想和新的文化形式感到好奇,给予尊重,表现出兴趣。即使发现这些东西是不确定性的、担忧和恐惧的根源,他们也不改初衷。他们确实从这些接触中汲取了教训,这些接触方式在本书中都有所探讨。

这种倾向催生了民主。民主的出现首先并不依赖于民主制度的建立。这个事实表明,要建立这样的制度,要使这样的制度公正有效,就必须认识到当地生活中具有积极资源。我认为这个观点是杜威那至今仍然切于实用的《民主主义与教育》的一个基本观点(lesson)。这本书在 1916 年第一次世界大战期间首次出版。书中,杜威直到描述完他的教育概念之后才谈到民主。后者主要围绕着沟通、日常互动以及实现个人天赋的意义等展开。换言之,对于杜威来说,教育构成了对经验的持续重建。他指的是不断从经验中学习并利用其结果塑造后续经验的过程。教育包括培养一系列动态的习惯,或者我在本书中所说的倾听、言说、专注、思考和行动的技艺与实践。从世界主义的角度来看,也许最基本的技艺就是惯于保持习惯本身的灵敏性、活力和开放性。这种能力使人能够在环境(circumstances)允许的时候尽可能充分地发挥她或他自己的潜能(bent),同时也能与他人进行丰富且有回应的互动。

在这本书的第七章,杜威提出了以下问题:什么样的社会最能支持上面提到的教育模式?什么样的制度以及什么样的人与人之间的关系秩序最有可能支持每个人发挥他或她的独特潜力?杜威在民主中找到了答案。但是,民主并不提供答案。民主的理念并没有规定或安排人们需要和应该接受什么样的教育。对于杜威而言,尽管考虑到不公正的现实和人们对集体行动(action)机构的需求,与民主相关的法律、原则、规章和制度体系必不可少,但是,民主不仅仅只有这些。民主的根源在于"民"(demos),即人民:所有人,而不仅仅是被选择出来的少数人。民主首先在人与人之间具体的、建设性的互动中得以体现。当人们一边用餐一边自由交流思想时,当他们在市场或公园分享观点时,当他们通过电子邮件或电话或在无数其他场所讨论共同关心的问题和解决方案时,民主就会发生。原则上,所有这些交流都有助于形成一种鼓励更多类似交流的风气。民主法律、指导方针和其他制度安排——包括教育方面的制度安排——至少在一定程度上应被视作一种表达和支持,表达和支持人类对真诚交流、纯洁和充满活力(innocent and fresh)的互动以及对于创造有意义和有目标的生活的渴望。

从教育理念出现的那一刻起,与社会化相对比,思想家们就一直在苦苦思考这样的问题:哪个先出现?是只有某种社会才能产生正确的教育模式吗?还是以正确的教育模式为前提,受这种方式教育的人才能形成正确的社会?从世界主义的视角看,这个先有鸡还是先有蛋的问题不需要非此即彼的回答。制度是保障人类利益(goods)的必要条件。但是,教育,特别是在像我们身处的这个快速变化和不断缩小的世界中,对于不断反思以及在某些情况下重新构建人类福祉而言是必要的。教育工作不应该仅仅是满足特定利益的工具,无论这些利益有多么宝贵,都不是教育的全部目标。在民主本身被理解为行为(conduct)的名义之下,教师与学生在创造交流方式时应该按照他们自己的方式留出一些空间,以便于在逐渐亲近的过程中彰显各自的独特性;而当他们以严肃的方式探讨(engage)课程中所体现的人类遗产时,又会在逐渐分离的过程中结成完整的集体。

在世界主义情境中,没有人知道新与旧的每一次互动都会是什么样子,也不知道这样的互动将产生什么后果。学习的意愿、培养审慎开放和审慎忠诚的能力的意愿可以帮助人们妥善应对(carry through)这种永久的不确定性。人们可以发现,对悖论的感知有助于促进人类事务的平衡。同样,尽管学术科目及其包含的事实、框架和思维方式为我们提供了不可或缺的资源,但是,在教育的冒险中,没有人知道哪里是目的地。用比喻的话语来讲,这些学科构成了手册。它们秉承爱比克泰德的努力精神,可以陪伴人们在世界上行进(move)。教育不仅仅是吸收,也不仅仅是跟随别人的脚步。虽然社会化使人得到初步发展,但是,教育推动他们作为个体和社会人而向前发展。

政治改革和制度建设不会在当地创造出世界主义,但是,它们可以支持和激发(release)世界主义,使其得到更充分和更广泛的表达。有经验的教师在这里展示了一条道路,因为他们知道他们不能"让"教育发生——他们也知道他们不必这样做。他们的学生很有活力,而且积极进取。当然,这些学生有时习惯于把教室看作一个与现实世界有些脱节的有些奇怪的地方。优秀的教师深挖学生内部涌动的生命力,并持续不断地提供机会,让他们亲身体验为何课程是对生活的一种鲜活、不断变化的回应。课程本身象征着对意义的追求,它可以教会人们如何集中精神、拓展心灵,并探索如何最好地发挥他们的个人特长。教师的叙述、研究和其他资料都可以证明,要在两种极端——一种是忽视学生的潜在力量,并将教材(material)强加给他们;另一种是忽视课程内容,沉溺于个人喜好并追求时髦的教学——之间保持平衡是极具挑战性的工作。同样,那些自诩为变革推动者和制度建设者的人既需要巧妙地避免将教材强加于人,又不能忽视有意义的支持可以提供给他们的真正的服务。透过世界主义的棱镜,口号似乎变成了:警惕自上而下的控制,但是同样要警惕自我克制。不强加于人,可能会因此而隐瞒宝贵的知识和经验。教师与世界主义改革者尽管都会以她或他自己的方式行事,但是,他们必须是最开放与最忠诚的人。

参考文献

Abbas, A. (2000). Cosmopolitan de-scriptions. *Public Culture* 12(3), 769 - 786.

Abbott, A. (1988). *The System of Professions* (Chicago: University of Chicago Press).

Achebe, C. (1958). *Things Fall Apart* (London: Heinemann).

Aciman, A. (1994). *Out of Egypt: A Memoir* (New York: Picador).

Aloni, N. (2002). *Enhancing Humanity: The Philosophical Foundations of Humanistic Education* (Dordrecht: Kluwer).

Ambrosio, J. (2008). Writing the self: Ethical self-formation and the undefined work of freedom. *Educational Theory,* 58(3), 251 - 267.

Appiah, K. A. (2005). *The Ethics of Identity* (Princeton: Princeton University Press).

Appiah, K. A. (2006). *Cosmopolitanism: Ethics in a World of Strangers* (New York: W. W. Norton).

Arendt, H. (1961). The crisis in education. In H. Arendt, *Between the Past and Future,* pp. 173 - 196 (New York: Penguin).

Bader, V. (1999). For love of country. *Political Theory,* 27(3), 379 - 397.

Bailin, S. (2006). An inquiry into inquiry: (How) can we learn from other times and places? In D. Vokey (Ed.), *Philosophy of Education 2006,* pp. 1 - 12 (Urbana, IL: Philosophy of Education Society).

Baldacchino, J. (2010). *Makings of the Sea: Journey, Doubt, and Nostalgia* (Gorgias Press).

Barnett, A., Held, D. and Henderson, C. (Eds.) (2005). *Debating Globalization* (Cambridge: Polity Press).

Beck, U. (2002). *The cosmopolitan perspective: Sociology of the second age of modernity.*

In S. Vertovec and R. Cohen (Eds.), *Conceiving Cosmopolitanism: Theory, Context, and Practice* (Oxford: Oxford University Press).

Beck, U. (2004). The truth of others: A cosmopolitan approach. *Common Knowledge,* 10(3), 430 - 449.

Beck, U. (2006). *The Cosmopolitan Vision,* trans. C. Cronin (Cambridge: Polity).

Benhabib, S. (2006). *Another Cosmopolitanism* (Oxford: Oxford University Press).

Berman, J. (2001). *Modernist Fiction, Cosmopolitanism, and the Politics of Community* (Cambridge: Cambridge University Press).

Bevan, R. (2006). *The Destruction of Memory: Architecture at War* (Chicago:

University of Chicago Press).

Bhattacharya, S. (1997). *The Mahatma and the Poet: Letters and Debates Between Gandhi and Tagore, 1915 - 1941* (New Delhi: National Book Trust).

Bloom, A. (1968). Notes. In *The Republic of Plato*, trans. A. Bloom, pp. 439 - 472 (New York: Basic Books).

Bok, S. (2006). "No one to receive it"? Simone Weil's unforeseen legacy. *Common Knowledge 12* (no. 2), 252 - 260.

Booth, W. C. (1988). *The Company We Keep: An Ethics of Fiction* (Berkeley: University of California Press).

Bose, S. and Manjapra, K. (Eds.) (2010). *Cosmopolitan Thought Zones: South Asia and the Global Circulation of Ideas* (Basingstoke, UK: Palgrave Macmillan).

Bouriau, C. (2007). *Qu'est-ce que l'Humanisme?* (What is Humanism?) (Paris: J. Vrin).

Branham, R. B. and Goulet-Cazé, M.-O. (Eds.) (1996). *The Cynics: The Cynic Movement in Antiquity and its Legacy* (Berkeley: University of California Press).

Brann, E. T. H. (1979). *Paradoxes of Education in a Republic* (Chicago: University of Chicago Press).

Brock, G. and Brighouse, H. (Eds.) (2005). *The Political Philosophy of Cosmopolitanism* (Cambridge: Cambridge University Press).

Brown, E. (2000). Socrates the cosmopolitan. *Stanford Agora: An Online Journal of Legal Perspectives* 1, 74 - 87.

Brown, E. (2006). Hellenistic cosmopolitanism. In M. L. Gill and P. Pellegrin (Eds.), *A Companion to Ancient Philosophy*, pp. 549 - 558 (Oxford: Blackwell).

Brown, P. (1971). *The World of Late Antiquity* (London: Thames & Hudson).

Bruckner, P. (2000). *Le Vertige de Babel: Cosmopolitisme ou Mondialisme* (The Vertigo of Babel: Cosmopolitanism or Globalism) (Paris: Arléa).

Burtonwood, N. (1995). Beyond local cultures: Towards a cosmopolitan art education. *International Journal of Art and Design* 14(2), 205 - 212.

Burtonwood, N. (2006). *Cultural Diversity, Liberal Pluralism and Schools: Isaiah Berlin and Education* (London: Routledge).

Bussis, A. M., Chittenden, E. A. and Amarel, M. (1976). *Beyond Surface Curriculum: An Interview Study of Teachers' Understandings* (Boulder, CO: Westview Press).

Bynum, G. L. (2007). *Human Rights Education and Kant's Critical Humanism.* Unpublished doctoral dissertation, Columbia University, New York.

Calhoun, C. (2007). *Nations Matter: Culture, History, and the Cosmopolitan Dream* (London: Routledge).

Calvino, I. (1993). *Six Memos for the Next Millennium* (New York: Vintage International).

Carter, A. (2001). *The Political Theory of Global Citizenship* (London: Routledge).

Cheah, P. and Robbins, B. (Eds.) (1998). *Cosmopolitics: Thinking and Feeling*

Beyond the Nation (Minneapolis: University of Minnesota Press).

Choo, S. (2011). On literature's use(ful/less)ness: Reconceptualizing the literature curriculum in an age of globalization. *Journal of Curriculum Studies* 43(1), 47 - 67.

Clark, K. (1969). *Civilisation* (film series) (London: British Broadcasting Corporation).

Confucius (1993). *The Analects*, trans. R. Dawson (Oxford: Oxford University Press).

Connolly, W. E. (2000). Speed, concentric circles, and cosmopolitanism. *Political Theory* 28(5), 596 - 618.

Copleston, F. (1985). *A History of Philosophy*, vol. 1 (Garden City, NY: Doubleday).

Corpus Ong, J. (2009). The cosmopolitan continuum: Locating cosmopolitanism in media and cultural studies. *Media, Culture and Society* 31(3), 449 - 466.

Costa, M. V. (2005). Cultural cosmopolitanism and civic education. In K. Howe (Ed.), *Philosophy of Education 2005*, pp. 250 - 258 (Urbana, IL: Philosophy of Education Society).

Cremin, L. A. (1970). American Education: *The Colonial Experience* 1607 - 1783 (New York: Harper & Row).

Dallmayr, F. (2003). Cosmopolitanism: Moral and political. *Political Theory* 31(3), 421 - 442.

Dawson, R. (1993). Note on the translation of key terms. In *Confucius, The Analects*, pp. xvi - xxvii (Oxford: Oxford University Press).

Day, C. and Gu, Q. (2010). *The New Lives of Teachers* (London: Routledge).

DeMartino, G. F. (2000). *Global Economy, Global Justice: Theoretical Objections and Policy Alternatives to Neoliberalism* (London: Routledge).

De Marzio, D. M. (2007a). *The Teacher as Ethical Subject: A Foucauldian Analysis of Plato's Alcibiades I and Montaigne's "On Educating Children."* Unpublished doctoral dissertation, Columbia University, New York City.

De Marzio, D. M. (2007b). The care of the self: Alcibiades I, Socratic teaching and ethics education. *The Journal of Education* 187(3), 103 - 127.

Derrida, J. (2001). *On Cosmopolitanism and Forgiveness*, trans. M. Dooley and M. Hughes, ed. S. Critchley and R. Kearney (London: Routledge).

DeSisto, L. A. (2007). *Education and the Human Condition: Reconceptualizing the Activities of Teaching and Learning.* Unpublished doctoral dissertation, Columbia University, New York City.

Dewey, J. (1977). Moral principles in education. In *John Dewey: The Middle Works 1899 - 1924:* Vol. 4, Essays on Pragmatism and Truth 1907 - 1909, ed. J. A. Boydston, pp. 265 - 291 (Carbondale: Southern Illinois University Press). Original work published 1909.

Dewey, J. (1985). *John Dewey: The Middle Works 1899 - 1924:* Vol. 9, Democracy and Education 1916, ed. J. A. Boydston (Carbondale: Southern Illinois University

Press). Original work published in 1916.

Dewey, J. (1988). *John Dewey: The Later Works 1925 – 1953:* Vol. 1, Experience and Nature, ed. J. A. Boydston (Carbondale: Southern Illinois University Press). Original work published 1925.

Dewey, J. (1989). *John Dewey: The Later Works 1925 – 1953:* Vol. 7, Ethics, ed. J. A. Boydston (Carbondale: Southern Illinois University Press). Original work published 1932.

Dewey, J. (1991). Knowing and the known. In John Dewey, *The Later Works 1925 – 1953:* Vol. 16, Essays, Typescripts and Knowing and the Known, ed. J. A. Boydston, pp. 1 – 279 (Carbondale: Southern Illinois University Press). Original work published 1948.

Dillon, J. T. (2004). *Musonius Rufus and Education in the Good Life: A Model of Teaching and Living Virtue* (Dallas: University Press of America).

Diogenes Laertius (2005). *Lives of Eminent Philosophers,* vol. 2, trans. R. D. Hicks (Cambridge, MA: Harvard University Press). Original work published third century CE.

Domanski, J. (1996). *La Philosophie, Théorie ou Manière de Vivre? Les Controverses de l'Antiquité à la Renaissance* (Philosophy as Theory or as a Way of Life? The Controversies from Antiquity through the Renaissance) (Paris: Éditions de Cerf).

Donald, J. (2007). Internationalisation, diversity and the humanities curriculum: Cosmopolitanism and multiculturalism revisited. *Journal of Philosophy of Education* 41(3), 289 – 308.

Donne, J. (2005). To begin in wonder: Children and philosophy. *Thinking: the Journal of Philosophy for Children* 14(2), 9 – 17.

Drake, N. (2000). *One of these things first.* Bryter Layter, Universal-Island Records (New York: Island Def Jam Music Group). Original work published 1970.

Drouin-Hans, A.-M. (2004). *Éducation et Utopies* (Education and Utopias) (Paris: J. Vrin).

Drouin-Hans, A.-M. (2006). Identité (Identity). *Le Télémaque 29,* 17 – 26.

Du Bois, W. E. B. (1987). *W. E. B. Du Bois: Writings* (New York: Library of America).

Duneier, M. (1992). *Slim's Table: Race, Respectability, and Masculinity in America* (Chicago: University of Chicago Press).

Dunn, R. E. (2005). *The Adventures of Ibn Battuta: A Muslim Traveler of the 14th Century* (Berkeley: University of California Press).

Earle, T. C. and Cvetkovich, G. T. (1995). *Social Trust: Toward a Cosmopolitan Society* (Westport, CT: Praeger).

Edmunds, J. and Turner, B. S. (2001). The re-invention of a national identity? Women and "cosmopolitan" Englishness. *Ethnicities* 1(1), 83 – 108.

Elon, A. (2002). *The Pity of it All: A Portrait of the German-Jewish Epoch 1743 – 1933* (New York: Picador).

Emerson, R. W. (1983). *Emerson: Essays and Lectures* (New York: Library of America).

Englund, H. (2004). Cosmopolitanism and the devil in Malawi. *Ethnos* 69(3), 293 – 316.

Epictetus (1983). *Handbook of Epictetus*, trans. N. White (Indianapolis: Hackett).

Erskine, T. (2000). Embedded cosmopolitanism and the case of war. *Global Society* 14 (4), 569 – 590.

Feinberg, W. (2003). Reflection and rationality. *Philosophy of Education 2003*, pp. 7 6 – 78 (Urbana: University of Illinois Press).

Fischer, M. (2007). A pragmatist cosmopolitan moment: Reconfiguring Nussbaum's cosmopolitan concentric circles. *Journal of Speculative Philosophy* 21(3), 151 – 165.

Flory, S. (1987). *The Archaic Smile of Herodotus* (Detroit: Wayne State University Press).

Fojas, C. (2005). *Cosmopolitanism in the Americas* (W. Lafayette, IN: Purdue University Press).

Forman-Barzilai, F. (2005). Sympathy in space(s): Adam Smith on proximity. *Political Theory* 33(2), 189 – 217.

Foucault, M. (1988). *Madness and Civilization: A History of Insanity in the Age of Reason*, trans. R. Howard (New York: Vintage Books). Original work published 1961.

Foucault, M. (1994). The ethic of care for the self as a practice of freedom. In J. Bernauer and D. Rasmussen (Eds.), *The Final Foucault*, pp. 1 – 20 (Cambridge, MA: MIT Press).

Foucault, M. (2005). *The Hermeneutics of the Subject*, ed. F. Gros, trans. G. Burchell (New York: Picador).

Frost, R. (2007). *The Notebooks of Robert Frost*, ed. R. Faggen (Cambridge, MA: Harvard University Press).

Fuller, T. (1989). Introduction. In M. Oakeshott, *The Voice of Liberal Learning: Michael Oakeshott on Education*, pp. 1 – 16 (New Haven, CT: Yale University Press).

Gadamer, H.-G. (1984). On the natural inclination of human beings toward philosophy. In *Reason in the Age of Science*, trans. F. G. Lawrence, pp. 139 – 150 (Cambridge, MA: MIT Press).

Gallas, K. (2003). *Imagination and Literacy: A Teacher's Search for the Heart of Learning* (New York: Teachers College Press).

Gallie, W. B. (1956). Essentially contested concepts. *Proceedings of the Aristotelian Society*, 56, 167 – 198.

Gaudelli, W. (2003). *World Class: Teaching and Learning in Global Times* (Mahwah, NJ: Lawrence Erlbaum).

Geertz, C. (1983). *Local Knowledge* (New York: Basic Books).

Gilroy, P. (2004). *After Empire: Melancholia or Convivial Culture* (London:

Routledge).

Giri, A. K. (2006). Cosmopolitanism and beyond: Toward a multiverse of transformations. *Development and Change* 37(6), 1277 - 1292.

Goldsmith, O. (1762). *The Citizen of the World* (London: Dent).

Gordon, M. (Ed.) (2001). *Hannah Arendt and Education: Renewing our Common World* (Boulder, CO: Westview Press).

Gournay, M. le Jars de. (1998). *Preface to the Essays of Michel de Montaigne* by his Adoptive Daughter, trans. R. Hillman and C. Quesnel (Tempe, AZ: Medieval and Renaissance Texts and Studies). Original work published 1595.

Gournay, M. le Jars de. (2002). *Apology for the Woman Writing and Other Works*, ed. And trans. R. Hillman and C. Quesnel (Chicago: University of Chicago Press).

Gove, P. B. (1941). *The Imaginary Voyage in Prose Fiction* (New York: Columbia University Press).

Graffigny, F. de (2002) *Lettres d'une Péruvienne* (Letters of a Woman from Peru) ed. J. Mallinson (Oxford: Voltaire Foundation). Original work published 1747.

Green, P. (2008). The great marathon man. *New York Review of Books 55* (no. 8, May 15).

Gregoriou, Z. (2004). Resisting the pedagogical domestication of cosmopolitanism: From Nussbaum's concentric circles of humanity to Derrida's aporetic ethics of hospitality. In K. Alston (Ed.), *Philosophy of Education 2003*, pp. 257 - 266 (Urbana, IL: Philosophy of Education Society).

Gubar, S. (2006). Falling for Etty Hillesum. *Common Knowledge*, 12(2), 279 - 301.

Habermas, J. (1998). Learning by disaster? A diagnostic look back on the short 20th century. *Constellations* 5(3), 307 - 320.

Hadot, P. (1995). *Philosophy as a Way of Life*, ed. A. I. Davidson, trans. M. Chase (Oxford: Blackwell).

Halbwachs, M. (1992). *On Collective Memory* (Chicago: University of Chicago Press).

Halevy, D. (1948). *Essai sur l'Accélération de l'Histoire* (An Essay on the Acceleration of History) (Paris: Îles d'or).

Hall, M. L. (1997). Montaigne's uses of classical learning. *Journal of Education*, 179, 61 - 75.

Hannerz, U. (1990). Cosmopolitans and locals in world culture. Theory, *Culture and Society*, 7, 237 - 251.

Hansen, D. T. (1992). The emergence of a shared morality in a classroom. *Curriculum Inquiry 22*, 345 - 361.

Hansen, D. T. (1995). *The Call to Teach* (New York: Teachers College Press).

Hansen, D. T. (2001). *Exploring the Moral Heart of Teaching: Toward a Teacher's Creed* (New York: Teachers College Press).

Hansen, D. T. (2002). Well-formed, not well-filled: Montaigne and the paths of personhood. *Educational Theory 52*, 127 - 154.

Hansen, D. T. (2004). A poetics of teaching. *Educational Theory 54*, 119 – 142.

Hansen, D. T. (Ed.) (2007). *Ethical Visions of Education: Philosophies in Practice* (New York: Teachers College Press).

Hansen, D. T. (2008). Curriculum and the idea of a cosmopolitan inheritance. *Journal of Curriculum Studies 40*, 289 – 312.

Hansen, D. T. (2009). Walking with Diogenes: Cosmopolitan accents in philosophy and education. In D. Kerdeman (Ed.), *Philosophy of Education 2009*, pp. 1 – 13 (Urbana, IL: Philosophy of Education Society).

Hansen, D. T. (2010a). Cosmopolitanism and education: A view from the ground. *Teachers College Record 112*, 1 – 30. Published online 2008, http://www.tcrecord.org ID Number: 15411.

Hansen, D. T. (2010b). Chasing butterflies without a net: Interpreting cosmopolitanism. *Studies in Philosophy and Education 29*, 151 – 166.

Hansen, D. T. and Laverty, M. J. (2010). Teaching and pedagogy. In C. McCarthy et al. (Eds.), *Handbook of Philosophy of Education*, pp. 223 – 235 (London: Sage).

Hansen, D. T., Burdick-Shepherd, S., Cammarano, C. and Obelleiro, G. (2009). Education, values, and valuing in cosmopolitan perspective. *Curriculum Inquiry 39*, 587 – 612.

Harrison, R. P. (1992). *Forests: The Shadow of Civilization* (Chicago: University of Chicago Press).

Hartog, F. (1988). *The Mirror of Herodotus: The Representation of the Other in the Writing of History*, trans. J. Lloyd (Berkeley: University of California Press). Original work published in 1980.

Harvey, D. (2000). Cosmopolitanism and the banality of geographic evils. *Public Culture* 12(2), 529 – 564.

Heater, D. (1996). *World Citizenship and Government: Cosmopolitan Ideas in the History of Western Political Thought* (New York: St. Martin's Press).

Heater, D. (2002). *World Citizenship: Cosmopolitan Thinking and its Opponents* (London: Continuum).

Heilman, S. C. and Cohen, S. M. (1989). *Cosmopolitans and Parochials: Modern Orthodox Jews in America* (Chicago: University of Chicago Press).

Held, D. (1995). *Democracy and the Global Order: From the Modern State to Cosmopolitan Governance* (Stanford, CA: Stanford University Press).

Held, D. (2005). Principles of cosmopolitan order. In G. Brock and H. Brighouse (Eds.), *The Political Philosophy of Cosmopolitanism*, pp. 10 – 27 (Cambridge: Cambridge University Press).

Hesse, H. (1968). *Narcissus and Goldmund* (New York: Farrar, Straus & Giroux). Original work published 1930.

Hiebert, D. (2002). Cosmopolitanism at the local level: The development of transnational neighborhoods. In S. Vertovec and R. Cohen (Eds.), *Conceiving Cosmopolitanism: Theory, Context, and Practice*, pp. 209 – 223 (Oxford: Oxford

University Press).

Higgins, C. R. (2003). Teaching and the good life: A critique of the ascetic ideal in education. *Educational Theory* 53(2),131 – 154.

Higgins, C. R. (Ed.) (2010). Special issue on Education, Crisis, and the Human Condition: Arendt after 50 years. *Teachers College Record* 112(2),375 – 385. http://www. tcrecord.org ID Number: 15750, (accessed: 1/7/2011).

Hill, J. (2000). *Becoming a Cosmopolitan: What it Means to be a Human Being in the New Millennium* (Lanham, MD: Rowman & Littlefield).

Hill, J. (2009). *Beyond Blood Identities: Posthumanity in the Twenty-First Century* (Lanham, MD: Lexington Books).

Himley, M. and Carini, P. (Eds.) (2000). *From Another Angle: Children's Strengths and School Standards* (New York: Teachers College Press).

Hirsch, E. D. (1987). *Cultural Literacy: What Every American Needs to Know* (Boston: Houghton Mifflin).

Hogan, P. (1996). *The Custody and Courtship of Experience: Western Education in Philosophical Perspective* (Blackrock, Ireland: Columba Press).

Hollinger, D. A. (1995). *Postethnic America: Beyond multiculturalism* (New York: Basic Books).

Hollinger, D. A. (2002). Not universalists, not pluralists: The new cosmopolitans find their own way. In S. Vertovec and R. Cohen (Eds.), *Conceiving Cosmopolitanism: Theory, Context, and Practice*, pp. 227 – 239 (Oxford: Oxford University Press).

Holton, R. J. (2002). Cosmopolitanism or cosmopolitanisms? The Universal Races Congress of 1911. *Global Networks* 2(2),153 – 170.

Honig, B. (2006). Another cosmopolitanism? Law and politics in the new Europe. In S. Benhabib, *Another Cosmopolitanism*, ed. R. Post, pp. 102 – 127 (Oxford: Oxford University Press).

Huizinga, J. (1952). *Erasmus of Rotterdam*, trans. F. Hopman (London: Phaidon). Original work published 1924.

Hull, G. A., Stornaiuolo, A. and Sahni, U. (2010). Cultural citizenship and cosmopolitan practice: Global youth communicate online. *English Education*, 42(4), 331 – 67.

Huyssen, A. (2007). Geographies of modernism in a globalizing world. *New German Critique*, 34(1),189 – 207.

Ildefonso, G. (2010). *The place of leisure in education.* Unpublished manuscript, Teachers College, Columbia University.

Issawi, C. (1987). *An Arab Philosophy of History: Selections from the Prolegomena of Ibn Khaldun of Tunis (1332 – 1406)* (Princeton, NJ: Darwin Press).

Jackson, P. W. (1968). Life in Classrooms (New York: Holt, Rinehart & Winston).

Jackson, P. W., Boostrom, R. E. and Hansen, D. T. (1993). *The Moral Life of Schools* (San Francisco: Jossey-Bass).

Jacobs, M. (2006). *Strangers Nowhere in the World: The Rise of Cosmopolitanism in*

Early Modern Europe (Philadelphia: University of Pennsylvania Press).

Jasanoff, M. (2005a). Cosmopolitan: A tale of identity from Ottoman Alexandria. *Common Knowledge* 11(3),393 – 409.

Jasanoff, M. (2005b). *Edge of Empire: Lives, Culture, and Conquest in the East 1750 – 1850* (New York: Vintage Books).

Jaspers, K. (1990). *Socrates, Buddha, Confucius, Jesus*, trans. R. Manheim, ed. H. Arendt (San Diego: Harcourt Brace). Original work published in 1957.

Jollimore, T. and Barrios, S. (2006). Creating cosmopolitans: The case for literature. *Studies in Philosophy and Education* 25(5),363 – 383.

Kant, I. (1963a). Idea for a universal history from a cosmopolitan point of view. In *On History*, ed. L.W. Beck, trans. L.W. Beck, R.E. Anchor and E.L. Fackenheim, pp. 11 – 26 (New York: Macmillan). Original work published 1784.

Kant, I. (1963b). Perpetual peace. In *On History*, ed. L.W. Beck, trans. L.W. Beck, R.E. Anchor and E.L. *Fackenheim*, pp. 85 – 135 (New York: Macmillan). Original work published 1795.

Kant, I. (1990). *Foundations of the Metaphysics of Morals*, second edition, trans. L.W. Beck (Englewood Cliffs, NJ: Prentice Hall). Original work published 1785.

Kant, I. (1993). *Critique of Practical Reason*, ed. and trans. L.W. Beck (Upper Saddle River, NJ: Prentice Hall). Original work published 1788.

Kirkbright, S. (2000). *Cosmopolitans in the Modern World: Studies on a Theme in German and Austrian Literary Culture* (Munich: Iudicium).

Kleingeld, P. (1999). Six varieties of cosmopolitanism in late eighteenth-century Germany. *Journal of the History of Ideas*, 60(3),505 – 524.

Kleingeld, P. and Brown, E. (2006). *Cosmopolitanism. Stanford Encyclopedia of Philosophy* (http://plato.stanford.edu/entries/cosmopolitanism/.).

Konrad, G. (2007). *A Guest in My Own Country: A Hungarian Life*, trans. J. Tucker, ed. M.H. Heim (New York: Other Press).

Kraye, J. (1996). *The Cambridge Companion to Renaissance Humanism* (New York: Cambridge University Press).

Kristeva, J. (1993). *Nations without Nationalism*, trans. L.S. Roudiez (New York: Columbia University Press).

Kurasawa, F. (2004). A cosmopolitanism from below. *European Journal of Sociology*, 145(2),233 – 255.

Kwok-bun, C. (2005). *Chinese Identities, Ethnicity and Cosmopolitanism* (London: Routledge).

Lamont, M. and Aksartova, S. (2002). Ordinary cosmopolitanism: Strategies for bridging racial boundaries among working-class men. *Theory, Culture and Society* 19 (4),1 – 25.

Latour, B. (2004a). Whose cosmos, which cosmopolitics? *Common Knowledge* 10(3), 450 – 462.

Latour, B. (2004b). *Politics of Nature: How to Bring the Sciences into Democracy*, trans. C. Porter (Cambridge, MA: Harvard University Press).

Laverty, M. J. (2010). Learning our concepts. *Journal of Philosophy of Education 43* (S1), 27 – 40.

Leung, G. (2009). A critical history of cosmopolitanism. *Law, Culture and the Humanities 5*, 370 – 390.

Levenson, J. R. (1971). *Revolution and Cosmopolitanism: The Western Stages and the Chinese Stages* (Berkeley: University of California Press).

Lingard, B., Nixon, J. and Ranson, S. (Eds.) (2008). *Transforming Learning in Schools and Communities: The Remaking of Education for a Cosmopolitan Society* (London: Continuum International).

Locher, C. (1976). Primary and secondary themes in Montaigne's 'Des Cannibales'. *French Forum*, 1, 119 – 126.

Locke, A. (1989). Cultural relativism and ideological peace. In L. Harris (Ed.), *The Philosophy of Alain Locke: Harlem Renaissance and Beyond*, pp. 69 – 78 (Philadelphia: Temple University Press). Original work published 1944.

Long, A. A. (1996). *Stoic Studies* (Cambridge: Cambridge University Press).

Long, A. A. (2006). *From Epicurus to Epictetus* (Oxford: Oxford University Press).

Loss, J. (2005). *Cosmopolitanisms and Latin America: Against the Destiny of Place* (New York: Palgrave Macmillan).

Lovlie, L., Mortensen, K. P., and Nordenbo, S. E. (Eds.) (2003). *Educating Humanity: Bildung in Postmodernity* (Oxford: Blackwell Publishing).

Lu, C. (2000). The one and many faces of cosmopolitanism. *The Journal of Political Philosophy*, 8(2), 244 – 253.

Macgregor, S. (2004). Reading the Earth Charter: Cosmopolitan environmental citizenship or light green politics as usual? *Ethics, Place and Environment*, 7(1 – 2), 85 – 96.

Mackintosh-Smith, T. (2002). *The Travels of Ibn Battutah* (London: Picador).

Majluf, N. (1997). "Ce n'est pas le Pérou," or, the failure of authenticity: Marginal cosmopolitans at the Paris Universal Exhibition of 1855. *Critical Inquiry* 23(4), 868 – 893.

Malcomson, S. L. (1998). The varieties of cosmopolitan experience. In P. Cheah and B. Robbins (Eds.), *Cosmopolitics: Thinking and Feeling Beyond the Nation*, pp. 233 – 245 (Minneapolis: University of Minnesota Press).

Marcus, Aurelius (2003). *Meditations*, trans. G. Hays (New York: Modern Library).

Masschelein, J. and Simons, M. (2002). An adequate education in a globalized world? A note on immunization against being-together. *Journal of Philosophy of Education 36* (4), 589 – 608.

Matvejevic, P. (1999). *Mediterranean: A Cultural Landscape*, trans. M. H. Heim (Berkeley: University of California Press).

McCarthy, T. (1999). On reconciling cosmopolitan unity and national diversity. *Public*

Culture 11 (1), 175 - 208.

McCarty, L. P. (2009). Failing to cosmopolitanize Diogenes in Montreal: A peripatetic excursion. In D. Kerdeman (Ed.), *Philosophy of Education 2009*, pp. 14 - 17. Urbana, IL: Philosophy of Education Society.

McDonough, K. (1997). Cultural recognition, cosmopolitanism and multicultural education. In S. Laird (Ed.), *Philosophy of Education 1997*, pp. 127 - 135 (Urbana, IL: Philosophy of Education Society).

McDonough, K. and Feinberg, W. (Eds.) (2003). *Citizenship and Education in Liberal-Democratic Societies: Teaching for Cosmopolitan Values and Collective Identities* (Oxford: Oxford University Press).

Mehta, P. B. (2000). Cosmopolitanism and the circle of reason. *Political Theory 28* (5), 619 - 639.

Mei-lin Ng, M. (2006). Valuation, evaluation, and value education-On acquiring the ability to value: A philosophical perspective. In R. H. M. Cheng, J. C. K. Lee and L. N. K. Lo (Eds.), *Values Education for Citizens in the New Century*, pp. 49 - 66 (Sha Tin, Hong Kong: Chinese University Press).

Merleau-Ponty, M. (1964). Eye and mind. In Merleau-Ponty, *The Primacy of Perception*, pp. 159 - 190 (Evanston, IL: Northwestern University Press).

Midgley, M. (1991). *Can't We Make Moral Judgments?* (New York: St. Martin's Press).

Mijolla, E. de (1994). *Autobiographical Quests: Augustine, Montaigne, Rousseau, and Wordsworth* (Charlottesville: University of Virginia Press).

Mintz, A. (2008). *The Pains of Learning*. Unpublished doctoral dissertation, Columbia University, New York City.

Mitchell, K. and Parker, W. C. (2008). *I pledge allegiance to ... Flexible citizenship and shifting scales of belong*. Teachers College Press, 110(4).

Montaigne, M. de (1991). *The Essays of Michel de Montaigne*, trans. M. A. Screech (London, Penguin).

Montesquieu. (1991). Pensées (Thoughts), ed. L. *Desgraves* (Paris: Robert Laffont). Original edition first appeared 1758.

Montesquieu. (2004). *Persian Letters*, trans. C. Betts (London: Penguin). Original work published 1721.

Moody-Adams, M. (1997). *Fieldwork in Familiar Places: Morality, Culture, and Philosophy* (Cambridge, MA: Harvard University Press).

Morin, E. and Kern, A. B. (1999). *Homeland Earth: A Manifesto for the New Millennium* (Cresskill, NJ: Hampton Press).

Murdoch, I. (1970). *The Sovereignty of Good* (London: Routledge &. Kegan Paul).

Muthu, S. (2003). *Enlightenment against Empire* (Princeton, NJ: Princeton University Press).

Nancy, J.-L. (1996). The Deleuzian fold of thought. In P. Patton (Ed.), *Deleuze: A Critical Reader*, pp. 107 - 113 (Oxford: Blackwell).

Nehamas, A. (1998). *The Art of Living: Socratic Reflections from Plato to Foucault* (Berkeley: University of California Press).

Nietzsche, F. W. (1996). *Human, All Too Human*, trans. R. J. Hollingdale (Cambridge and New York: Cambridge University Press). Original work published 1878.

Norton, G. (1904). *Studies in Montaigne* (New York: Macmillan).

Nussbaum, M. C. (1994). *The Therapy of Desire: Theory and Practice in Hellenistic Ethics* (Princeton, NJ: Princeton University Press).

Nussbaum, M. C. (1997a). *Cultivating Humanity: A Classical Defense of Reform in Liberal Education* (Cambridge, MA: Harvard University Press).

Nussbaum, M. C. (1997b). Kant and cosmopolitanism. In J. Bohman and M. Lutz-Bachman (Eds.), *Perpetual Peace: Essays on Kant's Cosmopolitan Ideal*, pp. 25 – 57 (Cambridge, MA: MIT Press).

Nussbaum, M. C. (2000). *Women and Human Development: The Capabilities Approach* (Cambridge: Cambridge University Press).

Nussbaum, M. C. (2002). *For Love of Country?*, ed. J. Cohen (Boston: Beacon Press).

Nwankwo, I. K. (2005). *Black Cosmopolitanism: Racial Consciousness and Transnational Identity in the Nineteenth-Century Americas* (Philadelphia: University of Pennsylvania Press).

fNyers, P. (2003). Abject cosmopolitanism: The politics of protection in the anti-deportation movement. *Third World Quarterly 24* (6), 1069 – 1093.

Oakeshott, M. (1989). *The Voice of Liberal Learning: Michael Oakeshott on Education*, ed. T. Fuller (New Haven, CT: Yale University Press).

O'Connell, K. M. (2007). Art, nature, and education: Rabindranath Tagore's holistic approach to learning. In D. T. Hansen (Ed.), *Ethical Visions of Education: Philosophies in Practice* pp. 126 – 140 (New York: Teachers College Press).

Osler, A. and Starkey, H. (2003). Learning for cosmopolitan citizenship: Theoretical debates and young people's experiences. *Educational Review 55* (3), 243 – 254.

Papastephanou, M. (2002). Arrows not yet fired: Cultivating cosmopolitanism through education. *Journal of Philosophy of Education 36* (1), 69 – 86.

Papastephanou, M. (2005). Globalisation, globalism and cosmopolitanism as an educational ideal. *Educational Philosophy and Theory 37* (4), 533 – 551.

Papastergiadis, N. (2007). Glimpses of cosmopolitanism in the hospitality of art. *European Journal of Social Theory 10* (1), 139 – 152.

Parker, W. C. (2007). *Imagining a cosmopolitan curriculum.* Unpublished paper, University of Washington at Seattle.

Pendlebury, S. (2009). Accommodating cosmopolitanism. In D. Kerdeman (Ed.), *Philosophy of Education 2009*, pp. 18 – 22. Urbana, IL: Philosophy of Education Society.

Piel, G. (1972). *The Acceleration of History* (New York: Knopf).

Pinar, W. F. (2009). *The Worldliness of a Cosmopolitan Education: Passionate Lives in Public Service* (New York: Routledge).

Plato (1992). *Republic*, trans. G. M. A. Grube and C. D. C. Reeve (Indianapolis: Hackett).

Pollock, S. Bhabha, H. K., Breckenridge, C. A. and Chakrabarty, D. (2000). Cosmopolitanisms. *Public Culture 12* (no.3), 577 – 590.

Popkewitz, T. (2008). *Cosmopolitanism and the Age of School Reform* (New York: Routledge).

Reydams-Schils, G. (2005). *The Roman Stoics: Self, Responsibility, and Affection* (Chicago: University of Chicago Press).

Richardson, T. (2008). *Kaleidoscopic Odessa: History and Place in Contemporary Ukraine* (Toronto: University of Toronto Press).

Rizvi, F. (2005). Identity, culture and cosmopolitan futures. *Higher Education Policy*, 18(4), 331 – 339.

Rizvi, F. (2009). Toward cosmopolitan learning. *Discourse: Studies in the Cultural Politics of Education*, 30(3), 253 – 268.

Robbins, B. (1999). *Feeling Global: Internationalism in Distress*. New York: New York University Press.

Rodó, J. E. (1988). *Ariel*, trans. M. S. Peden (Austin: University of Texas Press). Original work published 1900.

Rosenblatt, L. M. (1978). *The Reader, the Text, the Poem: The Transactional Theory of the Literary Work* (Carbondale: Southern Illinois University Press).

Rosenfeld, S. (2002). Citizens of nowhere in particular: Cosmopolitanism, writing, and political engagement in eighteenth-century Europe. *National Identities* 4(1), 25 – 43.

Roth, K. and Burbules, N. C. (Eds) (2011). Special issue: Philosophical perspectives on cosmopolitanism and education, *Educational Philosophy and Theory*, 43(3), 205 – 316.

Saito, H. (2010). Actor-network theory of cosmopolitan education. *Journal of Curriculum Studies*, 42(3), 333 – 351.

Sallis, J. (2006). *Topographies* (Bloomington: Indiana University Press).

Salomon, N. (1979). Cosmopolitanism and internationalism in the history of ideas in Latin America. *Cultures* 6(1), 83 – 108.

Savage, M., Bagnall, G. and Longhurst, B. (2005). *Globalization and Belonging* (London: Sage).

Scarry, E. (1998). The difficulty of imagining other persons. In E. Weiner (Ed.), *The Handbook of Interethnic Coexistence*, pp. 40 – 62 (New York: Continuum).

Scheffler, S. (1996). *Review of For Love of Country*. Times Literary Supplement December 27, 8 – 9.

Scheffler, S. (2001). Conceptions of cosmopolitanism. In Scheffler, *Boundaries and Allegiances: Problems of Justice and Responsibility in Liberal Thought*, pp. 111 – 130 (Oxford: Oxford University Press).

Scheuerman, W. E. (2004). *Liberal Democracy and the Social Acceleration of Time*

(Baltimore, MD: Johns Hopkins University Press).

Schlereth, T.J. (1977). *The Cosmopolitan Ideal in Enlightenment Thought: Its Form and Function in the Ideas of Franklin, Hume, and Voltaire*, 1694 – 1790 (Notre Dame, IN: University of Notre Dame Press).

Schofield, M. (1991). *The Stoic Idea of the City* (Cambridge: Cambridge University Press).

Schwartz, E. (2009). *At Home in the World: Human Nature, Ecological Thought, and Education after Darwin* (Albany: State University of New York Press).

Sebald, W.G. (2006). *Campo Santo*, trans. A. Bell (New York: Modern Library).

Sellars, J. (2003). *The Art of Living: The Stoics on the Nature and Function of Philosophy* (Aldershot, UK: Ashgate).

Sen, A. (1999). *Development as Freedom* (New York: Knopf).

Sen, A. (2006). *Identity and Violence: The Illusion of Destiny* (New York: W. W. Norton).

Sharp, A.M. (1983). Children's intellectual liberation. *Educational Theory* 31(2), 197 – 214.

Shayegan, D. (1992). *Sous les Ciels du Monde* (Under the Skies of the World) (Paris: Éditions du Félin).

Shklar, J.N. (1984). *Ordinary Vices* (Cambridge, MA: Belknap Press of Harvard University Press).

Shusterman, R. (1997). *Practicing Philosophy: Pragmatism and the Philosophical Life* (New York: Routledge).

Siebers, T. (1993). The ethics of anti-ethnocentrism. *Michigan Quarterly Review* 32 (1), 41 – 70.

Skrbis, Z., Kendall, G. and Woodward, I. (2004). Locating cosmopolitanism: Between humanist ideal and grounded social category. *Theory, Culture and Society* 21(6), 115 – 136.

Smith, H.J. (1926). *Oliver Goldsmith's The Citizen of the World* (New Haven, CT: Yale University Press).

Smith-Ponthieu, J.F. (1971). *Oliver Goldsmith as Social Critic in A Citizen of the World* (Unpublished doctoral dissertation, Texas Tech University).

Snyder, J., Bolin, F. and Zumwalt, K. (1992). Curriculum implementation. In P. W. Jackson (Ed.), *The Handbook of Research on Curriculum*, pp. 402 – 435 (New York: Macmillan).

Sontag, S. (2001). *Remarks on literature*. Panel featuring W.G. Sebald and Susan Sontag, chaired by André Aciman, held at the 92nd Street Young Men's Christian Association, New York City, October 15.

Stanton, K. (2006). *Cosmopolitan Fictions: Ethics, Politics, and Global Change in the Works of Kazuo Ishiguro, Michael Ondaatje, Jamaica Kincaid, and J.M. Coetzee* (New York: Routledge).

Starmer, N. (2009). *Growth in connection*. Unpublished manuscript, Klingenstein Center, Teachers College, Columbia University, New York City.

Strand, T. (Ed.) (2010). Special issue on cosmopolitanism in the making. *Studies in Philosophy and Education*, 29(2), 103 – 242.

Szerszynski, B. and Urry, J. (2002). Cultures of cosmopolitanism. *The Sociological Review* 40, 461 – 481.

Tagore, R. (1966). From My Life. In A. Chakravarty (Ed.), *A Tagore Reader*, pp. 80 – 89 (Boston: Beacon Press). Original work published 1928.

Tagore, R. (1997). *Gitanjali* (New York: Scribner). Original work published 1913.

Tagore, S. (2003). Tagore, education, cosmopolitanism. In S. F. Alatas, L. T. Ghee, and K. Kuroda (Eds.), *Asian Interfaith Dialogue*. Washington, DC: World Bank.

Tagore, S. (2008). Tagore's conception of cosmopolitanism: A reconstruction. *University of Toronto Quarterly*, 77(4), 1070 – 1084.

Tan, K.-C. (2004). *Justice Without Borders: Cosmopolitanism, Nationalism, Patriotism* (Cambridge: Cambridge University Press).

Tarlo, E. (2007). Islamic cosmopolitanism: The sartorial biographies of three Muslim women in London. *Fashion Theory*, 11(2/3), 143 – 172.

Terence (1988). *The Self-Tormentor*, trans. A. J. Brothers (London: Aris & Phillips).

Terzi, L. (2008). *Justice and Equality in Education: A Capability Perspective on Disability and Special Educational Needs* (New York: Continuum).

Thurman, J. (2008). First impressions: What does the world's oldest art tell us? *The New Yorker*, June 23.

Todd, S. (2009). *Toward an Imperfect Education: Facing Humanity, Rethinking Cosmopolitanism* (Boulder, CO: Paradigm).

Toulmin, S. (1990). *Cosmopolis: The Hidden Agenda of Modernity* (Chicago: University of Chicago Press).

Tozer, B. (1907). Cosmopolitanism and humour. *The Monthly Review* 27(79), 129 – 136.

Tresch, J. (2007). Technological world-pictures: Cosmic things and cosmograms. *Isis*, 98, 84 – 99.

Tuan, Y-F. (1996). *Cosmos and Hearth: A Cosmopolite's Viewpoint* (Minneapolis: University of Minnesota Press).

Varenne, H. (2007). Difficult collective deliberations: Anthropological notes toward a theory of education. *Teachers College Record*, 109, 1559 – 1588.

Venturi, F. (1972). *Italy and the Enlightenment: Studies in a Cosmopolitan Century*, ed. S. Woolf, trans. S. Corsi (New York: New York University Press).

Waks, L. J. (2008). Cosmopolitanism and citizenship education. In M. A. Peters, A. Britton and H. Blee (Eds.), *Global Citizenship Education: Philosophy, Theory and Pedagogy*, pp. 203 – 220 (Rotterdam: Sense Publishers).

Waks, L. J. (2009). Reason and culture in cosmopolitan education. *Educational Theory*, 59(5), 589 – 604.

Waldron, J. (2000). What is cosmopolitan? *The Journal of Political Philosophy*, 8(2), 227 – 243.

Waldron, J. (2003). Teaching cosmopolitan right. In K. McDonough and W. Feinberg (Eds.), *Education and Citizenship in Liberal-Democratic Societies: Teaching for Cosmopolitan Values and Collective Identities*, pp. 23 – 55 (Oxford: Oxford University Press).

Waldron, J. (2006). Cosmopolitan norms. In S. Benhabib, *Another Cosmopolitanism*, ed. R. Post, pp. 83 – 101 (Oxford: Oxford University Press).

Walker, M. (2006). *Higher Education Pedagogies: A Capabilities Approach* (Maidenhead, UK: Open University Press).

Walkowitz, R. L. (2006). *Cosmopolitan Style: Modernism Beyond the Nation* (New York: Columbia University Press).

Wardle, H. (2000). *An Ethnography of Cosmopolitanism in Kingston, Jamaica* (Lampeter, UK: Edwin Mellen).

Weil, S. (2002). *The Need for Roots: Prelude to a Declaration of Duties Toward Mankind*, trans. A. Wills (London: Routledge). Original work published 1949.

Weiming, T. (1985). *Confucian Thought: Selfhood as Creative Transformation* (Albany: State University of New York Press).

Weiming, T. (1998). Epilogue: Human rights as a Confucian moral discourse. In De Bary, W. T. and Weiming, T. (Eds.), *Confucianism and Human Rights*, pp. 297 – 307 (New York: Columbia University Press).

Werbner, P. (1999). Global pathways: Working-class cosmopolitans and the creation of transnational ethnic worlds. *Social Anthropology* 7(1), 17 – 35.

White, B. W. (2002). Congolese rumba and other cosmopolitanisms. *Cahiers d'Études Africaines*, 168, 663 – 686.

Williams, L. B. (2007). Overcoming the 'contagion of mimicry': The cosmopolitan nationalism and modernist history of Rabindranath Tagore and W. B. Yeats. *American Historical Review* 112(1), 69 – 100.

Wineburg, S., Mosborg, S., Porat, D. and Duncan, A. (2007). Common belief and the cultural curriculum: An intergenerational study of historical consciousness. *American Educational Research Journal*, 44(1), 40 – 76.

Woolf, V. (1984). Montaigne, in V. Woolf, *The Common Reader: First Series*, pp. 58 – 68 (New York: Harcourt Brace & Company). Original work published 1925.

Yourcenar, M. (1990). *Memoirs of Hadrian*, trans. G. Frick (New York: Noonday Press). Original work published 1951.

Zubaida, S. (2002). Middle Eastern experiences of cosmopolitanism. In S. Vertovec and R. Cohen (Eds.), *Conceiving Cosmopolitanism: Theory, Context, and Practice*, pp. 32 – 41 (Oxford: Oxford University Press).

Zweig, S. (1956). *Erasmus of Rotterdam* (New York: Viking Press). Original work published in 1934.

Zweig, S. (1964). *The World of Yesterday* (Lincoln: University of Nebraska Press). Original work published 1943.

人名索引

译后记

　　终于到了写译后记的时刻了。当我写完冗长的译者前言时，时间已经到了 2024 年 6 月 11 日晚上 9 点 32 分。早在 2 年 5 个月 16 天以前，王占魁教授发来邀约，希望我能参与他主编的一套译丛的翻译工作，翻译戴维·汉森教授的著作《教师与世界》。听命之初，有过极其短暂的犹豫。不过，还是快速应允了下来。一则不想辜负同事的厚爱与期待，二则希望自己能够勇敢尝试，多一些磨练和体验。

　　果不其然，这真是一次痛苦的磨练。受命之后，很快就遇到了今人所共知的特殊时期。在那之前和之后，因为小区和单位出台了严格的管理措施，我居家工作了好几段时间。无可奈何，只能一边上课，一边指导学生，一边带娃，一边做翻译。实在撑不住了，但是课不可不上，学生不可不指导，娃不可不带，那就中止翻译吧。我开始偷懒了，白发却依旧勤奋，从暗生到明长，就此进入花白的中年。

　　2023 年，终于可以自由进出校园了，首先做的事情就是在办公室的电脑里重建文档，重整译稿。已经记不清这是第几次了。好在，终于没有那让人头发迅速变白的居家办公了。我在占魁教授的数次催促之下，加快速度，以每天三到五页的速度翻译剩余的篇幅。遇到困难，就向肖玉敏老师请教，向彭正梅老师请教，感谢两位的耐心指导。最让我感动的是，肖老师不仅自己牺牲节假日休息时间为我答疑解惑，而且请来她的儿子纪世源先生为我斟酌译文。这位长期在国外接受高等教育的青年才俊为我带来了一些不同的观点,提供了非常宝贵的建议。

译稿初成,2024 年的春节近在眼前。肖老师和她的儿子又花费了大量时间,匡我未逮。我的学生也付出了辛劳。已经毕业的韩国学生李旋律为我翻译了韩国学者的名讳;尚在写毕业论文的蒋娴静校读了译稿的前两章,指出了好几处问题。所以说,拙译有任何可取之处,都是这些师友的功劳,感谢你们!当然,译文中的任何问题都是我的责任。

感谢相识十几年的各路书友。这些书友有的与我一见如故,有的至今从未谋面。不管有没有见过,都能够耐心而及时地满足我的索书要求,提供各类文献资料。他们是枫韵、耕石、见山、街鱼、静一静、路人甲、liuhaha、飘摇的剑、少根弦、sswbzh、王五、萧曼浮云、小石、雅克萨正黄旗主、音飏、月箫客。

感谢译丛主编占魁教授和出版社的彭呈军老师,感谢你们的宽容与忍耐。

还有很多人和一些译作给了我支持和鼓励,原谅我不能一一具名致谢。但是,你们的支持与帮助,止是我安心工作、努力前行的动力。2024 年春节过后,我在繁杂的教学和培训工作之余,又多次校读译稿,发现了很多问题。译稿初成时,我还满心欢喜,很快就进行了重译。重译完成,查缺补漏,校正疏误,依然很快乐。可是,校读到第六遍之后,随着对原著理解的加深,我越来越没有了信心,生怕有什么重大疏误。此时,惟有志忑了,真心期待能得到各路贤达的批评指正。

在志忑中,结束这后记吧。感谢我的家人,特别感谢我的妻子和两位可爱的女儿,把这本书送给你们。还要把这本书呈给我的妈妈,感谢妈妈生我养我,看着我成长到今天。

此刻，依然想念远在天国的父亲。父亲不只是我的父亲，还是我的小学老师，我的可以推心置腹的朋友。如果您还活着，多好！

最后，要特别感谢本书的作者戴维·汉森。他让我更加热爱世界主义，也更加坚定地站在我自己创造的各种十字路口……